本书由中共海南省委党校
（省行政学院、省社会主义学院）
资助出版

20世纪20年代
东西文化论战研究
——基于中国现代化的视角

A Study
of the Argumentation
of Eastern
and Western Culture
in the 1920s

From the Perspective
of the Modernization of China

武良刚 ——— 著

天津出版传媒集团

天津人民出版社

图书在版编目（CIP）数据

20世纪20年代东西文化论战研究：基于中国现代化
的视角 / 武良刚著. -- 天津：天津人民出版社，
2023.1

ISBN 978-7-201-18705-1

Ⅰ.①2… Ⅱ.①武… Ⅲ.①东西文化—文化交流—
研究—20世纪 Ⅳ.①G115

中国版本图书馆CIP数据核字(2022)第156930号

20世纪20年代东西文化论战研究:基于中国现代化的视角
20SHIJI 20NIANDAI DONGXI WENHUA LUNZHAN YANJIU：
JIYU ZHONGGUO XIANDAIHUA DE SHIJIAO

出　　　版　天津人民出版社
出 版 人　刘　庆
地　　　址　天津市和平区西康路35号康岳大厦
邮政编码　300051
邮购电话　（022）23332469
电子信箱　reader@tjrmcbs.com

责任编辑　武建臣
装帧设计　卢炀炀

印　　　刷　天津新华印务有限公司
经　　　销　新华书店
开　　　本　710毫米×1000毫米　1/16
印　　　张　18.75
插　　　页　2
字　　　数　250千字
版次印次　2023年1月第1版　2023年1月第1次印刷
定　　　价　86.00元

序　言

　　人类文明的时代性、民族性、多元性决定了各种规模不一、主题不同、影响各异的文化论战时有发生,由此构成人类文明发展史上一种常见的景观,"文化论争是文化发展的一个重要条件"①。特别是在全球化时代,随着欧洲现代工业文明向世界各地区扩散,不同文明之间交往的频度、广度与深度不断提升,这为人类文化碰撞与论争、交流与互鉴提供了重要历史契机。而在文化的交往、碰撞与融合的历程中,往往直接或间接地涉及现代化的议题。其中,20世纪20年代发生于中国大地上的东西文化论战(又称中西文化论战)也可作如是观。

　　20世纪20年代的东西文化论战是自西学东渐以来,各种规模不一的中西文化论战的延续和发展。中西文化之间交流、碰撞、融合、互鉴的历史源远流长,但真正体现中西两种性质和发展阶段不同的文化之间的激烈碰撞,并引起时人热切论争的,要从明清之交的中西文化论战说起。这也是在人类社会逐渐步入"世界历史"时代和现代化浪潮兴起的背景下发生的论战。自1840年鸦片战争爆发,中国在西方列强坚船利炮的轰击下国门洞开,中西

---

　　① 杜艳华、司徒琪蕙:《五四前后的东西文化论战与中国文化的走向》,《探索与争鸣》,2004年第9期。

文化之间开始了更大规模、更深层次上的接触、交流和碰撞。尤其是从洋务运动到五四运动期间,中国思想文化领域围绕"中西体用"等不同主题,相继发生了多次中西文化论战,其中影响重大、意义深远的是国人从器物、制度再到思想层面对中西文化的认识和论争。从各种相互关联而有所不同的中西文化论战史中,我们看到中西文化之间的碰撞虽然日趋激烈,但中西文化两者之间并没有一见高下、泾渭分明,相反,却逐渐出现了互动交融的态势。这也为20世纪20年代东西文化论战的再度掀起作了铺垫。诚然,20世纪20年代东西文化论战的爆发有更为具体的社会思潮背景,如"东方文化救世论"思潮的登场,"西方文明没落论"思潮的迭起,马克思主义思潮的兴起等,都是重要的促发因素。

20世纪20年代东西文化论战主要是围绕四个方面的主题展开的,分别涉及东西文化的概念与性质、东西文化的命途、以农立国还是以工立国、科学的功效与适用范围。虽然时人没有明确提出现代化的概念,但是如果我们从现代化的视角审视和研究这场影响深远的东西文化论战,至少可以得到以下深刻启示:中国要现代化,就应该处理好文化的时代性与民族性问题;理性认识和处理中西文明之关系;平衡现代工业与农业的关系;理性对待科学的功效等。质言之,中国现代化的过程必然伴随对中华文明的复兴和传统文化的超越,同时,又必然是对西方先进文明的吸收和借鉴过程。因此,中国在现代化历程中必须做出以下理性选择:大力吸收和借鉴人类的一切有益文明成果,尤其是要在坚持社会主义发展方向的基础上,实现对本民族的传统文化的继承和资本主义文明的合理借鉴与创造性的超越。

虽然20世纪20年代的东西文化论战研究不是一个新论题,学界关于该论题的研究成果可谓汗牛充栋。但是作者能够勇于尝试从中国现代化的视角重新审视和研究这一论题,值得肯定。尤其是作者能尽力挖掘一些长期被忽略的、散落在民国报刊中的相关时文,用心加以研究提炼,并将其恰当地运用于文中,实属不易!

当然,从20世纪20年代东西文化论战与中国现代化的内在关系层面来看,这一论题还有进一步拓展的空间。如从中国现代化的视域分析探讨文化现代化的路径选择;研究工业化与农业现代化协调发展,科技理性与人文精神的兼济平衡等之间的内在逻辑关系;探讨20世纪20年代的东西文化论战在中国文化现代化中的历史定位等。凡此种种,希望作者对此能有更深刻的思考,向学界贡献更多相关的研究成果。

杜艳华

复旦大学马克思主义学院

目 录

绪　论

一、研究对象的界定与阐释

文化论战，从最广泛的意义上来说，是一种与人类文化交往实践始终相伴的，并且体现为不同文化间相互碰撞、交融的文化现象。因此，从这一广泛层面来看，文化论战是贯穿人类文明史整个成长历程的一种常态化的文化景观。正是在这样一种文化常态景观不断推展的过程中，文化才会在不断碰撞、融合的态势下逐渐更化、提升。人类文明也在这种交融互鉴中不断成长与进步。

"东方"与"西方"[①]作为人类文明发展时空中的重要代表，它们之间的文化交流互鉴伴随着众多文化论战现象。因此，目前学界根据不同的研究旨趣，从宏观视野、中观视域、微观个案等不同的层次来研究东西文化论战史。

[①] 本书中"东方"与"西方"的概念不仅意指地理空间意义上的"东与西"，而且更蕴含文化意义上的"东与西"。此外，从本书的研究视域看，"东与西"时常又和"中与西"通融或暗合。因为参与20世纪20年代东西文化论战的思想家，在一定意义上，把中国（有时包括印度、日本等在内）作为东方文化的代表来论说"东与西"。这可能主要导源于时人论说东西文化的语境是"中国"，此外也受制于当时论战参与者的认知模式等局限。本书的处理原则是根据具体的历史语境予以阐释。

他们尝试从中提炼历史智慧,为我们更好地认识、处理东西文化之间的关系,进而从文化层面省思人类现代化发展模式提供参鉴。笔者结合自身有限的研究能力和精力以及学界相关的研究状况,综合考量之后,将研究对象定为20世纪20年代的东西文化论战①。(主要将东西文化的概念与性质之争;东西文化的前途与命运之争;以工立国与以农立国之争;科学与人生观论战,主要论及科学的功效与适用范围之争四个论战主题纳入研究视野。如郑大华所言:"科学与人生观论战实际上是五四前后东西文化论战的继续和发展。这其中还穿插发生过'工化与农化'等论战。"②)笔者尝试从中国现代化的视域,来进一步从整体与根本上审视和挖掘这些密切相关的论战中所蕴含的思想史价值及其对中国现代化发展的启迪。

二、研究现状的综述

目前,学界从不同层次和视域研究了东西文化论战史,比如"宏观—大历史的视角"。此种界定是从长时段的中西文化交流史的视域,宏阔地划分与概括中西文化交流、论争的历史脉络,代表性的研究有:

如张岱年就是从大历史的视域来概括16世纪以来的中西文化论战的。他把中西文化论战史划分为四个长时段,即"一,从万历、天启年间到雍正元年;二,从鸦片战争伊始到五四运动前夕;三,从五四运动到新中国成立;四,

---

① 学界目前采用的"东西文化论战"一词的具体所指,从狭义上说,是指发生在五四前后的东西文化论战,主要包括"东西文化之优劣比较、东西文化能否调和"等论争主题。在此需要强调的是,本书中所使用的"东西文化论战"是从文化交流与发展史的一般意义上讲的。本书基于中国现代化的视角,将"东西文化的概念与性质之争、东西文化的前途与命运之争""科学与人生观之争"(主要论及科学的功效与适用范围)、"以工立国与以农立国之争"四个论战主题纳入研究对象,从而力争从整体上、根本上更加系统、深刻地研究和揭示20世纪20年代东西文化论战的现代意义。

② 郑大华:《民国思想史论》,社会科学文献出版社,2006年,第213页。

从 1981 年开始"①。在此基础上，他经过研究，最终总结出"四种观点类型"，分别是：国粹主义、全盘西化论、调和折中、提倡坚持和传扬中华民族的主体性，兼济汲取东西文化之精华，以谋中国文化的新境界与新发展。在他看来，只有第四种是辩证的、正确的。

类似的研究还有，汤一介从相对宏阔的历史视野描摹了围绕"中西古今"问题的文化论战，"五四前后，代表不同思想倾向的杂志如《新青年》《东方杂志》等围绕'中西古今'问题展开了文化论战。之后，1923 年科玄论战爆发，它是新文化运动中主流派与非主流派思想冲突的表现。20 年代后期至 30 年代中期，中国思想界又相继发生了几次有重大影响的文化论战：如 1927 年末，自由主义与激进主义两大流派关于'哲学问题'的论战；1927 年到 1935 年之间，激进主义、自由主义和保守主义势力之间关于'中国社会性质和社会史'的论战；1935 年后，中国思想界爆发了'全盘西化'与'本位文化'的论战等"②。诸如此类的研究，往往偏重从中西文化交流史、文化哲学、中西文明史的比较等宏阔面向，来研究中西文化逐步接触、碰撞、融合历程中的文化论战问题。这种视角可以在背景延伸、分析框架和研究范式等方面，为我们研究 20 世纪 20 年代的东西文化论战提供很好的借鉴与启示。

从与本书的研究更具相关性的论题方面看，目前学界关于 20 世纪 20 年代东西文化论战的研究状况大致如下：

---

① 张岱年、程宜山：《中国文化论争》，中国人民大学出版社，2006 年，第 255~256 页。
② 汤一介：《五四运动与中西古今之争》，载欧阳哲生、郝斌主编：《五四运动与二十世纪的中国——北京大学纪念五四运动 80 周年国际学术研讨会论文集》（上），社会科学文献出版社，2001 年，第 471 页。

（一）关于20世纪20年代"东方化"与"西方化"之争的研究①

目前学界关于20世纪20年代"东方化"和"西方化"之争的研究成果比较丰富，主要涉及论战发生的背景、论战期间的基本流派划分、各派在论战中的表现及对其历史影响的评价等方面。代表性的成果主要有：

1.论战发生的背景研究

学界在研究20世纪20年代东西文化论战的背景时，是将其内嵌至五四时期东西文化论战的大背景中的，主要涉及国内、国外两个维度。如谭双泉认为，当时的"东西文化论战不是偶发的，腐败的政治、落后的经济以及社会的黑暗是其直接的促发因素。辛亥革命作为一场不彻底的革命，没能有效拔除封建专制主义的政治与经济根脉，更别侈谈全面洗涤乌烟瘴气、浑噩不堪的封建思想浸渍了"②。因此将革命进行到底，取得民主革命真正胜利的时代要求和民众期盼，呼唤着思想文化的革新与更化。

齐卫平认为，考察五四前后东西文化论战，两个突出的背景不容忽视。"一是民初中国社会正处在艰难的转型与调整期，各种新旧思想激烈碰撞、杂糅胶着。新思想努力生发，旧势力拼命复归传统。人们的思想十分困顿，因此希冀澄清思想、找寻出路的呼声不断。二是欧战爆发后，怵目于这场惨绝人寰的战争的国人，在西方反思自身文明思潮影响下，开始重新审视现代西方文明的成败利钝。"③这种观点除了在提及国内的重要背景外，还关注到一战的爆发这一国际变量在推动东西文化论战中产生的重要作用。

---

① 关于"东方化"与"西方化"的论战，按照陈崧、郑大华等人的研究，应该属于五四时期东西文化论战的第三个阶段，即关于中国当时应该走什么样的文化发展道路的论战。但也有学者，如焦润明直接将东西文化论战归到1920年初期发生的文化论争。本书则采用"东方化"与"西方化"论战这一提法，时间从1920年开始（当然根据研究的需要会有适当的前后延伸和铺垫内容）。发生在20世纪20年代的"东方化"与"西方化"之争主要关涉东西文化的概念、性质与命途等内容。

② 谭双泉：《五四时期的东西文化论战——为纪念五四运动80周年而作》，《湖南师范大学社会科学学报》，1999年第6期。

③ 齐卫平：《五四前后东西文化论战的再认识》，《江汉论坛》，1993年第5期。

在充分借鉴目前学界关于历史背景的研究成果的基础上,笔者还会更为细致地挖掘20世纪20年代中国思想界所面临的国内外思想舆论环境的样态,以及较为细致地考察和研究当时国内外重要思潮之间交互性、联动性的影响。同时,我们也要结合具体的历史人物、历史场景,较为充分地考量参与论战者的个体差异等因素,这些方面的研究都是需要不断加以深化和拓展的。

2. 对论战各派的划分及其历史功过评价的研究

（1）对东方文化派的研究概略

这是学界研究比较集中的论题。研究者根据自身的研究将论战各派大致分为东方文化派（或文化保守主义派）、西方文化派（或自由主义派）、调和派、早期马克思主义派等。而其中,研究争议比较大的是关涉东方文化派的群体描摹和主要代表人物的框定以及历史功过的评析等方面。如郑师渠认为,所谓"东方文化派"并无明确的界定,"代表人物有梁启超、张君劢、梁漱溟、章士钊、吴宓、胡先骕、梅光迪等,"且"他们对马克思主义和社会主义所倡导的社会革命等理论颇有异议,他们通常倡导和支持社会改良。此外,他们大都强调从东方文化中吸取诗情"。[1]

有的研究者借鉴瞿秋白、邓中夏等早期马克思主义者对东方文化派的归类思路,将杜亚泉、钱智修、陈嘉异、梁启超、张君劢、张东荪、梁漱溟、吴宓、梅光迪等人纳入东方文化派,并概括出东方文化派的文化主张是"反对新文化运动,主张保守传统文化,倡导中西文化调和。"虽然东方文化派代表人物的身份属性比较多元,彼此比较独立,但在文化发展之路的选择上趋同,即"主张文化革新要循序渐进;文化发展要调和中西、折衷新旧"。[2]总之,类似的研究观点很多,不过从总体上看,近些年,学界对东方文化派的历史

---

① 郑师渠:《论欧战后中国社会文化思潮的变动》,《近代史研究》,1997年第3期。
② 张卫波:《论五四时期东方文化派的文化调和思想——兼论东方文化派的孔子观》,《北方论丛》,2004年第4期。

功过评价日趋客观、理性,从把这种思潮流派看成一种落后、反动的文化流派到逐步认识"东方文化派虽尊崇传统,但与封建顽固派相异,它是现代意义上的文化保守主义者"①。虽然东方文化派的有些观点和论断不合时宜、存有谬误,但不可否认,它属于一种具有"现代意识"②且承认文化的民族性、多元性的思潮。

东方文化派在文化研究方面虽存在种种不足,但并不是毫无建树,"首先,东方文化派在研究中国文化的民族性方面贡献颇多;其次,欧战后,东方文化派敏锐地揭示了现代西方文明已陷入严重危机,并对现代西方文明自身内嵌的矛盾做了比较透彻的剖析,这在客观上利于马克思主义在中国的传播"③。凡此种种,都反映了学界对东方文化派的研究和评价渐趋理性与客观。但笔者认为东方文化派的划分和其他流派的划分都有一个共性的不足,就是意识形态色彩比较浓厚。而基于当时中国社会思想生态的复杂多变的情势,其中所谓各个流派的代表人物,其思想表达和论战表现也是不拘一格的。这需要我们在开展相关论题的研究时,一定要结合当时的历史场景以及重要人物思想流变的具体样态,来多层次、多视域地呈现20世纪20年代"东西文化论战的复杂格局"④。

(2)对西方文化派的研究概况

学界对西方文化派的划分和研究歧见不大,而且相对比较辩证。学界总体上肯定了西方文化派传播西方文化,抵制中国落后文化势力的历史功

① 郑师渠:《论欧战后中国社会文化思潮的变动》,《近代史研究》,1997年第3期。
② 王先俊:《五四时期的"东方文化救世论"思潮》,《中国哲学史》,1999年第2期。
③ 张岱年、程宜山:《中国文化论争》,中国人民大学出版社,2006年,第291~293页。
④ 如历史学者罗志田在研究梁漱溟与"东方文化派"论题时,就谈及这一"复杂格局",尽管梁漱溟对新文化运动的主流观念是接受并靠拢的,多数既存论著却把他列为那时的"东方文化派"。其他不少被列为"东方文化派"代表的人,也大体赞同接受以科学和民主为标志的西方文化。这意味着那时的"东方文化派"及其维护的"东方文化",都已呈现出不同程度的异化。而正是那些被列入"东方文化派"的人以及一些比他们更坚持"东方文化"立场的人,对《东西文化及其哲学》一书的批驳最深刻、否定最彻底。

绩。如在有的学者看来,西方文化派的某些主张反映了中国社会现代化的内在要求。如他们主张彻底地反封建,主张中国应该走民主共和的发展之路,他们反对保守中国封建传统文化。尽管西方文化派没有辩证地认识到中国传统文化中也是有优质成分的,"陷入了教条主义和形式主义的迷途,但他们对现代西方文明的精华秉持一种悦纳和学习的态度"①,大力倡导剔除中国文化中的糟粕。这是符合中国实现现代化的文化要求的。总之,历史地看,它的进步性占主导。所以,五四以降,西方文化派成为中国文化现代化历程中不容忽视的一股力量。

当然,也有研究者深刻揭示了西方文化派自身存在的种种困顿,"如启蒙与救亡所需要的民族意识之间存在抵牾之处,前者需要民族充分认识到自身的不足,后者需要民族要有足够自尊、自信与自强的意识;全盘否定民族文化的工具理性与努力构建民族文化的价值理性之间存在悖谬之处;民族救亡图存所需的具有一元性、凝聚性的文化与西方文化自身多元、弥散性的文化特质之间存在错位;封建势力根深蒂固的统摄地位与发展资本主义的深切企盼形成强烈对冲"②。

（3）对中西文化调和论的研究

对中西文化调和论历史影响的评价有持较为肯定态度的。如在丁伟志看来,20世纪20年代的东西文化论战期间,中国思想界并没有形成一个特征鲜明的处于新旧两派之间的"调和派"。所谓文化调和论的主张者,阵线并不齐整,视角也不统一。甚至新文化运动的倡导者,如李大钊、郭沫若等也发表过应该调和中西文化的时论。对东西文化、新旧文化持调和态度的时

---

① 杜艳华、司徒琪蕙:《五四前后的东西文化论战与中国文化的走向》,《探索与争鸣》,2004年第9期。

② 汪永平:《20世纪初东西文化论战中"西化派"的历史困境》,《西北工业大学学报》(社会科学版),2004年第1期。

人,主要是为了回应和反对新文化运动中的激进主张。这在当时,也是论战参与者反对新文化运动的一种方法。无论是文化激进主义者的主张还是"文化调和论者"的倡导都有自己的价值与不足。这是因为,"文化发展是一种不断累积、绵延沉淀的过程,既往的文化积淀是一切新文化得以孕育和产生的基地与母体。如果说文化调和论的主张者没能正确认识文化发展历程中变革的性质与意义,那么陈独秀等人在批判文化调和论的过程中,则恰恰没有深刻体认文化进程中的延续性问题。新文化运动的主张者,只看到中西文化时代性的差距,却没有认识到中国文化存在着一个从旧到新的延续的过程"①,即文化也存有承续的民族性问题。这是有失偏颇的,相形之下,这就在一定程度上彰显了调和观点的价值所在。

也有对文化调和论持批判立场的,如杜艳华认为:"杜亚泉对西方文化的弊病和中国文化的优越性都有夸大的成分,至于他提倡以中国文化救济西方文化的主张也是显然错误,不合时宜的。而章士钊提出的'新旧调和论'主张虽然明晰了新旧文化之间存有承续性,但是,其宣称中国文化无须剔除'旧有者'的时论不仅不能取信于激进主义者,相反,他们可能会在这种强刺激下,秉持一种日趋激烈的反传统态度。梁启超、梁漱溟都大力称道儒家文化的价值,力图复兴儒学并用中国文化来救济西方文化之偏蔽。他们夸大了现代西方文化的危机和中国文化的优越性,其观点除了具有学理的意义外,明显落后于时代大潮,缺少政治的历史的进步意义。"②

无论是对所谓"西方文化派",还是对"中西文化调和论"的研究和审视,我们都需要在把握大的历史发展脉络的同时,尝试细致爬梳历史人物的思想的多维性表现,不能草率定论,否则很容易陷入"以偏概全""一叶障目"的

---

① 丁伟志:《重评"文化调和论"》,《历史研究》,1989年第4期。
② 杜艳华、司徒琪蕙:《五四前后的东西文化论战与中国文化的走向》,《探索与争鸣》,2004年第9期。

泥淖。

(4)早期马克思主义者论战表现的研究

姚顺良认为,在20世纪20年代的东西文化论战过程中,"以陈独秀为代表的早期马克思主义者运用唯物史观对东西文化进行论析。对于西方文化,他们指出,欧战以及西方文化的破产并不是科学和生产力发展自身之过,根本上由于生产关系和科学受到资本逻辑的统摄所致。换言之,科学和民主本身并未对社会造成灾难,而是金力主义和军力主义的统治逻辑酿成了灾祸。早期马克思主义者们得出的结论,不是从西方化退回到复归中国封建文化传统,而是在中国发展科学社会主义"①。作者总结道,马克思主义的科学性使其对现代性的态度不是全然否定,而是批判继承;对东西文化也持有综合辩证的态度。在他看来,只有马克思主义才能指明中国的社会变革、文化建设之正途。

卢毅认为,早期马克思主义者在东西文化论战中的重要贡献是尝试运用辩证唯物主义历史观来分析东西文化的相关论题,这是他们与其他论战参与者的不同之处。在他看来,20世纪20年代的东西文化论战期间,无论是以梁启超、梁漱溟为代表的东方文化派,还是以胡适为代表的西化派,虽然他们对东西文化的内涵与属性界定不同(具而言之,西化派更为强调东西文化的时代差距;东方文化派更加重视东西文化的民族差别),"但在探究差异的根源时,他们大都从单纯的思想观念出发,不可避免地陷入了唯心主义的窠臼",如梁漱溟的文化概念是基于"意欲"提出的,而早期马克思主义者已尝试用唯物史观来分析文化论题。基于这一科学的研究视野,早期马克思主义者提出了社会主义的东西文化观。在早期马克思主义者看来,"不仅中国传统文化中的落后成分应受到严厉批判,而且对西方现代资本主义文化

---

① 姚顺良:《五四运动以后两次中西文化论争的当代启示》,《南京社会科学》,2009年第6期。

也应予以批判性的审视,这样才能为探索中国文化的社会主义发展方向提供支持"。① 由于历史局限,他们的有些见解尚显稚嫩,但其关于中国应建设社会主义文化的倡导,对丰富时人的文化建设视野大有裨益。

在朱庆跃看来,20世纪20年代东西文化论战期间,早期马克思主义者回应西化派的挑战时,在方式上颇具针对性,内容上彰显体系性。如针对性体现在:"历史观方面,对西化派抛出的历史进化论、文化决定论,他们则用唯物史观予以回应;自由观方面,对于西化派崇仰的资产阶级自由观,他们旗帜鲜明地提出社会主义自由观予以回击;真理观方面,之于西化派的实用主义真理观,他们则提出了马克思主义真理观;文化观方面,对于西化派提出的西方文化中心论和所谓文化整体观,他们在唯物史观指导下,提出中西文化融合创新的观点予以回应。"而体系性体现在:"初步论及马克思主义中国化的一些核心意涵,如怎样认识马克思主义、如何了解中国实际及何以实现两者的有效结合。他们向时人旗帜鲜明地宣介了马克思主义何以能够指导民众解决中国问题(包括中西文化关系的处理)的信息。"②

3. 概括性的研究与评述方面

陈崧主编的《五四前后东西文化问题论战文选》一书,从资料搜集的层面,汇编了一些发表在20世纪20年代的重要报纸、杂志上的关于"东方化"与"西方化"的论战文章。但是该书只有主题导引,没有细致深入的研究和分析。这些选编文章为笔者深入研究提供了重要的资料参鉴和索引。陈崧在书的序言中以五四时期东西文化论战为研究对象,将20世纪20年代的东西文化论战作为五四时期东西文化论战发展演进的第三个阶段,并且他提出:"这个阶段是东西文化论战的高潮期,主要因为梁启超《欧游心影录》和

① 卢毅:《中国早期马克思主义者与五四前后的东西文化论战》,《党史研究与教学》,2009年第2期。
② 朱庆跃:《五四前后中国早期马克思主义者对西化派挑战的回应》,《深圳大学学报》(人文社会科学版),2016年第4期。

梁漱溟《东西文化及其哲学》的出版而催促的。这时论战的主题虽然仍关涉东西文明的长短优劣,但时过境迁,论战有了新的时代意涵。欧战后,资本主义世界受到沉重打击,十月革命的胜利开辟了人类社会发展的新纪元,在此历史语境下,中国知识分子从文化的视域重新探究中国未来的出路。保守主义、自由主义、社会主义三种文化势力开始逐渐形成角力和博弈的态势。"①这种论说为笔者研究20世纪20年代的东西文化论战提供了背景支持和思路借鉴。

　　郑大华在基本同意陈崧对五四时期东西文化论战的阶段划分以及每个阶段论战主题界定的基础上,进一步深入研究和评析了新文化派与东方文化派文化理论的得失,并提出两派论战的文化内容已涉及文化的民族性与时代性、变革与承续,最终聚焦中国文化是走"西方化"还是"中西文化调和"之路。总之,基于比较精细的研究,郑大华提出:"从学理层面看,两者的观点都有利弊得失,分开来看,二者针锋相对,构成悖论;合而视之,则又互为纠偏,彼此补充,是一种对立统一的辩证关系。"②但郑大华没有将20世纪20年代的东西文化论战放到中国现代化发展的视野中进行深入地理论阐发。这为笔者进一步深入拓展有关研究提供了空间。

　　而焦润明则与上述两位学者的研究思路有些不同,他直接将东西文化论争的发生时间定为20世纪20年代初期,主要体现在"以梁启超、梁漱溟为代表的东方文化派与以胡适、李大钊、陈独秀为代表的西方文化派之间的论战",在他看来,20世纪20年代的东西文化论战,彰显了"这一时期论战参与者们对东西方文化的意涵、价值、关系的不同认知和论析"。③在此基础上,他以人物思想研究为切入点,分别研究了东方文化派与西方文化派主要代表

---

①　陈崧编:《五四前后东西文化问题论战文选(增订本)》,中国社会科学出版社,1989年,第4~5页。
②　郑大华:《民国思想史论》,社会科学文献出版社,2006年,第201页。
③　焦润明:《中国现代文化论争》,社会科学文献出版社,2012年,第331页。

人物的东西文化观及彼此间的联系与不同。此外,他尝试将论战双方对东西文化的不同认知纳入"中国向西方学习"这一时代主题的视野中,一定程度上突出了二者兼具的共识与分歧。但是焦润明的研究也存在有待提升的空间,如他将早期马克思主义者李大钊、陈独秀的东西文化观简单地归到西方文化派中,而没有单独地研究他们的东西文化观的独特性;他对其他早期马克思主义者如萧楚女、瞿秋白等的东西文化观没有加以引介,也没有对时人关于东西文化论战的新史料进行发掘和引介;此外,他也没有从中国现代化的视角对20世纪20年代的东西文化论战进行新的审视。凡此种种,都为笔者展开进一步研究提供了空间。

总之,学界对20世纪20年代"东方化"与"西方化"论战的研究成果比较丰硕。但也存在具体的研究细节和概念界定模糊不清,分歧较大的不足(如对东方文化派的研究);研究的视域和范式相对比较单一;历史性的梳理和评述过多,而理论层次的深入挖掘和阐发不够等种种有待提升之处。而将其放在中国现代化的视野中研究的成果更少。鉴于此,笔者在借鉴学界研究成果的基础上,力争撷取关于文化现代化之争的核心要义如"古与今""新与旧""动与静""物质文明与精神文明",等等,以此来呈现时人对东西文化的内涵、性质、价值、命途的论战概貌。基于此,笔者尝试从中国现代化的视域系统梳理和深入研究这一论题的历史和时代价值。

(二)20世纪20年代关于科学的功能和适用范围之争的研究综述

本部分的研究主要是以发生在20世纪20年代的科学与人生观论战为中心,从中国现代化的视域出发,系统爬梳和研究时人对科学的功能和适用范围的再审视。这对我们更好地认识时人关于西方现代化模式及如何构建中国现代化模式的思考层次和水平是有助益的。众所周知,学界关于科学与人生观论战的研究成果十分丰富,涉及的学科门类很多,如科技哲学、历史学、知识社会学,等等。本书只是重点梳理学界从现代化的视域研究这场论战的成果,尤其是对时人之于"科学是否万能"这一主题的争锋成果进行总结提炼和辩证分析。其他方面的研究,诸如论战发生的背景梳理、论战各派的划分、论战过程等只作为间接的研究参考。在此不再详细罗列与引介。

1. 总体上提及这场论战之于中国现代化发展的意义

目前学界比较系统地研究科学与人生观论战的代表性著述有:朱耀垠的《科学与人生观论战及其回声》,该书较为深入系统地分析了科学与人生观论战的历史背景、基本内容和发展脉络,此外还分析了这场论战所关涉的主题,如自然科学与社会科学、科学技术与人生哲学、科学精神与人文精神、中国文化与西方文化以及传统文化与现代化的关系、中国现代思想文化的走向乃至中国现代化道路的选择等。在此基础上,作者还进一步延伸研究了此后不同历史时期(主要是20世纪20年代至90年代末),海内外思想界关于这场论战的各种评论和争议。但该书只是略微提及这场论战涉及的中国现代化探索的时代意义,并没有深入系统地挖掘这场论战关涉的现代化核心要义的争锋。

焦润明在《中国现代文化论争》一书中也有类似的研究,该书第六章从科学与玄学论争的起因、玄学派与科学派的主要观点、科学与人生观论争的结果及影响等方面比较系统地研究了科学与人生观论战。而且这本书的特色之一就是分列式地研究和爬梳各派代表人物的观点。尤其值得注意的是,作者提出这场关于科学功能与适用范围的论战"真实反映了时人对于中国现代化向何处去的见解。主要涉及如何看待和化解工业机器导致人的异化问题"[①]。该书为笔者进一步从中国现代化的视域,深入研究时人对于科学是否万能等论题的论争成果提供了参鉴,但从中国现代化发展历史的纵深

[①] 焦润明:《中国现代文化论争》,社会科学文献出版社,2012年,第437~438页。

研究方面看,还有待进一步拓展。

郑师渠则提出科学与玄学论战发生在时人对西方现代性系统反思的历史背景之下。因此,我们"与其将这场论战当作科学与反科学势力的较量以及东方文化派对五四精神的反动;不如把它看作时人在反省欧战的基础上对科学的再认识,是中西文化论战的继续,来得更深刻些"[1]。这一观点为笔者进一步系统研究20世纪20年代的东西文化论战,尤其是科学与人生观论战提供了思路借鉴,即从中国现代化发展(抑或反思西方现代性)的视域去探究和挖掘科学与人生观论战中的现代思想史意义。而且笔者可以将这种研究视域进一步前后延伸,以期更加全景式地揭橥20世纪20年代东西文化论战对中国现代化发展的启示。

2. 从哲学层面抽炼科学与人生观论战中的现代性论题

除了从历史的纵深发展方面不断重新挖掘和呈现科学与人生观论战的现代意义之外,目前学界着墨较多的是,从哲学尤其是科技哲学的视域对发生在20世纪20年代的科玄论战进行再审视,以期能够进一步发掘和提炼这场论战在中国探索现代化发展历程中的重大意义:

在刘长林看来,在中国走向现代化的进程中,思想界爆发了影响深远的科玄论战。这场论战的核心议题是如何因应现代化进程中人生所产生的负效应。科学派、玄学派、早期马克思主义者对"何以实现真善美的有机统一"这一课题都进行了思考与探索。但是"科学派注重科学之时,对怎样提高人的道德素养缺乏深入探讨;玄学派由批评现代化的弊病走向复归传统价值体系,进而走向否定现代科学与现代工业的歧途。两者各趋极端、都有偏颇。早期马克思主义者的贡献在于:他们主张以唯物史观为指导,有效开展中国的现代化,要重视从经济基础的面向阐释国家面临的困顿,这为我们从

---

[1] 郑师渠:《欧战前后:国人的现代性反省》,北京师范大学出版社,2013年,第28页。

根本上解决人生观问题争创了条件"。①

　　有的学者则尝试从中国反思西方现代性的层面来定位和评析这场论战,"科玄论战可以说是在中国社会剧烈变革与转型时期必然会出现的一次思想文化事件。它的实质意涵是在反思西方现代性的基础上探索中国文化的出路"②。换句话说,科玄论战是中西文化论战的继续和深化,也是中国对以科学为核心精神的西方现代化模式深入反思的重要彰显。

　　还有研究者从现代性与后现代性的关系视域来审视这场论战,"科学派的倡导与现代性、元叙事、启蒙思想、科学主义契合;玄学派提出的重新审视科学理性,把自由意志、人生价值与科学同等视之的观点具有后现代色彩以及一定的超越性和前瞻性"③。在此基础上,研究者提出我们应该从更加多维的视域、更加开阔的历史场景来审视和研究科玄论战之于中国现代化的时代启示和现实意义。

　　总体观之,学界从哲学层面,主要是从现代性乃至后现代性的视域来研究科学与人生观论战,这对笔者从中国现代化的视域来整体研究这场论战提供了思路借鉴。当然,其中也会面临现代性的概念如何界定、中国的现代性有没有自身的特质等学界聚讼不已的问题。笔者限于研究论题及研究能力等各种因素,无意深度参与这一宏大精深论题的辩驳和研究。笔者只是尝试从提炼时人对科学是否万能这一论争成果的视角,来呈现时人对西方现代化模式的总体认知和评价。当然其中也会部分涉及科学与人文等论题的阐释,但这不是我们研究这一论题的要旨所在。

---

① 刘长林:《科玄论战:重建人生哲学的理论冲突》,《探索与争鸣》,2000年第10期。
② 陈先初:《现代性视野下的"科玄论战"》,《湖南大学学报》(社会科学版),2006年第5期。
③ 张雁、许陈训:《试论后现代主义对"科玄论战"的消解》,《河海大学学报》(哲学社会科学版),2013年第2期。

（三）关于20世纪20年代以工立国与以农立国论战的研究综述

20世纪20年代与"中国新文化运动的发展方向论战同时进行的,还有以农立国与以工立国之争"①。这场论战的主题是对以现代工业发展为基础的西方现代文明的再审视。这场论战是20世纪20年代东西文化论战的重要延伸和拓展。但囿于20世纪20年代关于这一主题的论战尚未充分展开,目前学界关于"以工立国"还是"以农立国"论战的研究主要集中在20世纪三四十年代。对于20世纪20年代这场论战的研究不够充分,主要代表性成果有:

汇编资料性质的主要有罗荣渠主编的《从"西化"到现代化:五四以来有关中国的文化趋向和发展道路论争文选》。其中收录了数篇20世纪20年代,时人发表在一些报纸、杂志上的关于"以工立国"还是"以农立国"的论战文章。这为笔者进一步研究这场论战提供了资料参鉴。但是一则该书中搜集的原始资料十分有限,二则该书并没有对这一论题进行分析性的研究,这给笔者开展研究留下了可以深化拓展的空间。

有直接相关性的论文主要有季荣臣所写论文《论二十年代"以工立国"与"以农立国"之争》②,该文尝试从现代化思潮的视角梳理了"农国派"与"以工立国派"的基本主张,并评价了两派的功过是非。但是作者对"以工立国派"的主张充满了溢美之词,而对"农国派"则以反现代化思潮的性质予以盖棺定论。虽然其也在一定程度上同情"农国派"的主张,但是缺乏辩证分析,这主要是因为作者没有更加详尽全面地梳理"以农立国"主张者的观点,也没有将这一论战纳入20世纪20年代东西文化论战的总体视野中。所以,其

---

① 罗荣渠编:《从"西化"到现代化——五四以来有关中国的文化趋向和发展道路论争文选》,黄山书社,2008年,第739页。
② 季荣臣:《论二十年代"以工立国"与"以农立国"之争》,《广西民族学院学报》(哲学社会科学版),1993年第2期。

未能全面多维地论析这场论战对时人从文化层面审视西方现代化模式的利弊得失，以及对省思中国现代化发展的历史影响与意义。这也是笔者可以拓展和深化的研究空间。

除此之外，大部分著述都是把这场论战作为研究20世纪上半叶中国现代化思潮的一个组成部分略加提及和介绍，如有的研究者从"工业化道路之争"①的视角，将这场论战作为20世纪30年代"以农立国"与"以工立国"之争的延伸背景材料来研究。该研究对两派代表人物观点的爬梳和提炼上不够全面，尤其是对早期马克思主义者的论战表现的研究很薄弱，有待深化和拓展。

类似的研究还有，何爱国的《中国现代化思想史论(1912—1949)》一书中第三章"工业化的艰难抉择：20世纪上半叶工业化与农业化道路之争"，也是将20世纪20年代的这场论战作为延伸的历史背景来研究的。不过值得提及的是，何爱国提出的"20世纪20年代的工化农化之争，是当时的东方化与西方化之争的一个重要组成部分"②。这一论断对笔者从中国现代化的视角进一步全面系统地研究20世纪20年代东西文化论战提供了重要启发。但是何爱国的著述主要是从中国经济现代化思潮的视域来梳理与研究各派观点的时代意义，对于其中所蕴含的文化层面的价值发掘有待深化。

总之，经过笔者较为细致与系统地爬梳和分析学界对于20世纪20年代的东西文化论战的一些研究成果之后，我们可以看出被笔者纳入研究视野的东西文化的概念与性质之争；东西文化的命运与前途之争；以工立国与以农立国之争；科学的功效与适用范围之争，学界已经从不同视域、不同层次进行了一定的研究。但绝大多数的研究成果都将这些有着密切的内在相关

---

① 周积明、郭莹等：《震荡与冲突：中国早期现代化进程中的思潮和社会》，商务印书馆，2003年，第350~358页。
② 何爱国：《中国现代化思想史论(1912—1949)》，世界图书出版广东有限公司，2014年，第116~121页。

性的论战作为"文化孤岛"来分别加以研究。当然,也有学者对其中两者之间的内在关联性给予了关注。而将这些论战放在中国现代化的视域,来整体审视和研究它们之间在历史时序和理论逻辑等方面的关联性和互动性的著述,目前付诸阙如。这也正是笔者选题的点滴价值与合理依据所在。

三、研究的方法和意义

(一)本书采取的研究方法

第一,历史文献梳理和阐释法。笔者注重充分搜集和使用一手的文献资料(除了充分利用已结集出版的文献资料汇编之外,笔者还努力搜集、整理、提炼一些新的论战资料,尤其是当前尚未被东西文化论战的研究者重视的一些报刊资料,如《学生杂志》《学林》《黄山钟》《西北汇刊》《致力》《经济汇报》《新陇》《莽原》《青年进步》《国闻周报》《职业市季刊》《国际公报》《学艺》《文学》《生活(上海1925A)》《心灯》,等等),充分尊重历史人物阐发思想的具体语境,同时也会在合理吸收和借鉴学界相关研究成果的基础上,对时人的思想进行适当的评析与阐发。基于此,期望更加全面深入、系统多维地发掘和提炼20世纪20年代的东西文化论战期间各主题争锋中的问题意识及隐蕴的历史智慧,从而为我们更好地开展中国特色社会主义现代化提供智慧滋养。

第二,坚持历史唯物主义和唯物辩证法的基本原则来从事对相关重要历史事件及历史人物思想的研究。笔者结合当时国内外的不同历史环境和不同人物个体的独特历史经历来呈现时人的思想,尽力做到客观呈现、辩证分析,既不苛求前人,也尽力避免隆古抑今。我们要看到时人的思想贡献,同时也要揭示其历史局限,对所谓不同流派或秉持不同看法的人物要辩证分析其历史功过,尽量客观求实,减少个人的情感卷入或尽量避免对相关思想论争进行武断的、盖棺定论式的评析,对其代表人物也要防止随意"脸谱化"。

(二)研究的意义

第一,从中国现代化的视域,更为深入全面地研究20世纪20年代东西文化论战的相关问题,可以为从整体上、多视域丰富东西文化论争史的研究贡献绵薄之力;另外,也为我们以更加开阔的视野探究与呈现20世纪20年代中国现代化思潮提供了一种思路。

第二,在20世纪20年代的东西文化论战史的研究过程中,充分重视和挖掘早期马克思主义者在论战中的贡献与局限。这为更好地研究和总结早期马克思主义中国化的经验和教训,以及马克思主义的传播在中国现代化道路探索历程中的影响和地位提供参鉴。

第三,尝试提炼和总结中国现代化探索中的得与失。尤其是现代化本身作为一个非常复杂的历史过程,其所追求的核心要义如民族性与时代性、科技与人文、工业发展与农业进步、物质文明与精神文明等价值与目标之间是有内在张力的。这是笔者在开展"20世纪20年代的东西文化论战"这一研究中所要努力揭橥的。

四、研究的主要问题与篇章布局

从中国现代化的视角研究20世纪20年代的东西文化论战是本书的核心议题,换言之,笔者通过该研究力图挖掘和提炼20世纪20年代东西文化论战中关涉现代化的议题,在此基础上,进一步阐发其对中国现代化发展的启迪意义。笔者分六章(绪论除外)来阐发相关论题:

第一章,20世纪20年代东西文化论战的特殊背景。任何重大历史事件的发生都不是孤立的,都有深刻复杂的相关背景。20世纪20年代能够在中国大地上发生对中国现代化发展影响深远的东西文化论战,当然也有其复杂多维的背景。从历史渊源来看,它是自明清之交①东西文化交流、碰撞、争锋以降(这其中主要包括"会通以求超胜"还是拒斥"夷技"之争;"天主教的儒学化"与独尊儒学的论争)至近代以来一系列东西文化论战(主要是从洋务运动到五四新文化运动时期,国人从器物、制度、思想文化层面展开的关于东西文化论题的争论)的延续和发展。从时代背景看,20世纪20年代的东西文化论战能够发生,主要是受到"东方文化救世论""西方文明没落论"、马克思主义三种社会思潮的影响。这三种主要思潮深刻影响着当时论战格局的形成和博弈。在此需要申说的是,对于20世纪20年代东西文化论战发生的历史渊源,目前学界大都是从鸦片战争以来所发生的东西文化论战着手研究的。笔者则尝试从更为悠长的历史背景,即从明清之交的东西文化论战开始研究。基于此长时段的东西文化论战史的视野,笔者想更为深刻地呈现,在"世界历史"逐步发展的时空中,随着中国国势的变化,国人对东西文化概念、性质、关系和命途的多元态度和复杂观点,以及这些不同观点之间激烈碰撞、交锋、融合、纠缠的情势对于中国现代化走向的影响。这是本章的拓新之处。

第二章,东西文化的辨与思。本章主要提炼和论析20世纪20年代东西文化论战中,时人对文化、东西文化的概念及性质的论争。这是时人尝试从东西文化自身内涵与属性的层面来探究东西文化关系问题的体现。当时中国思想界主要从东方文化与西方文化的内涵与外延两大层面来提炼和概括东方文化、西方文化的概念。此外,他们重点从物质文明与精神文明之辨、

---

① 学术界一般使用"明清之际"来界说从明末万历年间西方传教士来华至清代中叶乾隆年间实行闭关政策这段历史时期。本书采用明清之交这一概念。

新旧之差、动静之异、"古今之别"方面论及东西文化的性质。通过这些关涉文化、东西文化概念与性质的论争,时人能够比较深刻地体认东西文化之间关系的复杂面向。从中国现代化的视角看,这深刻启示我们:中国现代化应处理好文化的时代性与民族性问题。目前,学界对20世纪20年代东西文化论战的研究大都没有系统地提炼和呈现时人对文化的概念、东西文化的概念与性质的论述和评价。笔者在本章则努力更为全面多维地、系统凝练地研究和呈现时人关于文化的概念、东西文化的概念与性质的辨与思。其中,笔者尤为重视挖掘和提炼当前东西文化论战研究中尚未充分引介的人物的有关思想。虽然他们在当时的思想舆论界不算是叱咤风云的人物,但是笔者经过研究发现,他们对东西文化相关论题的阐发也颇具价值与意义,这些都值得我们进一步加以有效提炼、合理继承、大力汲取与充分发展。

第三章,东方文化与西方文化的命途之争。本章主要提炼和探究20世纪20年代东西文化论战期间,持不同思想和价值立场的时人对东方文化、西方文化的前途和命运的不同观感和研判。笔者主要分为两大部分予以引介和呈现,其一,是时人围绕东方文化能否保存、复兴乃至救世这一论题的争锋;其二,是时人围绕西方文化是否还有出路这一命题展开的论争。从中国现代化的视域看,这集中彰显了持不同立场的思想家从文化层面对东西两种现代化模式的前途和命运的不同研判和选择。这给予我们的启迪是:中国现代化应理性认识和处理中西文明之关系。目前,学界对20世纪20年代东西文化论战中时人关于东西文化的前途和命运多元的研判和论析并未进行全面的研究。他们往往侧重对梁启超、陈独秀、胡适、梁漱溟、张君劢等人的思想进行研究,这是必要的,因为这些人在当时的思想舆论界影响力比较大。但是对于汪本楹、罗正纬、吴国桢、释太虚、柳诒徵、萧楚女、沈泽民、邓哲民等人的思想研究则比较薄弱。这正是笔者在本章的研究中所努力拓展之处。

第四章，以农立国还是以工立国？本章通过研究20世纪20年代的以农立国与以工立国之争，来揭示时人如何分析和论争中国的立国之本是农业、工业抑或两者并举的问题。从中国现代化的视角观之，这是时人对中国现代化走以农立国还是以工立国抑或两者并举发展之途的论争。笔者认为，无论是以工立国派对走工业化之路的坚定支持还是以农立国派对走农业化之路的迷恋执着，抑或中间派对中国坚持走工农业并举发展之路的希冀和憧憬，都可视为是时人对中国现代化之路的进一步思考。早期马克思主义者如杨明斋等也积极参与论战，表达自己的心声，为寻求适合中国的现代化之路贡献了智慧。虽然当时的论战水平难免有历史局限，但这一论题的现实意义和时代价值有待我们进一步发掘。总之，这场论战留给我们的重要思想智慧是中国现代化要平衡现代工业与农业的关系。此外，在本章的研究中，笔者也在新史料的搜集、整理、提炼和阐发方面做了一些努力，如笔名为"之鉴"的时人发表的《窒欲主义与农国》；叶荧震、林有水发表的《我国抵御工业国侵略之计划》，陈兼与发表的《中国宜如何进到工业国》，润章发表的《何谓"伪工业国之文明"》，董时进发表的《理想的东亚大农国》，等等文章，在目前东西文化论战研究中尚未被充分重视，但这些都是很有价值的时文。这些新史料的挖掘和利用为更加全面、多维地研究这一论战成果及其隐蕴的现代意义提供了重要支撑。

第五章，科学的功效与适用范围之争。本章主要是以发生在20世纪20年代的科学与人生观论战为中心展开的研究。这其中既比较细致地介绍了这场论战发生的具体历史背景；同时，以论战参与者对科学的功效与适用范围这一核心议题的争辩来系统全面地呈现这场论战的水平和层次。这是笔者在充分借鉴学界关于科学与人生观论战研究的丰硕成果的基础上，努力聚焦的两个重要维度，也是与学界大部分研究著述的思路有区别的地方。这其中既有科学派、玄学派与"中间派"的观点，同时也会引介早期马克思主义者对于科学功效的认识和理解。他们主要是从科学适用的范围、科学功效的发挥两个层面来论争"科学是否万能"这一主题的。笔者将对这场论战关涉的基本论题进行恰当的评析。这场论战给我们留下的思想遗产是：中国现代化历程中要理性对待科学的功效。

第六章，中国现代化的历史使命与必然选择。20世纪20年代的东西文化论战虽然是关于东西文化的概念、性质、命途等主题的论争，论战参与者并未明确提出现代化的概念。但从中国现代化的视域看，这场论战关涉东西文化的概念与性质、命途、工农业发展的关系、科学的功效与适用范围等论题。这些都给我们开展中国现代化建设留下了宝贵的思想遗产和智慧启迪。我们从这场论战中可以体认中国现代化的历史使命与必然选择。中国现代化的历史使命是实现中华民族的伟大复兴，是对中华文明的复兴与超越。为达致这一崇高目标，中国在现代化历程中必须做出以下选择：大力吸收和借鉴人类的一切文明成果；在坚持社会主义的基础上，正确对待资本主义文明，实现对其的合理借鉴与有效超越；以科学、民主为核心，实现"五位一体"的和谐发展。与目前学界的研究成果相比较，从中国现代化的视角来从整体上、根本上审视和研究20世纪20年代的东西文化论战是本书的一个大胆尝试，也是对20世纪20年代东西文化论战研究的点滴拓展和创新。这一新的研究视角在前面的章节中都有所体现。本章则是从中国现代化的历史使命与必然选择这一更为宏阔和整全的视域来进一步提炼和概括20世纪20年代的东西文化论战对中国现代化建设的思想启迪和智慧滋养。

第一章
20世纪20年代东西文化论战的特殊背景

　　每一历史事件的发生都不是孤立的。无论是历史事件亲历者的真实体验抑或历史研究者的系统研究都很难否认历史事件的发生是由多重因素综合作用的结果，也都有复合多元的背景。20世纪20年代东西文化论战作为中国思想文化史上一桩影响深远的事件，其发生与发展也有纷繁复杂的原因和背景。从历史的维度看，它是自明清之交中西文化在世界历史和现代意义层面交锋与碰撞的延续和发展。诚然，这期间还发生了各种规模不一的东西文化论争，尤其是自近代以来影响较为深远的从器物、制度再到思想层面层层剥笋似的中西文化的比较、碰撞和论争。这可以被视为20世纪20年代东西文化论争发生的历史渊源。而当历史来到20世纪20年代前后，"东方文化救世论""西方文明没落论"、马克思主义等思潮开始在西方兴起，并逐渐波及中国思想界，这对形塑20世纪20年代东西文化论战的格局和态势具有重要影响。这些都可归为20世纪20年代东西文化论战发生、发展的特殊历史背景。

第一节　纠缠与延续：东西文化论战的历史渊源

　　20世纪20年代东西文化论战是自明清之交西学东渐以来，各种规模不一的中西文化论战的延续和发展。中西文化之间交流、碰撞、融合、互鉴的历史源远流长，但真正体现中西两种性质和发展阶段不一的文化之间激烈碰撞，并引起时人热切论争的要从明清之交的中西文化论争说起。这也是在人类社会逐渐步入世界历史时代和现代化不断发展阶段发生的中西文化论争。当然，之后一段时期，由于清政府的闭关锁国政策，中西文化的大规模交流、角力近似中断。而自1840年鸦片战争爆发，中国逐渐在西方列强坚船利炮的轰击下国门洞开，中西文化之间又开始层层深入的大规模接触、交流、碰撞、融合。尤其是从洋务运动起到五四时期，相继发生了规模不一的中西文化论战，其中影响重大、意义深远的是国人从器物、制度再到思想层面对中西文化的认识和论争。从这种种相互关联而有所不同的中西文化论战史中，我们看到中西文化之间日趋深刻全面的接触比较和碰撞角力，但中西文化仍没有一见高下、泾渭分明，而是逐渐出现了互动交融的态势。这为20世纪20年代东西文化论战的蓄势爆发作了历史的酝酿和铺陈。

一、明清之交东西文化的交锋与碰撞

　　众所周知，中西文化交流史源远流长，但中西文化真正在世界历史和现代意义层面上的交锋与碰撞，并引起时人的激烈论争要从明清之交耶稣会士来华后，西学东渐进一步深化之时开始。这是因为西方文化从14世纪的文艺复兴开始逐渐走出中世纪，欧洲的资本主义生产方式开始萌芽并逐渐

发展,到15世纪逐渐开启了大航海时代,西欧的资本主义获得了进一步发展的新动能。以西欧现代资本主义为代表的新的更先进的生产方式,渐渐获得能够超越以中国为代表的东方封建主义社会的巨大潜质。因此,发生在明清之交的中西文化论战中,既有中西文化作为具有不同民族性的异质文化的比较和碰撞,也包含不同发展水平乃至时代差距的两种文化的较量和角力。虽然明清之交中西文化之间的比较、碰撞、论争的层次和水平与近代不可相提并论,但近代中西文化论争涉及的一些核心问题和向度已在明清之交的中西文化论争中有所孕育和潜显。所以,有的学者将明清之交的中西文化比较、论争称为中西文化交流、碰撞和较量、论争的"第一页与胚胎"。①明清之交的中西文化论战涉及的范围和层面比较多维,在此,我们重点撷取两个重要向度的论争,借以窥探当时中西文化碰撞和论争的概貌:其一,如何看待西方科学之争,是"会通以求超胜"还是将其当作"夷技"加以拒斥;其二,如何对待天主教和儒学的关系,集中体现为"天主教的儒学化"与独尊儒学的论争。

(一)"会通以求超胜"还是拒斥"夷技"

明清之交中西文化的相遇、碰撞、论争是以耶稣会②传教士为主要载体进行的。约从1552年(嘉靖三十年)开始,耶稣会为了使天主教能够与新教相竞争抗衡,就先后挑选、训练和派遣方济各·沙勿略、范利安、罗明坚、利玛窦等人到东方,尤其是中国传教。以利玛窦等为代表的传教士为了能够更加便利、顺畅地在中国这个传统文化深厚的东方大国传播天主教的"福音",不仅开始努力学习中国的语言文字,研究中国境况,力图从文化上融入中

---

① 陈卫平:《第一页与胚胎:明清之际的中西文化比较》,广西师范大学出版社,2015年,第1~34页。

② 耶稣会是西班牙贵族军官伊·罗耀拉在1534年创办的一种具有军队组织形式的教会组织。1540年被教皇批准为罗马教会的官方教会组织。它的成立主要是为了与马丁·路德创立的新教相抗衡,从而扶助教皇捍卫、传播天主教。

国。而且他们力图通过向中国达官显贵们输送西方的"奇技淫巧",如自鸣钟之类的洋玩意,以博得他们的好感和青睐。与此同时,他们也会通过与徐光启等官员一起探究几何学、历算学等取得中国官员们乃至最高统治层的信任和称道。综而观之,明清之交,西方传教士在中国传播的西方文化主要包括两部分:天主教教义和科学技术。其中,传播天主教教义是根本目的,而科学技术的传扬和洋物件的输送则是手段,正如利玛窦所言:"窦于象纬之学,特是少时偶所涉猎;献上方物,亦所携成器,以当羔雉……所以然者,为奉天主至道。"①传播天主教是主导,科学技术的输入是附带,这在利玛窦的这些表达中体现的很清楚。

中国应该如何对待西方的科学技术,尤其是西方的天文历法、几何算学等,明清之交的时人对此持有不同的看法,并展开了激烈的论争。回顾历史,我们可以发现当时主要有两种不同的持论,一种是以徐光启、李之藻等为代表的科学家提出"会通以求超胜"的原则,力求综合中西科学各自的优长,从而提升中国的科学发展水平。如徐光启在领导修历的过程中,对于处理"西法"和"中历"的关系应秉持的原则,他提出"欲求超胜,必须会通"②,而会通之前,要做好翻译的工作。

与徐光启同时期的一些科学家也持有类似的主张。如李之藻当时针对中西算法各自的特征以及如何整合的问题,提出西算"加减乘除,总亦不殊中土;至于奇零分合,特自玄畅,多昔贤未发之旨,盈缩勾股,开方测圆,旧法最难,新法弥捷"③。所以,在李之藻看来,我们要综合吸收西算中的优质成分,因为这对切实提升中国算法的科学性大有裨益。时人王徵进一步提出

---

① 周岩编校:《明末清初天主教史文献新编》(下),国家图书馆出版社,2013年,第1488页。

② 朱维铮、李天纲主编:《徐光启全集》(第9册),上海古籍出版社,2011年,第198页。

③ 徐宗泽:《明清间耶稣会士译著提要》,中华书局,1989年,第266页。

对中西科学应该秉持"不问中西,总期不违于天"①的原则。凡此种种,都体现了当时的一些科学家对西方科学技术是倡导"会通以求超胜"之态度的。

清代以后的科学家也在一定程度上继承了徐光启提出的"会通以求超胜"的原则与精神,在中西科学的融通方面做了一些努力工作,如王锡阐在科学研究中力倡,"考正古法之误,而存其是;择西说之长,而去其短"②。梅文鼎也倡言中西科学"会通"的重要性,"数者所以合理也,历者所以顺天也。法有可采,何论东西……去中西之见,以平心观理"③,这样才能汲取中西科学之精粹,祛除其不足。虽然囿于历史局限,他们仅在只言片语中,对具象的西方科学技术表示部分的称道和推崇,尚未深刻认识到西方科学精神和技术的时代优越性,但是这在尚处于封建儒家传统思想笼罩下的中国实属难能可贵。

另一种观点是把西方科学技术作为"夷技"来对待,认为中国人不必学,也不应该学,否则有"以夷变夏"的弊害。他们鼓吹"义理为本",拒斥学习和吸纳西方科学技术。持这一立论的代表人物主要有许大受、沈淮、张广湉等。

如许大受对西方的科学技术一贯持有鄙视的态度,他明言:"夷技不足尚。"④在正统的士大夫看来,崇尚"夷技"不仅是舍本求末,而且从根本上违背"君子喻于义""君子不器"等传统义理精神。如张广湉认为,西方"首重天教,推算历数之学,为优为最,不同中国明经取士之科",如果中国崇扬西方天主教以及科学技术,势必造成"斥毁孔孟之经传,断灭尧舜之道统"⑤的恶果。因此,即使学习和浸染半点"夷技",在他们看来,都是对传统义理的亵

---

① 徐宗泽:《明清间耶稣会士译著提要》,中华书局,1989年,第228页。
② [清]阮元等撰:《畴人传汇编》(上),广陵书社,2009年,第402页。
③ 贾贵荣、张忱石辑:《稀见清代民国丛书五十种》(第96册),国家图书馆出版社,2014年,第379页。
④ 周岩编校:《明末清初天主教史文献新编》(下),国家图书馆出版社,2013年,第1823页。
⑤ 同上,第1854~1855页。

渎和背叛。如沈㴑说，历代帝王"御世""正人心而维国脉"的本计是"本儒术以定纪纲，持纪纲以明赏罚"，而那些赞赏"治历明时之法"并主张"与同彼夷开局翻译"的人在其看来，令人深恶痛绝之处正在于他们"不思古帝王大经大法所在，而不知彼之妖妄怪诞"。①基于这种对西洋科学技术的定性和评价，时人杨光先甚至直言，"宁可使中夏无好历法，不可使中夏有西洋人"。无好历法，中国也可以有四百年的国泰民安，但是"有西洋人，吾惧其挥金以收拾我天下之人心，如厝火于积薪之下，而祸发之无日也"②。凡此种种言论，反映出明清之交的传统士大夫们是从固守和捍卫儒家义理的立场来反对学习和借鉴西方科学技术的。这反映了儒家传统义理在当时中国社会，尤其是一些以卫道士著称的正统士大夫的心里还是根深蒂固的。

（二）"天主教的儒学化"与独尊儒学的较量

明清之交，耶稣会传教士所带来的西方文化的主要成分是天主教教义，科学技术是附带的。所以，当时中西文化的代表即天主教和儒学，作为两种异质文化，彼此之间的碰撞、论争难以避免。西方传教士如利玛窦等也都深切认识到了这一点。所以，为了更为顺利地在中国传播天主教教义，他们努力实现天主教"儒学化"，从而尽可能地寻求两种文化间的共识与通义。因此，当时出现了所谓"合儒""补儒"的说法。虽然他们的很多阐释实属牵强附会，其目的是为了更好地传教，但确实也为融通中西两种异质文化作了一种探索。诚然，这其中也激起了不少文化论争，限于篇幅，我们在此只简略引介"天主教儒学化"与"独尊儒学"两股势力的较量与论争。

首先，从"合儒"方面来看，本来天主教和儒学在根本精神方面存有重大差异，如出世和入世、信仰与理性的区隔。但是利玛窦等传教士为了更好地

---

① 周岩编校：《明末清初天主教史文献新编》（下），国家图书馆出版社，2013年，第1696、1698页。
② 杨光先等撰、陈占山校注：《不得已：附二种》，黄山书社，2000年，第79页。

达致传教目的,不仅从改穿儒服开始尝试"合儒",而且努力从思想层面虚构天主教和儒学的"一致性",他们主要从《圣经》、神学理论、宗教仪式乃至排斥佛、道方面陈言天主教和儒学之间的内在契合性。①对这种"合儒"言论,中国思想界也有呼应者、支持者,如徐光启就认为,天主教"合吾国古人敬天事天,昭事上帝之旨"②。冯应京也呼应道:"天主何?上帝也;实云者,不空也。吾国六经四子,圣圣贤贤曰畏上帝;曰助上帝;曰事上帝;曰格上帝;夫谁以为空。"③张星曜也有类似的看法:"天学非是泰西创也,中国帝王圣贤无不尊天、畏天、事天、敬天者,经书具在,可考而知也。"④

其次,为了更加切实地论证天主教教义理应被中国人从文化心理层面接受,以利玛窦为代表的西方传教士不仅提出了"合儒"说,还提出了"补儒"说,即阐释天主教教义不仅和儒学在根本精神层面契合,而且天主教教义与宋明理学这一"后儒"相比,是真正与孔孟"先儒"一脉相承,并能够补益其不足。"第一,汉代以后的儒家,尤其是宋明理学,歪曲和泯灭了先秦儒家'事天'的真意,因而需要天主教来拨乱反正,恢复儒家的真面目;第二,孔孟'先儒'虽然正确,但他们的道理说得还不完备,因而也需要天主教来加以补充。"⑤如孙璋说,曾有人问过徐光启:"先生乃中国名儒,位冠白僚,何故弃儒教,而信从外国人所传之天主教?"徐光启则回应称:"我信天主教,非弃儒教,只因古经失传,注解多舛,致为佛说所误,信天主教乃所以辟佛教之谬说,补儒教之不足耳。"⑥

针对天主教教徒们提出的天主教教义"合儒""补儒"说,正统士大夫们

---

① 陈卫平:《第一页与胚胎:明清之际的中西文化比较》,广西师范大学出版社,2015年,第164~175页。

② 民国丛书编辑委员会编:《民国丛书第一编》(第11册),上海书店,1989年,第142页。

③ 周岩编校:《明末清初天主教史文献新编》(上),国家图书馆出版社,2013年,第40页。

④ 徐宗泽:《明清间耶稣会士译著提要》,中华书局,1989年,第94页。

⑤ 陈卫平:《第一页与胚胎:明清之际的中西文化比较》,广西师范大学出版社,2015年,第175页。

⑥ [法]孙璋:《性理真诠》,上海土山湾印书馆重印,1935年,第364页。

则扛起独尊儒学的大旗来予以驳斥，并把天主教视为"邪教"，当然，其时的儒学正统代表是理学。他们认为天主教至少在天道观和伦理观两个层面与正统儒学相抵牾，挑战儒学的正统地位，理应予以批驳。

其一，从天道观层面来看，天主教用上帝代替儒学的"天理"或太极作为万物的主宰，这是天主教非常邪恶的表现。如陈侯光明言："孔子揭太极作主宰，实至尊而至贵，彼则判太极属依赖，谓最卑而最贱。""惟能认得太极为生天生地之生人生物主宰……吾儒返本还原，秘密全在于此，何彼敢无忌惮，而曰太极之理卑也贱也。"①因为在正统儒者看来，作为万物主宰的"天理"并不像天主那样体现为人格神，所以不能用天主来取代"天理"，如黎遂球所言："夫儒者之所谓天，从历象推之，从人伦、物理观之，而知其有一定之宰耳。此岂谓有一人焉，如所谓天主者，以上主此天哉？"②黄贞说得更为详尽具体："圣贤知天事天，夷不可混说。天之所以为天，于穆不已之诚也。天即理也、道也、心也、性也……吾儒惟有存心养性，即事天也；惟有悔过迁善，即祷天也。苟舍是而别有所谓天之之说，别有所谓事之之法，非素王之旨也"③。这里正统士大夫比较系统深刻地道出了天主与"天理"具体内涵的不同。

其二，从伦理观的层面观之，正统士大夫认为天主教所宣扬的天主至上的理念与儒家强调的忠孝为先的观念相龃龉。如沈㴶直言，天主教教义"劝人不祭祀祖先，是教之不孝也。由前言之，是率天下而无君臣，由后言之，是率天下而无父子。何物丑类，造此矫诬？盖儒术之大贼"④。张广湉也对天主教作为异域邪教侵蚀华夏之忠孝的民风感到愤慨，"据彼云国中君主有

---

① 周岩编校：《明末清初天主教史文献新编》(下)，国家图书馆出版社，2013年，第1831、1837页。
② 《四库禁毁书丛刊》(第183册)，北京出版社，1997年，第140页。
③ 周岩编校：《明末清初天主教史文献新编》(下)，国家图书馆出版社，2013年，第1768页。
④ 同上，第1697~1699页。

二,一称治世皇帝,一称教化皇帝,治世者摄一国之政,教化者统万国之权……何物妖夷敢以彼国二主之夷风,乱我国一君之统治。"此外,夷国中人"父母死,不设祭祀,不立宗庙,惟认天主为我等之公父,薄所生之父母,而弟兄辈视之……何物妖夷敢以彼国忘亲之夷风,乱我国如生之孝源"。①孰不知,忠孝二义作为封建宗法伦理型社会的核心价值是备受正统士大夫们所推崇和信奉的,而天主教教义则宣扬"凡我人类,皆为兄弟",上帝面前人人平等,"夷辈乃曰彼国之君臣皆以友道处之","夷辈乃曰父母不必各父母,子孙不必各子孙"。②这种价值观的宣扬和倡导在以封建宗法伦理统摄下的明清之交的中国不啻为惊世骇俗之言。

当然,明清之交,中西文化之间的交流、碰撞、争锋的面向远不止以上所引介的。由于当时中西之间的发展差距还不像近代那样巨大,甚至诸如天主教教义和中国的传统文化两者都尚属"中古性质"的文化类型。而以科学技术为代表的西方文化也还没有充分释放自身的潜能和威力。所以,明清之交的中西文化论争,与近代相比较,还处于"低烈度"的阶段,更没能分清胜负劣败。但这时期中西文化论争中所隐蕴的文化的时代性与民族性差异值得我们进一步加以开掘和研究。

二、从洋务运动到五四的东西文化之争

明清之交,在西学东渐的过程中开启的中西文化交流、碰撞、论争与融合的态势在清代实行闭关锁国的政策之后几近中断。中西文化新一轮的大范围、多层次、宽领域的交融互鉴、碰撞交锋的局面,是从第一次鸦片战争以来,中国在西方列强坚船利炮的轰击下,被动和屈辱地开始走向近代之际萌

---

① 周岩编校:《明末清初天主教史文献新编》(下),国家图书馆出版社,2013年,第1853~1854页。
② 同上,第1805页。

发的。近代以来中西文化论战的主基调和明清之交是有所不同的：近代中西之间存在发展代差，西方文化以巨大优势和强大势能席卷古老的中国大地。中国文化则被动地予以回应和抗争，是否学习西方和怎样学习西方，成为近代以来中国文化在探寻出路的过程中无法回避的课题。近代以降，仁人志士们为了救国救民，不断深化对现代西方社会的认识，对此，梁启超曾有过精到的概括①，他将近代以降国人对现代西方的认识历程分为"三期"，即先后经历了从器物、制度再到文化，根本上"感觉不足"，并不断学习现代西方的过程。诚然，这其中伴随着种种规模不一的文化论战。也正是在这种种的文化论战中，国人逐步深化了对现代西方文明的认识，这为探寻适合中国现代化的道路与模式提供了思想启迪。本书参鉴梁启超的概括，粗略呈现自近代以降至20世纪20年代前后中西文化论战的概貌，为我们更明晰地体认20世纪20年代东西文化论战的历史定位和时代坐标作铺垫。

（一）洋务运动时期的文化论战：要不要学习西方的"制器之器"

史学界一般将第二次鸦片战争结束到中日甲午战争爆发之间的三十多年（1860—1894）称为洋务运动时期。这一时期是中国经过"三千年未有之变局"后的一个败则思变的调整期。第一次鸦片战争后，中国已有一些仁人志士如林则徐、魏源、龚自珍等开始"睁眼看世界"，力图思变，提倡学习西方的经世致用之学。虽然他们尚未摆脱"夷夏大防"的狭隘观念，但他们已经认识到中西之间发展水平的时代势差，如魏源提出"师夷长技以制夷"的号召。冯桂芬振聋发聩地提出中国不如西方的几项重大缺憾，即"人无弃才不如夷，地无遗利不如夷，君民不隔不如夷，名实必符不如夷""船坚炮利不如

---

① 《梁启超全集》（第7卷），北京出版社，1999年，第4030~4031页。

夷,有进无退不如夷"。①这种敢于正视世界大势,勇于承认中国在诸多方面不如西方的求实精神被洋务派在一定程度上加以继承。但是在封建统治阶层内部总有一些顽固的代表昧于世界大势,思想僵化封闭或者出于维护自身的既得利益,而不承认中西之间巨大的发展差距,更不肯学习西方。在洋务运动时期,围绕要不要学习西方(主要是限于军事、机器制造工艺等方面),发生了激烈的文化论战,并形成了通常被后人称为洋务派和顽固派之间的文化争锋。

洋务派由地方要员李鸿章、曾国藩、左宗棠以及主张学习西方的王公大臣,如奕䜣等组成。他们主张学习西方先进的军事、机器制造工艺等长技,以达至富国强兵之效。如曾国藩曾经提出"师夷智以造炮制船"的主张。李鸿章也曾提倡,"中国欲自强,则莫如学习外国利器;欲学习外国利器,则莫如觅制器之器"。②这些学习西方"制器之器"的提倡颇能代表洋务派的基本主张。基于"变器不变道"的政治哲学和思想基础,19世纪70年代以后,洋务派又提出"求富"的口号,积极倡导发展民用工业,包括冶炼、采矿、纺织、航运等。在阻力重重、局限颇多的社会时局下,洋务派努力开启了中国现代化的发展历程。

与洋务派激烈争锋和论战的顽固派,主要以大学士倭仁、李鸿藻、徐桐为代表,他们反对学习西方的"制器之器",提倡严守"夷夏大防",以防止"以夷变夏"。如果说洋务派迫于时局压力和国家的生存窘境,主要从军事、机器制造工艺等方面认识到中西之间的差距与不同。那么顽固派则强调中西社会之间是性质之异,并不存在时代差异。他们以此为由,反对学习西方的"制器之器",进而希冀达致捍卫封建道统之目的。如针对洋务派提出的学习西方技艺的主张,大学士倭仁则提出,"立国之道,尚礼仪不尚权谋,根本

---

① 冯桂芬:《校邠庐抗议》,上海书店出版社,2002年,第49页。
② 《筹办夷务始末(同治朝)》(卷二十五),线装书局,2006年,第10页。

之图,在人心不在技艺",如果中国屈尊学习西方的种种技艺,最终将导致"驱中国之众咸归于夷"①的悲惨境地。他鼓吹中国自古以来属于"道德优越"之域,以礼仪之邦感召天下,所以不能为了所谓的图强而舍本逐末。

曾出使英国的刘锡鸿认为,中西学属于不同层次和性质的学问,西方所谓的光、电、力等之类的学问,"皆英人所谓实学,其于中国圣人之教,则以为空谈无用",而"圣人之教,仁义而已",所以"彼之实学,皆杂技之小者"。②这与郭嵩焘对西学"计数地球四大洲,讲求实在学问,无有能及泰西各国者"③的赞许态度截然不同,西方的科技在刘锡鸿眼里成了奇技淫巧、雕虫小技,成了应当鄙夷和拒斥的对象。基于此,他进一步论述到,"外洋以富为富,中国以不贪得为富;外洋以强为强,中国以不好胜为强"④。因此在刘锡鸿看来,中国文化中空谈义理、好逸务虚而轻视技术革新、贬抑生财求富的特性,不仅不是中国文化的缺憾和弱点,反而成了中国文化优于西方文化的可贵品质,"夫农田之以机器,可为人节劳,亦可使人习逸者也;可为富民省雇耕之费,亦可使贫民失衣食之资者也。人逸,则多欲而易为恶;失衣者,亦易为恶。"总之,"机器之用,教之逸乐,而耗其财也。人之精神,不用诸此,则用诸彼。故圣王常勤其民,而不使逸"。⑤基于这种认知逻辑,在刘锡鸿看来,西学作为西方文化的代表不仅不值得大力学习,而且理应成为规避和排斥的对象。由于刘锡鸿是当时顽固派中唯一亲身涉足西洋的人,所以他的陈言具有很强的蛊惑性,影响恶劣。

洋务派和顽固派之间关于要不要学习西学的论战内容还有很多,在此不再面面俱到地引介。无论是洋务派力陈要学习西方,还是顽固派的百般

---

① 《洋务运动》(第2册),上海人民出版社,1961年,第31页。
② 钱锺书主编:《郭嵩焘等使西记六种》,生活·读书·新知三联书店,1998年,第250页。
③ 同上,第98页。
④ 同上,第252页。
⑤ 同上,第260页。

阻挠,他们之间都有很明晰的底线共识,即从维护清王朝的封建统治出发,在"中体西用"的政治哲学的指导下展开文化论战。洋务派只认识到中西文明在军事和科技发展方面存在巨大差距。洋务派从维系传统帝制的存续而号召学习西方,虽然没有进一步延伸到变革道统的层面,但这在当时已属不易。因为他们已经意识到中国只有实现一定程度的现代化才能立足世界。虽然顽固派的反抗和阻挠一直持续不断,此起彼伏,但从世界现代化洪流滚滚向前的历史大势来看,这一势力必须为自身寻求存在的现代合法性。否则,顽固派仅靠鸵鸟策略,重操旧调,力图"以忠信为甲胄,礼义为干橹"来重回闭关锁国的老路,以此掩耳盗铃般地抵制或逃避浩浩汤汤的现代化潮流,最终只能成为明日黄花,被人们遗弃。

(二)戊戌维新期间的文化论战:要不要变革政治制度

如果说洋务运动时期,以洋务派为代表的时人探索实现中国现代化的视野尚局限在器物层面的话。那么戊戌维新时期,便是维新思想的倡导者随着时势的发展逐渐突破洋务派的"中体西用"的意识形态框架。以康有为、梁启超为代表的新党倡导中国应当进行政治制度的革新——即在中国建立君主立宪制度。这无疑是时人在探索推进现代化发展路途中又一新的斩获和突破,正如胡适在20世纪30年代曾经明言:"30年前,主张'维新'的人即是当日主张现代化的人。"①当然,取得这一重要突破的诱因有很多,其中民族危机的加剧是其中重要的促发因素。在甲午中日战争中,大清帝国的败北,从形式上宣告了持续30多年的洋务运动的失败。由于战争败给了一直不被清朝放在眼里的"蕞尔小国"——日本,这在相当程度上刺激了中华民族对救亡图存的希冀和企望,朝野上下痛定思痛,变革的呼声此起彼伏,正如梁启超所言:"吾国四千年大梦之唤醒,实自甲午战败割台湾偿二百

---

① 胡适:《建国问题引论》,《独立评论》,1933年第77期。

兆以后始也"①。正是在这样的社会氛围和历史情势下,以康有为、梁启超、谭嗣同等为代表的维新派为救亡图存而奔走呼号,极力倡导变法图强,主张在中国推行君主立宪制。而这一时期以叶德辉、张之洞为代表的守旧派则顽固地坚持迂腐的"天不变,道亦不变"的形而上的哲学信条,极力抗拒变法,主张在中国继续推行君主专制政体。于是在进一步探寻中国现代化之路的历程中,爆发了一场关涉政治体制革新的文化大论战。

　　以康有为、梁启超为代表的维新派认为近代中国之所以屡弱衰败,屡遭外敌入侵的重要缘由就是由于君主专制政体的长久存续,使得政治领域独断专行、贪污腐化等弊病丛生,这极大阻遏了国家的发展与进步,导致民贫国衰。因此,康有为希望能够通过革新政治制度,在中国建立君主立宪政体,使得壅塞君民沟通的体制能够得到有效变革与更化,从而实现"君民同体,情谊交孚,中国一家,休戚与共"②的崭新政治局面,这样才能为整治中国传统专制政治的弊端,进而提升国势创造制度环境。谭嗣同则更满怀激情和愤恨地说道,"誓杀尽天下君主,使流血满地球,以泄万民之恨"③。这种豪言壮语更是直指双方论争的核心议题——君主专制政体的存废问题。梁启超尝试运用当时风靡维新思想界的进化论来倡言君主立宪政体取代君主专制政体的历史必然性,他把人类社会制度的历史演进次序粗略分为两个阶段,从"多君为政之世"进入"一君为政之世",再到"民为政之世",并且每一个阶段又可细分为两个小的发展阶段,"多君世之别又有二:一曰酋长之世,二曰封建及世卿之世。一君世之别又有二:一曰君主之世,二曰君民共主之世。民政世之别亦有二:一曰有总统之世,二曰无总统之世"④。这种对人类

---

① 《戊戌变法》(第1册),上海人民出版社,1957年,第249页。
② 《戊戌变法》(第2册),上海人民出版社,1957年,第153页。
③ 蔡尚思、方行编:《谭嗣同全集》(下册),中华书局,1981年,第345页。
④ 李华兴、吴嘉勋编:《梁启超选集》,上海人民出版社,1984年,第45页。

社会发展所进行的进化论式的划分和言说虽然未必科学,但这是梁启超试图从学理上来论证君主立宪政体势在必行的重要尝试。

与此相反的是,顽固守旧派则坚称中国的君主专制制度是世上最好最完美的制度形式,西方的政治制度是不能与之相媲美的。如叶德辉曾极尽能事地吹捧清王朝的统治不仅远轶汉唐,比隆三代而且深仁厚泽,翔洽宇内。洋务运动的重要代表人物之一张之洞在这一时期思想则僵化不前,他在《劝学篇》中专门撰写了《教忠》篇,为清王朝歌功颂德,极力陈言,自汉唐以来,国家爱民之厚未有过于大清王朝的。更有甚者,虽然顽固守旧派时常闭目塞听、孤陋寡闻,但是这似乎丝毫不影响他们极尽对西方的政治制度横加评断,肆意曲解之能事,如守旧官僚王仁俊曾危言耸听地说道,中国如果轻易采用了西方君主立宪式的政治制度,"不十年而四万万之种夷于禽兽矣"。所以其声称:"民主万不可设,民权万不可重,议院万不可变通。"①总之,类似的抗拒变法、抵制维新的言论还有很多,但其核心要义就是维护君主专制政体,反对在中国建立君主立宪制度。

戊戌维新时期的论战正如上文所呈现的,主要聚焦在要不要变法,实行君主立宪政体这一论题上。这是中国近代探索现代化之路的重要推进,也正是这一论战的激烈开展,在相当程度上把现代化进程中的重要议题——政治变革提到了中国近代现代化道路探索的议事日程上。虽然戊戌维新运动仅仅存续了百日,但戊戌维新时期爆发的文化论战进一步启蒙了时人的思想,开启了民智,使得探寻中国现代化之路的仁人志士们进一步认识到了政治革新的重要性和紧迫性。这种历史的自觉性和使命感是催生革命派人士力图通过革命的途径,在中华大地上推行和建立民主共和政治制度的牵引力之一。

---

① 王仁俊:《实学平议》,载叶德辉编:《翼教丛编》,文海出版社,1971年,第16页。

戊戌维新运动昙花一现的悲惨命运警醒时人,中国的封建顽固势力是如此强大。面临岌岌可危的民族危机和时代挑战,统治阶层和顽固守旧势力都没能痛定思痛,决意改革图强,而是蜷缩在封建制度的襁褓中垂死挣扎和负隅抵抗。但是随着外无主权,内无民主的悲惨情势进一步恶化,革命派所掀起的革命求变的思潮逐渐兴起并得到更多进步社会势力的同情和支持。他们希冀通过推翻清王朝的封建专制统治,建立民主共和国的努力,从而振兴中华,改变中华民族积贫积弱的悲惨命运。这期间在中国大地上爆发了改良派与革命派之间关涉要不要革命、要不要建立民主共和制度等主题的文化论战。历史的演进逻辑表明经过痛苦的论争和比较,人们最终选择了在中华大地上建立民主共和制度。辛亥革命的胜利在形式上宣告了中国几千年的封建王朝专制统治结束了。

(三)新文化运动中的文化论争:要不要学习西方的民主与科学之争

当辛亥革命取得初步胜利,即在中国建立了民主共和的政治制度时,革命党人和广大民众满心欢喜地企盼中国从此可以走上民主平等、国富民强之坦途。但残酷的现实令众人失望至极,革命的果实被以袁世凯为代表的北洋政客篡夺。紧接着以各种倒行逆施的政治行径、尊孔复古的文化逆流活动等为标识的丑剧、闹剧、悲剧粉墨登场,大有一种你方唱罢我登场的阵势。

如民初叱咤风云的人物康有为作为尊孔复古文化的重要代表,相继发表《共和救国论》《中华救国论》等文章,阐发维护帝制传统之必要,力陈孔子之道为万世不易之法则。在他看来,帝制传统已经在中华大地存续数千年,不可以骤然变更,尤其是大清历朝历代的统治不仅德泽天下,而且深得民心,这些都深刻体现维护和延续帝制对于中华民族团结、民心归顺、消除内外祸乱的重要性。若中国采取民主共和制度,则是背离传统,违逆人心,将难免陷入困顿和动乱。因此,康有为强调要尊重和顺应传统:"中国积数千年之文明,典章法律,远有代序",凡此种种都是符合国情民俗,行之有效的,"自余道撰法守,纪纲礼俗,皆宜民之性,而为立国之本者",不可轻易动摇。其中,康有为尤其推崇孔家文化:"今孔子有平世大同之道,以治共和之世,吾国人正可欢欣恭敬,讲明而光大之,稗吾四万万人,先受平世大同之乐,而推之大地与万国共乐之。若夫养性事天,学道爱人,忠信笃敬,可施蛮貊,礼义廉耻,是谓国维,从之则治,违之则乱,行之则存,背之则亡,勃拉斯犹谓时人视政治之结构过重,无道德则法无能为。吾国亘古以道德为尚,物有本末,吾既无其本末矣,乃复拔本塞源,欲以化民立国,不以谬乎!"①在此康有为至少表达出两层意思:

其一,孔家文化是一种德性文化,重视和传扬孔家文化有利于国人修身养性、学道爱人、忠信笃敬,从而知悉礼义廉耻,这不仅利于中国,而且可以恩泽四方。

其二,孔家文化利于共和制度的建立和发展。这是因为共和制度不能凭空建立和成长。它的根本建立在道德基础上,因此无疑需要德性文化的滋养。而孔家文化以尚德为内核,因此不仅不能摒弃,而且必须得到崇扬。否则,盲目移植民主共和制度于中国,不仅共和制度在中国难以生存和发展,而且会导致国家动乱不已。

质而言之,依康有为之见,孔家文化"自人伦物理国政天道,本末精粗,无一而不举也"②。它是中国之国魂,中华文明之精髓,因此是根本,而政治制度、物质成果则是末流。只要孔家文化这一根本得到培植和发扬,即使中国政治物质落后于西方,也无伤大雅,无碍国运民生。如果从传扬民族优秀

---

① 康有为:《中华救国论》,《不忍杂志汇编》,1914年第1期。
② 汤志钧编:《康有为政论集》(下册),中华书局,1981年,第797页。

传统文化的视域来看,康有为的某些主张也不是全无道理,毕竟文化的传承和发展之间要有接续性。但孔家文化毕竟和封建帝制有着千丝万缕的联系,所以康有为的尊孔复辟帝制的主张很容易使各种复古势力"死灰复燃"。一时间,民国初年尊孔复古逆流被搅动起来,旧官僚、大地主、土豪劣绅、前清遗老、旧军阀等为了维护自身利益、捞取政治资本,开始大肆呼应康氏的尊孔倡议。①总之,民国初年的政治生态、社会文化氛围被封建保守势力弄得乌烟瘴气、混乱不堪,这使得民怨沸腾,反对意见声浪四起。以陈独秀、胡适、李大钊、鲁迅等为代表的先进知识分子更是对中国当时污浊的社会风气大加挞伐,陈独秀在1915年9月创办了《青年杂志》,后改为《新青年》,先进知识分子以此为思想舆论阵地,开展了影响深远的新文化运动,与尊孔复古的守旧势力围绕要不要学习西方的科学与民主的思想文化等论题开展了激烈的论战。

在陈独秀等人看来,中国经过洋务运动倡导学习西方的先进器物乃至制器之器,又经过戊戌维新、辛亥革命努力引进西方先进的政治制度,但最终都没有为古老的中国注入真正的发展动力。因此,欲真正探寻出适合中国的现代化之路,把中国建设成为一个现代国家,先进知识分子必须进一步用民主与科学思想启蒙大众。在陈独秀看来,民国初年,虽然立宪共和的政治制度在少数政党及仁人志士的奔走呼号中搭建起来了,但芸芸大众并未切实体认到这种民主政治制度的设立与发展和自身权益的维护之间有何关联。因此要真正取得、扩大与巩固立宪共和制度的民意基础,中国的先进知识分子们就必须从思想文化层面进一步深刻警醒与启蒙广大民众。所以陈独秀振臂高呼以前发生在吾国的学术觉悟、政治觉悟都非彻底之觉悟,只有

---

① 张艳国:《破与立的文化激流——五四时期孔子及其学说的历史命运》,花城出版社,2003年,第54~55页。

"伦理的觉悟,为吾人最后觉悟之最后觉悟"①。所以,为了能够真正再造一个崭新强盛之中国,就必须倡扬独立、自由、民主之思想,反对吃人的礼教,反对儒家的三纲五常对民众思想的钳制和束缚;要大力引进和学习西方的科学与民主思想,也就是人们常说的要请"德先生"和"赛先生"来从思想上洗涤封建礼教对中国民众心理的侵害和浸染,为中国进一步全面学习现代西方文明奠定新的思想文化基础。

正如陈独秀在1919年《新青年》第6卷第1期的《本志罪案之答辩书》一文中慷慨陈言道,"要拥护那德先生,便不得不反对孔教、礼法、贞节、旧伦理、旧政治。要拥护那赛先生,便不得不反对旧艺术、旧宗教。要拥护德先生又要拥护赛先生,便不得不反对国粹和旧文学",在陈独秀看来,在中国只有发展科学和民主才能驱逐社会上一切黑暗与污浊的势力。为了使科学与民主能够在中国得到真正长久的发展,中国的先进知识分子们即使遭到"攻击笑骂"乃至"断头流血,都不推辞"。②鲁迅也就倡扬国民学习西方新知新学,尤其是针对科学精神的重要性和紧迫性时指出:"我辈即使才力不及,不能创作,也应当学习;即使所崇拜的仍然是新偶像,也总比中国陈旧的好。与其崇拜孔丘关羽,还不如崇拜达尔文易卜生;与其牺牲于瘟将军五道神,还不如牺牲于 Apollo。"③从这里我们可以看到以陈独秀、鲁迅等为代表的新文化运动的引领者们对反对和清除落后的封建礼教的危害的坚定决心。新文化运动的引领者们力图用科学与民主等先进思想文化着手改造国民性,祛除落后传统文化对民众心智和思想的禁锢和侵害。凡此种种的努力为时人从思想文化根柢的层面更深刻地推动中国现代化之路的探索做出了历史性的贡献。

---

① 陈独秀:《吾人最后之觉悟》,《青年杂志》,1916年第6期。
② 陈独秀:《本志罪案之答辩书》,《新青年》,1919年第1期。
③ 《鲁迅全集》(第1卷),人民文学出版社,2005年,第348~349页。

第二节　汇聚与爆发:20世纪20年代东西文化论战的时代背景

如前文所引介的,从明清之交中西文化开始在世界历史和现代层面大规模接触、碰撞、论争之时起,到20世纪20年代前后,中西文化之间不断有比较与竞争、碰撞与互动,在此期间,各种东西文化论战也此起彼伏,但东西文化始终没有分出胜负。20世纪20年代的东西文化论战也正是在一定意义上承续和推进这一复杂课题。从中国现代化的视域来看,20世纪20年代的东西文化论战既是明清之交以降,国人从文化上反思和探索中国现代化发展模式的承继,更是时人在新的历史语境下,从东西文化比较的视域(包括东西文化之概念、性质、关系、命途等)深刻省思西方现代化模式以及中国现代化发展等重大原则问题的推进。20世纪20年代东西文化论战的发生有重要的国内外思想舆论背景,这其中对20世纪20年代东西文化论战的酝酿、爆发和持续产生重大影响的思潮主要有"东方文化救世论""西方文明没落论"、马克思主义等。

一、西方兴起"东方文化救世论"

惨绝人寰的一战结束前后,东西方的一些思想家就开始深思一战发生的文化根由。西方的一些思想家认为这是由于现代西方文明崇尚物质机械主义、过度伸张理性、无限放纵欲望,而忽视人的精神滋养、直觉与感性的抒放、欲望的节制等原因造成的。因此在一些西方思想家看来,现代西方文明弊病丛生、漏洞百出,亟须修复与完善。尤其是为了自身未来能够远离残酷的战争、避免自相残杀的悲剧重演,人类必须争创一种新型的文明来进行自我救赎,这种文明是未来和平繁荣的世界得以实现的文化条件。当然,在思忖和探索"救世文明"的艰难历程中,西方的一些思想家把目光投向遥远的东方,企望从东方文明中获得救世的文化解药和开启新型文明的密码钥匙。所以,当时一种"东方文化救世论"①思潮逐渐在西方兴起并不断波及东方思想界,两者之间不断互动交融,一石激起千层浪,一时间,东方文化能否复兴与救世的论题在20世纪20年代的中国思想界引起了时人的关注与争锋。

西方思想家关注、研究并倡扬东方文化的优长之处并不是始于20世纪20年代。在17—18世纪欧洲启蒙运动期间,就发生过"东学西渐"的现象,当时东方文化中的重要文明成果如政治思想、哲学伦理等曾经远播欧洲,得到启蒙思想家如莱布尼茨、伏尔泰、孟德斯鸠等人的青睐和推崇,如中国的儒家思想"曾给予莱布尼茨的古典思辨哲学、伏尔泰的自然神教和魁奈、杜尔哥的重农派学说以丰富的养料,催促了近代欧洲文明的诞生"②。德国哲学家莱布尼茨认为在实践哲学方面,欧洲人大不如中国人,"我们从前谁也不信在这世界上还有比我们伦理更完善、立身处世之道更进步的民族存在,现在从东方的中国,竟使我们觉醒了"③。在郑永年看来,中华文明在历史上确实曾为西方文明的繁荣与进步提供了很大助力,在17—18世纪欧洲启蒙运动时期,中国的理性主义智慧曾被很多西方哲学家借鉴和吸收。我们熟知的,比如西方科学技术的发展某种程度上就得益于中国古代的"四大发明",除此之外,"即使在思想和实践领域,中国文化的影响力远远超出东亚地区,而达至西方"④。如中国的文官制度、中国传统的"有教无类"思想等。楼宇烈也持有类似的看法,在多数人的认知中,人本主义是现代西方文明中特有

---

① 王先俊:《五四时期的"东方文化救世论"思潮》,《中国哲学史》,1999年第2期。
② 王介南:《中外文化交流史》,人民出版社,2011年,第14页。
③ 沈福伟:《中西文化交流史》,上海人民出版社,1985年,第449页。
④ 郑永年:《中国的文明复兴》,东方出版社,2018年,第183~185页。

的精神要义,却不知它很早就萌发并根植于中华文明的基因之中。这种中国自西周以降就确立的以人为本的文化精神是在"十六世纪以后通过西方传教士从中国带回去的……他们以中国的人本思想去批判欧洲中世纪以来的神本文化,高扬人类理性的独立、自主,把中国看作是最理想的社会"①。

一战后,一些西方思想家在反思自身文明弊病的同时,也开始倾慕东方文化,甚至出现了"崇拜亚洲之狂热"的局面,如中国文化在欧洲大受欢迎,老子、孔子被众人奉为宗师,受到景仰,其中在战后德国仅《道德经》的译本就有八种。此外研究中国问题的各种专门团体也在各地如雨后春笋般地兴盛起来。②如章士钊所言:"最近哲学名著,所不于四子书或五千言中,摭拾一二以自壮者实罕。"③由此可知,一战后,中国文化在西方所受到的礼遇和推崇。正如时人王光祈引述一位西方学者的观感道:"东方文化在欧洲之势力及影响早已超出少数消遣文人及专门古董家之范围,而及于大多数之人,凡今世精神激扰不宁之人皆在其列。"④正如有的学者研究所揭示的,在一战后的西方思想界,学习、研究和传播中国文化已蔚然成风,"除原有中国经典著作如'四书'、'五经'的译本外,这时《庄子》、《列子》、《吕氏春秋》等也先后有译本问世,原来只有节译本的《荀子》和《墨子》也有了全译本,以前有译本的《论语》、《孟子》等这时有了新译本。另外,众多中国的诗词、戏曲、小说等作品此时也被翻译和出版"⑤。此外,一些以研究中国文化为旨趣的学术机构或团体也在欧洲国家成立,如法国巴黎大学、德国法兰克福大学都成立了中国学院,达姆斯塔特则成立了东方智能学院。这些组织、机构成了研究和传扬中国文化的重要媒介与平台。凡此种种现象都在相当程度上反映了一

---

① 楼宇烈:《中国文化的根本精神》,中华书局,2016年,第46~47页。
② 郑师渠:《欧战前后:国人的现代性反省》,北京师范大学出版社,2013年,第4页。
③ 孤桐:《原化》,《甲寅》,1925年第12期。
④ 王光祈:《德国人之倾向东方文化》,《亚洲学术杂志》,1921年第2期。
⑤ 郑大华:《民国思想史论》,社会科学文献出版社,2006年,第35~36页。

战后的西方,尤其是西欧思想界对于东方文化的倾心和关注。

英国思想家高秉德"亦叹美东洋文明,而尤渴仰中华文明,居恒指摘欧洲文明之弊害,于多数欧洲人向所冷视轻蔑之中国文明,则极力提倡,以为最宜学步"。基于此,他在《产业上之自由》一书中对中国文明极力称赞,其认为战后欧洲人如果想"创造新文明之欧洲",就必须"取中国文明所有精神的特质之优越部分,以施行之"。①否则,欧洲文明将难以救偏补弊。

据郑大华的研究,西方思想界在一战后推崇东方文化最为热切的是德国。这是由于德国是战败国,其所遭受的战争创伤最为严重,因此其从文化层面反思自身弊病,探寻新的文化出路的愿望最为迫切。如我们可以从当时德国一些社团的章程内容中窥探出端倪,"吾德青年,今既处于繁琐组织之巅矣。吾辈之创造精神,为社会强固之形式所束缚者亦久矣。今见此东方圣人,犹不知急引为解放我辈之良师者乎?"其中,这些组织对老子思想中的智慧推崇备至,他们认为,"其道以超脱世界一切为务,大浸稽天而彼不溺,流金铄石而彼不热者也"。因此要真正实现平等、自由等公民权以及社团内部的团结统一,"盖莫若寻此东方圣人以为首领"。②

哥廷根大学教授奈尔逊对中国文化尤其是孔子的学说欣赏备至,在他看来,中华文明几千年来浸润并受益于儒家思想的精义,所以西方全面系统地研习和借鉴这一学说的精华,能够为进一步剔除西方文化的弱点,提升西方文化的位阶和价值提供助力。这样就可以舒缓由于西方文化的统摄给世界文明多元发展带来的弊病乃至灾祸。在他的倡议和领导下成立的德国"国际青年团"的成员从言行举止方面积极学习和践行孔子的思想,"一以《论语》为本,每有演讲,必引孔子格言,以为起落"③。此外,1923年初,刊于

①《新欧洲文明思潮之归趋及基础》,《东方杂志》,1919年第5期。
②《德人之研究东方文化》,《亚洲学术杂志》,1922年第4期。
③ 郑大华:《民国思想史论》,社会科学文献出版社,2006年,第37页。

柏林《文艺月刊》的文章《亚洲的灵魂》也"盛赞孔子以家庭为本位,给社会国家一个感情结合的基础,不似欧洲社会以个人与群众的利害关系为基础,容易破坏堕落。"同时,该文还对老子的思想何以在德国青年群体中引起浓烈的兴趣予以分析,这是因为老子的思想对欧洲近代以来社会产生流弊的原因具有很大的阐释力,所以老子的思想在一战后的德国备受青年的青睐与推崇,"战前德国青年在山林中散步时怀中大半带来了一本尼采的《查拉图斯特拉》,现在青年却带着老子的《道德经》"①。

　　质而言之,从以上引介的一战后西方思想界之于东方文化的(尤其是中国文化)各种歆羡之情和溢美之词中,我们可以发现西方一些思想家是希冀也相信中国文化很有时代价值,可以救世,至少可以补益西方文化的偏蔽,进而也可以复兴成为未来世界新文化的重要组成部分。正如梁启超欧游期间,在与几位社会党名士闲谈中,当梁氏提及孔子的"四海之内皆兄弟""不患寡而患不均"以及井田制度、墨子的"兼爱""寝兵"等中国传统文化时,他们跳起来说道:"你们家里有这些宝贝,却藏起来不分点给我们,真是对不起人啊!"②这可以在相当程度上反映出当时西方一些人士对于中国文化的渴慕和称道,他们的言语中也透露出一种希冀:要用中国文化来补益现代西方文化,承担起救世的使命。

二、"西方文明没落论"思潮迭起

　　纵观近代以降东西文化论战史,我们可以发现,伴随着西方强势的现代文明,尤其是军事强权、经济强力等攻势侵袭以近代中国为代表的东方世界之时,中国文化也在这种重压之下,逐渐趋于守势。虽然各种被时人称为所

---

① 郭沫若:《论中德文化书——致宗白华兄》,《创造周报》,1923年第5期。
② 梁启超:《欧游心影录》,商务印书馆,2014年,第49~50页。

谓的东方文化保守主义者们也不断负隅顽抗地对西方文化的强势来袭予以回应和争锋。但近代以降,与西方国家相比,在衰微的国势所招致的被侵略和蹂躏的悲惨境地面前,东方文化的抗争显得无所适从、力不从心。而西方文化在东方世界,尤其是中国大地上展现出一种战无不胜、所向披靡的强势。但是到了第一次世界大战前后,这种情势出现了一定的转圜,一些西方人士如罗素、杜威等开始反思西方文明自身的弊病,这种思潮也渐次传到东方,和一些东方人士反思东西文明自身利钝得失的思潮交融汇聚。如在杜亚泉看来,欧战的惨烈结果"使西洋文明露显著之破绽"。西方各国之所以能够富强的原因以及富强之后的结果"无一非人类间最悲惨最痛苦之生活",所以,他倡言"信赖西洋文明,欲借之以免除悲惨与痛苦之谬想,不能不为之消灭"。[1]国内外这种反思西方文化弊病的思潮在20世纪20年代的中国形成了一种彼此呼应、推波助澜之势。一时间,各种反省全盘西化弊端的思潮,质疑西方文明完美无缺,乃至在重重危机面前是否还有出路的声音此起彼伏!从现代化发展的视域来看,这是论战参与者从文化的层面对现代西方文明,即西方现代化模式内在偏蔽进行总体上的反思和论争,进而思考和探讨如何实现中国未来现代化发展的重要体现。

无论从空间上还是从历史维度上来看,西方文化本身就是一个十分宏阔的概念。20世纪20年代,在一些中国思想家的认知中,西方文化的源头主要有两个:一是希腊文明,主要是主知的,即以崇尚理性为重要特质;一个是希伯来文明,主要侧重宗教,即以重视情感信仰为特质。如我们可以从张东荪的相关论述中看到这类表达:"西洋近代的文明是希腊文明的复活;西(希)腊文明是主知主义,以为凡人生缺憾都可由知识来补足。所以才有利用后生的一切施设。但我们须知西洋近代文明不纯是希腊文明,还有希伯

---

① 伧父:《战后东西文明之调和》,《东方杂志》,1917年第4期。

来的宗教文明为主要的成分。"①希腊文明可以说是西方文明的重要源流,但是自中世纪以降,以希伯来文明为主要代表的宗教成为西方文化的主色调,统摄着人们的思想领域达一千多年之久。自14世纪文艺复兴运动兴起后,人文主义以及科学、民主等精神得以倡扬,希腊文明以某种新的形式得以受到开掘和创造性转换。其中对人的个性的高扬、理性的伸张、科学的推崇以及对于效率和进步的执迷等作为现代西方文明的重要特质被逐步加以沉淀和强化。不可否认的是,这对于促进西方文明的高度发展曾起到重要的推动作用,但是以理性为代表的现代西方文明的野蛮生长,使得欧洲出现了一些思想家提及的"理性危机"。德国哲学家尼采提出了"重新估定一切价值"的口号,被人认为是反思理性主义,倡扬非理性主义的宣言书。②20世纪初,西方思想界就出现了以柏格森、倭铿等人为代表的生命哲学,这类哲学强调直觉、"精神生活"与"生命创化"等非理性要义,著名史学家胡秋原直言柏格森哲学是对西方文化的一种自我省察和反思。③罗素在其著作《西方哲学史》一书中也提及:"柏格森的非理性主义是对理性反抗的一个极好的实例,这种反抗始于卢梭,一直在世人的生活和思想里逐渐支配了越来越广大的领域。"④凡此种种,我们可以发现西方思想界反思"理性至上"信条的实例可谓不绝如缕。

尤其是自第一次世界大战爆发以来,创巨痛深的战争毁伤与恶果让西方思想界看到了现代西方文明的过度发展就像一匹脱缰的野马,在促进进步和提升效率的同时,也使得人们过度崇尚竞争和推崇物质享受,在盲目逐利的同时却忘却了精神的沉淀和心灵的涵养。在一战刚刚结束没多久,德

---

① 张东荪:《西方文明与中国》,《东方杂志》,1926年第24期。
② 郑师渠:《欧战前后:国人的现代性反省》,北京师范大学出版社,2013年,第30页。
③ 胡秋原:《西方文化危机与二十世纪思潮》,台北学术出版社,1981年,第340页。
④ [英]罗素:《西方哲学史》(下卷),马元德译,商务印书馆,1976年,第346页。

国的历史学家斯宾格勒就推出了引起轰动的《西方的没落》一书,直接断言现代西方文明前景黯淡,正面临着没落的命途。在他看来,任何一种文化都像生命有机体一样,有其发生、发展、兴盛和衰败的周期,"所有宇宙的东西都有其周期性的标志,或者称之为'节拍'(节奏、拍子)。所有小宇宙的东西都有其极性,或者称之为'紧张'"①。西方文化当然也概莫能外。而欧战的发生则很好地说明现代西方文明正面临严峻的考验,这对于现代西方文明来说并不是偶然的现象和遭遇,而是深切地预示着"浮士德文化"正在日趋衰败,并逐渐走向死亡,"今天正在自行完成的东西也便是浮士德式的历史思想所能够达成的最后的成就"②。西方思想家的这种反思自身以过度伸张理性为特质的现代文明弊病的思潮,通过中国一些思想家的引介以及报纸媒体杂志的传播渐次影响到中国的思想界和舆论界,进一步催促中国思想界兴起了关于现代西方文化前途和命运的论争。这其中特别值得申说的是罗素、杜威两位思想巨擘来华开展演讲,可谓一石激起千层浪。20世纪20年代中国思想界关于现代西方文化前途和命运的论争中很多思想家都直接或间接地受到当时西方名哲到华讲学时所传扬的思想的影响,所以我们在此有必要详细对罗素、杜威对现代西方文化的看法加以引介。

(一)罗素:"若不借鉴一向被我们轻视的东方智慧,我们的文明就没有指望了""中西交流对双方都有好处"

伯特兰·罗素作为被公认的"20世纪最伟大的智者"③曾于1920年9月至1921年7月间来华讲学,并与中国的知识名流和各界人士进行了广泛的接触与交流。他在华演讲涉及的论题主要有哲学、自然科学、教育、宗教、国际政治等,其中罗素尤其看重文化因素,"无论对于中国还是对于世界,文化问题

---

① [德]斯宾格勒:《西方的没落》,张兰平译,陕西师范大学出版社,2008年,第3页。
② 同上,第21页。
③ [英]伯特兰·罗素:《中国问题》,秦悦译,经济科学出版社,2012年,译者前言第2页。

最为重要"①。所以,他尝试做了系统的关于中西文化关系的分析和阐述,尤其是对于欧洲文化以及中国文化的特质、各自的优缺点以及未来前景做了一定评析。

其一,他对于自欧战以来现代西方文化自身弊病的显现和黯淡前景进行了阐释,"欧洲文化的坏处,已经被欧洲大战显示的明明白白"②。在罗素看来,欧洲现代文化的主要弊病是过于崇尚效率、进步、竞争、扩张等价值,"西方文明建立在这样的假设之上,用心理学家的话来说是精力过剩的合理化……工业主义、军国主义、热爱进步、传教狂热、扩张势力、控制和组织社团,这一切都是因为精力太过旺盛。西方人向来崇尚效率,而不考虑这种效率是服务于何种目的"③。如果从经济根源层面分析,罗素认为,这些弊病的产生主要是西方私人资本主义式的产业经济制度的畸形发展所导致的,"欧美因实业发达而生出种种流弊,其中最忧的,便是使个人的天性,处处受拘束,处处受刺激,这都是产业制度不良的结果"④。

其二,西方现代文化要突破发展困境和获得新生。罗素认为,首先,这需要充分吸收和借鉴中国文化中的有益成分,"中国人摸索出的生活方式已沿袭数千年,若能够被全世界采纳,地球上肯定会比现在有更多的欢乐祥和。……若不借鉴一向被我们轻视的东方智慧,我们的文明就没有指望了"⑤。此外,罗素还特别欣赏中国文化中的艺术特质,"知识、艺术、人生乐趣、友谊或温情,不仅是实现其他目标的途径,而且本身就是具有内在价值的事物"。中国文化中对人生乐趣的强调和追求正是现代西方文化所缺少的要素,这也正是罗素称道中国文化的重要缘由,"至于人生的乐趣,是我们

---

① [英]伯特兰·罗素:《中国问题》,秦悦译,经济科学出版社,2012年,第2页。
② [英]伯特兰·罗素:《中国到自由之路——罗素告别演讲》,《上海民国日报》,1921年7月11日。
③ [英]伯特兰·罗素:《中国问题》,秦悦译,经济科学出版社,2012年,第7页。
④ [英]伯特兰·罗素:《社会改造原理》,《晨报》,1920年10月17日。
⑤ [英]伯特兰·罗素:《中国问题》,秦悦译,经济科学出版社,2012年,第8页。

生活在工业文明的时代,受生活环境重压而失去的最重要、最普遍的东西。但在中国,生活的乐趣无所不在"①。在罗素看来,艺术是具有特定意涵的,"并非专指造诣很高、训练有素的艺术家的佳作,尽管这些佳作的地位自然是最高的。我同时也指人们在俄国的农夫、中国苦力身上发现的那种下意识的美感"②。其次,要想从根本上医治现代西方文化的病症,依罗素之见,必须尝试从变革西方畸形的产业经济制度着手,"我们文化的基础,是资本主义的产业主义。这种制度在早年的时代,虽然带进许多物质上科学上的进步,然而只能引到破坏的战争的道路上去。……西方文化虽说不会就此衰落,即使能残存,也要变成机械的向大处不断的膨胀,完全蔑弃个人的地位和个人的特性"③。所以要扭转现代西方文明的失败局面,必须尝试从变革资本主义的产业制度着手,"改造欧美社会,必须将个人所占有之权力财力,交还于公众,社会才有新的希望"④。

其三,在罗素看来,中西文化都不是完美无缺的。首先,中国文化虽然有很多值得赞赏的优点,但他也认为"毋庸讳言,中国的弊病正趋于另一个极端"⑤。而且他强调指出的一点是,"中国传统的文化,已不能适应新需求,不得不对崭新的让步",也就是说中国传统文化中有不合时宜的落后成分必须予以剔除,"中国古来遗传的文化,以孔子学说为基础,而又掺杂佛学的意味,已经到了自然剥落的程度"。所以,他认为:"中国的改造家,应当不愿盲从西方的文化和不愿保存残留的文化一样。"⑥其次,西方现代文明虽然弊病丛生,也不是一无是处,如现代西方文明早期"带进许多物质上科学上

---

① [英]伯特兰·罗素:《中国问题》,秦悦译,经济科学出版社,2012年,第3~4页。

② 同上,第4页。

③⑥ [英]伯特兰·罗素:《中国到自由之路——罗素告别演讲》,《上海民国日报》,1921年7月11日。

④ [英]伯特兰·罗素:《社会改造原理》,《晨报》,1920年10月17日。

⑤ [英]伯特兰·罗素:《中国问题》,秦悦译,经济科学出版社,2012年,第155页。

的进步"①。现代西方文明自身的弊病在一战后暴露无遗,所以处于一种衰败的境地。因此为了人类的未来,必须开创新文明。而这种新文明的培植和发展必须充分建立在融通中西文化各自优长之处的基础上,"我们的文明的显著长处在于科学的方法;中国文明的长处则在于对人生归宿的合理理解。人们一定希望看到两者逐渐结合在一起"②。总之,在罗素看来,"中西交流对双方都有好处"③。中国文化可以学习西方文化中的科学与效率成分,西方文化可以汲取中国文化中的生存智慧。诚然,这是一种综合创新的思路。

质言之,和很多历史人物类似,罗素本人"是一个极其复杂的学者,他能够融诸多矛盾于一身"④。罗素虽然对现代西方文化自身的弊病进行了露骨的揭示和批判,同时也提出了他对中国文化种种有益成分的赞赏。但这并不意味着他对现代西方文化持彻底的否定态度,也不意味着他希冀用中国传统文化来直接救济现代西方文明,而是主张在承继中西文化的优长之处的基础上,争创一种新的更有希望的文明类型。

(二)杜威:"东西文化,互有短长,苟能调和融会,于二者之间,而创造一种文化,则社会自不难一新面目矣"

约翰·杜威是实用主义哲学的重要代表人物,他是20世纪世界著名的思想大师,同时也是知名的教育家和社会活动家。他曾于1919年至1921年间来华进行过为期两年之久的游历与讲学活动。据统计,他在华期间共做过200场次之多的讲演,其中既有专业的学术讲座,也有面向普罗大众的短篇演说,聆听其讲座的观众常常多达数千人。20世纪20年代,他在华讲演的论

① [英]伯特兰·罗素:《中国到自由之路——罗素告别演讲》,《上海民国日报》,1921年7月11日。
② [英]伯特兰·罗素:《中国问题》,秦悦译,经济科学出版社,2012年,第152页。
③ 同上,第155页。
④ 袁刚、孙家祥、任丙强编:《中国到自由之路:罗素在华演讲集》,北京大学出版社,2004年,第1页。

题主要涉及哲学、教育学、政治学等门类,实可谓覆盖面广,思想深刻,影响深远。总体观之,杜威对西方文化的前景持有比较自信和乐观的态度,这主要体现在,他辩证分析了西方文化的重要特质、优势、不足以及前景等。

其一,杜威深刻、坦诚地指出了现代西方文化自身确实存在种种弊病,乃至出现了比较危险的倾向,"西方物质文明的流弊固然不能说没有",首先体现在由于资本逻辑肆虐带来的个人拜金主义价值观的泛滥,以及由于社会阶级的分化和竞争引起的激烈社会矛盾冲突等方面,"如个人方面的爱财和残忍,社会方面的资本家与劳动界的竞争,种种罢工罢市的风潮,都是有的"。[①]其次,在他看来,现代西方文化主要的不足和危险体现在把科学与人事二者的关系割裂开来了,"西方文明也有缺点:有人过于崇拜物质上的文明,把人事和科学分开,所以也有人用物质的文明,造下种种罪恶。道德是道德,科学是科学,这是西方文明最大的危险"[②]。现代西方文明的这一缺陷理应得到世人清醒的认识和重视,进而才能寻求正确的纾解之道。

其二,虽然杜威深刻辛辣地道出了现代西方文明内嵌的不足以及出现的危险倾向,但作为实用主义哲学的代表人物,他又辩证、自信地论及现代西方文化与东方文化尤其是中国文化相较而言所具有的优秀特质。

首先,他严肃地回应和批驳了某些时人将西方文化和东方文化之别定性为物质文明与精神文明之异的提法,"平常人观察西方文明,总说是偏重物质方面,说是崇拜金钱,究竟是观察错了"。在杜威看来,现代西方不仅物质文化发展水平比东方高,而且在西方的物质文明发展的过程中本来就包含精神文明位阶的相应提升,"西方文化的精神在于活动的精神,敢同天然界开战,要征服天行。……西方人用人力去征服天行,把电拿来通信,拿来

---

① 袁刚、孙家祥、任丙强编:《民治主义与现代社会:杜威在华讲演集》,北京大学出版社,2004年,第445页。

② 同上,第675页。

点灯,拿来行车,把天然界的东西,一个个拿来供我们使用,这是西方文明的特别精神"①。基于这种认知和分析模式,他还深刻地指出东方社会当时存在的企图把物质文明与精神文明割裂开来的两种错误倾向和危险,"(一)有人想抵抗物质文明,要想保存旧社会的思想习惯,叫它一点也不受物质文明的影响。要知道物质文明没有可以抵抗的,如电线、电话、火车、工厂等,已经到了国门口,没有拒绝的方法。(二)有人妄想有了物质文明就全够了,把人生问题丢开,使物质的发达不能在社会生活上发生良好的影响。这也是大错的"②。为了说明这一问题,他尤其提及当时的日本社会中就存在这种"一方面想保存许多旧社会的思想习惯,不受新文明的影响;一方面极端趋向物质的发展,又不能利用物质的发展,来增进人民的生活"的危险倾向和错误思想。

其次,杜威虽然指出了现代西方文化中由于没有很好地处理科学与人事之间的关系,导致自身出现了种种弊病,但在他看来,科学的发展和领先正是现代西方文化的重要特质和优势,这也是他对现代西方文化的特质和前景看好的一个重要方面。杜威认为科学的发展不仅使得西方的物质建设水平得以高速发展,而且道德建设也在科学发展的同时得以与时俱进,不断完善。他把科学进步的影响分为两大种:"(一)科学进步对于物质上的效果。(二)对于道德上的效果。平常起居饮食交通的方便使我们的幸福增加,这是物质方面的。至于发生新的希望、新的信仰,扩大道德的范围,则是科学进步对于道德方面的影响了。""东方文化西方文化的区别即在于此。西方科学的进步比东方占先二三百年,所以不但物质方面受科学进步的影响,而因科学的观点在道德方面所受的影响尤大。"③详细言之,科学进步能给道

---

① ② 袁刚、孙家祥、任丙强编:《民治主义与现代社会:杜威在华讲演集》,北京大学出版社,2004年,第675页。

③ 同上,第444页。

德的提升和完善带来两种重大影响:第一,发生新的希望、新的勇敢,"对于人的智慧,有一种新的信仰。我们现在受了科学的影响,知道人的智慧,可以打破从前的一切愚昧、错误和紊乱"①。第二,发生新的诚实,"科学进步以后使我们有新的诚实,有研究事实的方法和信仰,知道人的智慧,有找出真理,解决天然界事实种种困难的能力"②。质言之,在杜威看来,科学进步会对人类道德水平的提升起到推动作用,如提升人类对自身能力与智慧的信心、探求真理的诚心、坚定对科学的信仰等。

最后,杜威对现代西方文化的称道和赞许还体现在其对民治主义文化与制度的评价上。杜威在华讲演期间向中国听众比较系统深刻地阐发了他对西方民治主义尤其是美国的民治文化与制度的看法。在他看来,"美国的民治观念就是自由平等两个观念合起来的,要叫做个个人都有平等的机会,去自由发展他自己的本能"③。美国的民治主义观念和制度的优越之处在于,它很好地兼顾了个人特性的自由发展与社会利益有效维护之间的平衡,这主要表现在"一种真的好的个人主义"与"联合全国群众的种种情谊关系"这两项精神要义的协调和平衡,一方面,从个人自由发展的维度看,美国社会中存在"一种真的好的个人主义,相信个人的能力。让他有平等的机会,去自由发展自己的才能"。④另一方面,从社会公共利益和情谊的维系来看,"民治主义不单是个人的自由发展,还有共同生活、共同利益、共同志趣的一方面"⑤。这一"联合全国群众的种种情谊关系"目的的达致要通过"第一,物质上的联络。第二,国家观念的发达。第三,私人自由组织的团体之发达。

---

① 袁刚、孙家祥、任丙强编:《民治主义与现代社会:杜威在华讲演集》,北京大学出版社,2004年,第445页。

② 同上,第447~448页。

③④ 同上,第9页。

⑤ 同上,第12~13页。

第四,教育与社会统一的关系"①等方面的努力。更有甚者,在杜威看来,也正是美国的这种民治主义精神的倡扬和发展,才使得美国可以很好地提升自身的综合国力,而世界其他各国正是由于没有开拓出类似的民治主义制度与文化,所以时常会爆发冲突乃至战争,"新从美国来,新经过一场空前大战争的结果,深觉得世界上一切非民治的制度的大害"②。这和美国现代著名的政治学家塞缪尔·亨廷顿后来提出的"民主和平论"意味颇为相投,值得我们玩味。当然,杜威并没有倡导所有国家都模仿美国的民治制度,这是因为一方面"美国的民治也有许多缺点,我很不愿意别国摹仿的"③。此外,更深层次的原因是,在他看来,"政治思想是要正对着国内事实发生,是要自由发挥自己的力量去做,不能抄袭人家的理想,也不能偷别人的政治学说,拿到情境不同的国家来应用"④。

其三,在杜威看来,东方文化虽然在与现代西方文化比较之下具有种种不足和缺陷,如科学发展程度比较低,民治主义精神倡扬力度不够等。但东方文化有自身独特的优势,"物质方面,西洋已占先了一百年,中国自然稍微吃亏"。但是"中国本来很注重社会方面,像人生问题,伦理问题等,所以希望中国既与西方同处一个新境遇中,应当努力创造有所贡献于世界的文明"。⑤而"西洋文明的大缺点,是物质科学进步太速,而社会科学、人生科学不能同时并进"。所以,杜威倡言:"中国不单去输入模仿,要去创造,对于文化的危险有所救济;对于西洋社会的缺点,有所补裨;对于世界的文化,有所贡献!"⑥他甚至更加直截了当地提倡"东西文化,互有短长,苟能调和融会,

---

① 袁刚、孙家祥、任丙强编:《民治主义与现代社会:杜威在华讲演集》,北京大学出版社,2004年,第14~16页。

②③ 同上,第17页。

④ 同上,第9页。

⑤ 同上,第152~153页。

⑥ 同上,第153页。

于二者之间,而创造一种文化,则社会自不难一新面目矣"①。

正如上文所呈现的,虽然杜威和当时很多西方思想家一样,看到了现代西方文化自身出现的种种弊病和危险倾向,但我们仍可以看出杜威对现代西方文化的前景是持相当肯定和乐观之态度的,只不过现代西方文化要继续保持其领先的发展地位和态势,必须深思如何更好地融合和借鉴东方文化的智慧。杜威、罗素等在西方思想界有很大影响力的人物大都对现代西方文化中出现的种种弊病表现了忧虑和给予批评,同时希冀能够通过借鉴东方文化尤其是中国文化中的智慧来纾解现代西方文化中的弊病。但总体观之,他们都坚信现代西方文化经过自我的调适以及对中国文化智慧的借鉴,实现综合创新之后还是有出路的。他们对现代西方文化的观感和评价会不同程度地波及当时的中国思想界,从而或多或少对中国思想家评价现代西方文化的性质、命途等产生影响。

三、马克思主义思潮在中国兴起

马克思主义作为一种对现代西方文明,即资本主义文明内在无法克服的矛盾的深刻揭示与批判之学说,自19世纪中叶在欧洲诞生以降,就受到越来越多的人的认同和信服。早在清朝年末,就有报刊零星宣介马克思、恩格斯的理论,如在1899年2月、4月出版的,由英国在华传教士李提摩太节译、蔡尔康撰述的《大同学》一文中就称赞马克思为著名的"百工领袖",其资本学说"语言翔实","政学家至今终无以难之"。②但是由于他们对马克思主义的介绍比较粗浅和碎片化,所以没有受到时人的特别关注。直到俄国十月

---

① 袁刚、孙家祥、任丙强编:《民治主义与现代社会:杜威在华讲演集》,北京大学出版社,2004年,第550页。

② 田子渝等:《马克思主义在中国初期传播史(1918—1922)》,学习出版社,2012年,第1~2页。

革命的爆发,马克思列宁主义才渐渐引起进步青年和先进知识分子的倾心关注和积极宣传引介。五四新文化运动期间,各种进步团体、报纸杂志积极宣介和登载很多介绍马克思主义尤其是社会主义的文章,"一年以来,社会主义底思潮在中国可以算得风起云涌了。报章杂志底上面,东也是研究马克思主义,西也是讨论鲍尔希维主义……社会主义在今日的中国,仿佛有'雄鸡一鸣天下晓'的情景"[1]。一时间,众多的先进知识分子从马克思主义相关著述中,了解到现代西方文明即资本主义文明有内在无法自我克服的矛盾,这一矛盾的化解必须通过无产阶级革命打破旧世界,真正建立属于大多数人的更为先进的社会主义现代文明。这种从社会形态更替的高度和视域对现代西方资本主义文明内在弊害的揭示和批判路径和一些西方思想家尝试从现代西方文明改良式的自我救赎的方式不一样。这就为时人从文化层面省思中国现代化发展模式提供了新的可能,这正如早期马克思主义者李大钊在1918年发表的《法俄革命之比较观》一文中,对俄国十月革命与法国大革命之不同性质和不同的时代意义做出比较时指出的,"俄罗斯之革命是二十世纪初期之革命,是立于社会主义上之革命"。正如同法国革命的爆发预示着资产阶级革命时代的来临一样,俄国十月革命预示着无产阶级革命时代的到来,也标志着一种新文明问世,"世界的新文明之曙光"。中国未来现代化出路的选择也应该"适应此世界的新潮流"。[2]

五四运动以后,陈独秀也积极开展宣介马克思主义的活动。如他在1919年12月刊出的《新青年》第7卷第1号所写的《本志宣言》中积极肯定了五四运动的主要成效,就在于主张"民众运动,社会改造"[3],号召以社会主义改造中国文化,中国未来现代化要走社会主义道路等。他曾经在《谈政治》

---

① 潘公展:《近代社会主义及其批评》,《东方杂志》,1921年第4期。
②《李大钊文集》(上卷),人民出版社,1984年,第575页。
③《本志宣言》,《新青年》,1919年第1期。

一文中提及:"用革命的手段建设劳动阶级(即生产阶级)的国家,创造那禁止对内对外一切掠夺的政治、法律,为现代社会第一需要。"①对于自己政治信仰的这一转变,陈独秀在后来接续的文章中予以了阐释,"我们对于一切信仰一切趋赴,必须将这事批评起来确有信仰趋赴底价值,才值得去信仰趋赴,不然便是无意识的盲从或无价值的迷信。"他进而言明,"主张实际的多数幸福,只有社会主义的政治";"由封建而共和,由共和而社会主义,这是社会进化一定的轨道,中国也难以独异的",而且,他认为在不远的将来"就是共和也要让社会主义"。②作为"对自己的每一次重大的人生选择,总能找到充足的理由"③的陈独秀,在《谈政治》等文章发表前后逐渐地转变为早期的马克思主义者。

同样,能够体现这种转变的还有瞿秋白、恽代英等人,他们此时也开始尝试用朴素的马克思主义唯物史观,从文化的层面思考未来中国的现代化问题。瞿秋白早在1921年12月所写的一篇题为《我》的文章中,提出未来新文化的建设前景,"新文化的基础,本当联合历史上相对峙的而现今时代之初又相补助的两种文化:东方与西方。现时两种文化,代表过去时代的,都有危害的病状,一病在资产阶级的市侩主义,一病在'东方式'的死寂"。所以,未来的新文化建设方向应该是在超越这两类文化的基础上建立的,即代表人类未来前进方向的社会主义文化。在秉持这种文化发展信念的基础上,瞿秋白力陈,"秋白的'我',不是旧时代之孝子顺孙,不能为现代'文明'所恶化。"而是要做"'新时代'的活泼稚儿",就算自己是小卒,也要"编入世界的文化运动先锋队里",因为"它将开全人类文化的新道路"。④据陈铁健

---

① 陈独秀:《谈政治》,《新青年》,1920年第1期。
② 陈独秀:《国庆纪念底价值》,《新青年》,1920年第3期。
③ 唐宝林:《陈独秀全传》,社会科学文献出版社,2013年,第253页。
④ 瞿秋白:《赤都心史》,广西师范大学出版社,2004年,第118~119页。

先生的研究,瞿秋白的这个庄严而自豪的宣言表明他"不仅在理论观念上,而且在感情立场上,都开始接受了共产主义的思想体系。他的世界观开始向共产主义方向转变"①。正是因为瞿秋白此时开始逐渐地从一个民主主义者转变为早期马克思主义者,此后,瞿秋白主动且坚定地尝试用马克思主义这一科学有效的思想理论武器来帮助自己探寻中国未来的现代化之路。例如,他从文化的层面思考中国未来的现代化方向时陈言,"只有世界革命,东方民族方能免殖民地之苦,方能正当的为大多数劳动平民应用科学,以破宗法社会、封建制度的遗迹,方能得到真正文化的发展"②。当中国传统文明受到现代西方文明的激烈冲击和挤压下,出路在何方,中国何以才能实现自身的现代化,瞿秋白认为,只有走社会主义这一康庄大道,"社会主义颠覆现代文明的方法于思想上便是充分的发展一切科学——思想方面的阶级斗争。社会主义的艺术文明是应当由这条路进行的,而且要人类自己的努力。社会主义的文明是热烈的斗争和光明的劳动所能得到的"③。

早期马克思主义者恽代英此时也持有类似的观点,认为中国只有走社会主义发展之路,才能逐步摆脱落后悲惨的国际地位,进而真正实现自身的现代化,"我们的文化与欧美比,不是程度上有高低,是性质上完全不同种类。因为是不同的生产方法所形成的。我们要求与欧美争存,不能不采用欧美的生产方法,所以亦不能不酌量移植一些欧美文化……我们若能好自为之(我的意思是说用社会主义的意思从事大量生产),可以有生产增多、品质改良的优点,而又无他们国际侵略、劳资争斗的劣点"④。这里我们可以看出恽代英此时已尝试用马克思主义唯物史观,即从生产方式的层面来分析

---

① 陈铁健:《瞿秋白传》,红旗出版社,2009年,第104页。
② 屈维它:《东方文化与世界革命》,《新青年季刊》,1923年第1期。
③ 瞿秋白:《现代文明的问题与社会主义》,《东方杂志》,1924年第1期。
④《恽代英文集》(上卷),人民出版社,1984年,第400页。

东西文化属于不同性质的文化的根由,基于此,他还提倡中国未来现代化发展可以采取社会主义形式,因为这样不仅能够更好地发展生产,还可以规避资本主义生产方式所产生的弊病。虽然囿于时代局限,他的这一思想还十分稚嫩,但萌发的智慧火花值得后人肯定。

以上所引介的李大钊、陈独秀、瞿秋白、恽代英等人对中国文化未来出路的思考与论述标志着以他们为代表的先进知识分子在20世纪20年代初期逐步从激进的民主主义者转变为早期马克思主义者。当然,在20世纪20年代,早期马克思主义者们还积极通过出版报纸、杂志,成立先进思想组织等来宣传马克思主义理论,并通过"问题与主义"论战、"社会主义性质论战"以及与无政府主义等思潮秉持者展开激烈论战,自我逐步坚定尝试用朴素的马克思主义理论思考社会文化等论题,这既锤炼了自身的理论品格,又扩大了马克思主义的影响力,"从1919年到1923年,马克思主义与以胡适为代表的实验主义,以张东荪、梁启超为代表的社会改良主义,以黄凌霜、区声白为代表的无政府主义进行了三次论战,在很大程度上澄清了人们的认识,扩大了马克思主义传播"[①]。总之,这为他们在20世纪20年代的东西文化论战中,能够自觉尝试用朴素的马克思主义原理来思考和论争相关文化命题,进而从文化层面省思中国社会主义现代化发展问题做了思想理论上的铺垫。

总之,20世纪20年代东西文化论战的发生是有深刻复杂的国内外思想舆论背景的。我们从思想文化演进与发展的自身逻辑(在此需要着重申说的是,笔者并不是刻意忽略当时国内外经济、政治等背景,而是因为学界已经对这方面的背景有很多细致深入的研究,所以本书不再赘述)观之,20世纪20年代东西文化论战的发生至少得益于两种重要的思想文化资源的补益:一是充分继承历史资源,从明清之交以降一直到20世纪20年代前后,仁

---

① 郑师渠主编:《中国共产党文化思想史研究》,中共中央党校出版社,2007年,第14页。

人志士们不断尝试以文化论战的形式,从文化层面思考中国现代化的相关课题;二是深刻回应时代命题,即从一战前后一直到20世纪20年代,萦绕悬浮在东西方思想文化界的时代追问,包括东西文明的关系是怎样? 各自的前途与命运如何? 中国未来现代化的出路在何方? 20世纪20年代东西文化论战的参与者正是在这种思想坐标和问题域中,从文化层面更具整体性和根本性地省思中国现代化发展论题的。

小结:东西文化论战为何长期不休?

回顾自古以来的中西文化交流史,我们可以发现在中西文化不断交流、碰撞、融合的历程中,始终伴随着各种规模不一的文化论战现象。尤其是到了现代世界历史逐渐开启和发展之际,东西文化开始在现代意义上逐步有了更深层次、更多面向、更强烈度的角力碰撞与交锋融合。从明清之交的“西学东渐”以来一直到20世纪20年代前后,东西文化论战虽然强度与规模不一、主题与层次多样,甚至中间几近中断,但东西文化论战时常在中国大地上演,给人一种眼花缭乱、欲罢不能之感。从中国现代化的视角来看,这很大程度上是受到中国现代化类型的影响,换言之,中国作为后发外源型的现代化国家,国人在现代化历程中对如何看待和处理现代西方文化与中国传统文化关系的态度是纠结和矛盾的。这种矛盾与纠结的民族心理自近代以降,在中国思想界体现地更为淋漓尽致,对于这一民族心理形成的缘由,我们至少可以从以下两个方面来认识。

其一,从力倡学习现代西方文明与固守捍卫中华传统文明两种势力之间的互动与博弈方面看。鸦片战争以来,中国在被动和屈辱的情势下艰难地开启探索现代化的历程。中国衰微与孱弱的国势,与现代西方国家相较总体上是处于劣势地位的。尤其是一系列抵抗外侮的战争接连失败后,愈来愈多的仁人志士逐步认识到中国要想改变落后挨打的困局,就必须痛定思痛,不断学习西方先进的现代文明成果。基于这种难能可贵的变革意识的萌发和日趋高涨,一批又一批的仁人志士为了能够实现救亡图存、强国富民的伟大理想,勇于倡导大力学习西方现代文明。他们从器物、制度再到思想文化,层层深入、不屈不挠、艰辛曲折地探索适合中国的现代化道路和模式。持有这种变革意识的仁人志士在近代以来的思想界不断得到越来越多时人的支持和呼应。毋庸置疑的是,凡此种种的变革思想的孕育、传播、提升、高涨都会为中国不断从传统走向现代提供一定的助力。

与此同时,由于近代以前的中华文明曾长时间领先于世界其他国家,所以,古代中国一直以天朝上国自居。在中国这样一个有着几千年文明发展史的国家,传统文化的影响是根深蒂固的。因此要在封建思想长期占主导地位的中国大力倡导学习现代西方文明,肯定会触碰到封建统治者及各种保守势力的现实利益,强烈摇撼他们的思想信仰领域。这就不可避免地会受到各种传统文化"卫道士"的反感、反弹、拒斥和阻挠。这种复杂而剧烈的从传统到现代的社会转型反映在思想文化领域,就体现为各种规模不一、形式多样的东西文化论战。尤其是发生在西化论主张者与东方文化保守者、捍卫者之间的种种文化论战,更成为明清之交至20世纪20年代中国思想文化领域的常态景观。

其二,从传播到中国的现代西方文明自身的属性看。因为现代西方文明自身是复杂多元、流派纷呈、变动不居的,并不是铁板一块、完全一统、停滞不前的,所以即使在倡导大力学习现代西方文明的仁人志士群体内部,也会发生"怎样向西方学习以及向西方学习什么"的争论。我们从纵向的历史维度总体观之,近代以来,在向西方学习的历程中,国人从器物、制度再到思想文化层层递进,不断深入。这一艰难的历史进程中无疑充满着种种文化论战现象。详细言之,在这一倡导向西方学习的时代大潮中,在同一时期不同的人甚或同一批人在不同时期对于"怎样向西方学习以及向西方学习什么"这一重大课题的持论和主张都是有差异的。如,有的人主要倾向学习西方古典时期的思想文化与政治制度;有的人则极力倡导学习现代西方最新潮、最前沿的思想文化与政治体制;有的人则大力提倡兼济平衡、综合杂糅西方不同时期的各种思想与制度。这在相当程度上造就了这些学习西方文明的思想之间彼此交锋碰撞、交叉浑融。这种思想间的张力为孕育和催促关涉中国现代化发展的各种东西文化论战提供了温床。

质而言之,从中国现代化的视角看,虽然近代以降,持不同思想立场、价值取向的国人在力图实现中国的现代化,进而扭转中国落后的国际地位的希冀方面有一定的通约性,但是他们所提出的救亡图存的方案以及倡导的励精图治的思想各有侧重、有所区隔乃至相差甚远。尤其是中国自近代在被动和屈辱的历史情势下卷入现代化潮流以降,国际形势的复杂多变以及国内社会急剧变革与转型的态势最终都会不同程度地折射到思想文化领域。这就使得围绕着实现中国现代化这一重大时代课题而展开的各种文化论战此起彼伏、长期不休。20世纪20年代东西文化论战之所以能够经历酝酿、发生、高涨、谢幕的过程,并对中国现代化道路与模式的探索产生深远影响,正因为20世纪20年代东西文化论战是在中国现代化道路与模式探索的关键历史时期发生的。20世纪20年代的东西文化论战不是中国现代化发展历程中文化论战的结束,而是一个重要的"关节点"。换言之,我们如果把它作为一个"历史支点",无论是向前追溯,还是向后探索,都可以从发生在它前后的东西文化论战中或多或少地看到这场论战的影子。所以,深入研究它的"出场语境"、发展历程和深远影响,这无疑会对我们进一步探索与完善中国特色社会主义现代化模式提供重要的历史参鉴。

第二章
东西文化的辨与思

任何一场重要的文化论战中,首先论战参与者要对论争的问题域进行一定的、比较清晰的聚焦、界说和阐发,这是开展任何论战都必须强调和重视的基本规程,即首先要澄清前提、划清界限。这是论战能够持续、有效、深入推进的重要前提。20世纪20年代,在中国大地上演的旷日持久、涉及面广、影响深远的东西文化论战,第一个重要阶段的问题域主要包括:文化的概念之辨、东西文化的概念之争;东西文化的性质之争等。从中国现代化的视角看,这些关于东西文化不同面向的论争是国人从文化层面省思中国现代化深层次问题的重要体现,如民族性与时代性关系的处理等核心议题。所以,深入系统研究这一问题对我们熟稔20世纪20年代东西文化论战之于中国现代化发展的影响大有裨益。

第一节　对文化的不同界说

如若探究东西文化的概念,时人不可回避的一个问题是:如何认识和界定文化的概念。众所周知,文化一词的内涵界定历来就多元纷呈,很难统一，正如常乃惪所言：“对于文化内涵的界说未曾弄得一致，有以极端抽象的概念作为文化的内容的，又有以极端具体的实物作为文化的内容的。”因为“一种文化其本身即为一复杂之混一体。”①吴宓也认为，“文化二字，其义渺茫，难为确定”②。再加之，时人对于文化与文明等词语又时常模糊对待、交互使用，所以这就使得原本纷繁复杂的文化概念更加令人难以索解，正如张崧年当时的观感所揭示的那样，实可谓“真是众说纷纭，莫衷一是。现在殊不能一一尽述”③。所以，20世纪20年代东西文化论战期间，不同的思想家对于文化一词的具体内涵与外延也持有不同的看法，我们经过粗略整理和提炼时人对文化一词的概括，大致可以规整出以下几种代表性的观点。

（一）“民族生活的样法”（梁漱溟）

在20世纪20年代东西文化论战中，有一种代表性观点是从人的主观意愿的相同与否来界定文化的内涵。持这类观点的代表人物是梁漱溟。他认为文化从本质上来看“不过是那一民族生活的样法罢了”④。如果不仔细分析梁漱溟的这一界定。人们很容易认为梁漱溟既然从“民族生活的样法”的层面来言说文化，怎么把他对文化的界说归为具有唯心色彩的主观界定呢？主要是因为“民族生活的样法”相同与否，在梁漱溟看来主要取决于意欲（will）的方向是否一致。梁漱溟对意欲一词的界说类似于叔本华所定义的“意欲”概念，主要是对人的满足与不满足状态的描摹。梁漱溟经过研究和归纳，提出了人类社会大体存在三种不同的生活样法：

---

① 常乃惪：《中国民族与中国新文化之创造》，《东方杂志》，1927年第24期。
② 吴宓：《论新文化运动》，《学衡》，1922年第4期。
③ 张崧年：《文明或文化》，《东方杂志》，1926年第24期。
④ 梁漱溟：《东西文化及其哲学》，上海人民出版社，2014年，第33页。

（一）本来的路向：奋力满足自我的要求；换言之，就是持奋斗的态度。持这种"意欲"方向的人，勇于直面现实问题，积极改造眩遭环境，尽可能纾解问题，使其满足自我的要求。在梁氏看来，这种路句是生活本来的路向。

（二）遇到问题不解决，而就在这种状态下满足需要。遵循这种路向的人，并不积极改造客观环境，而是秉持随遇而安的态度。这类因应问题的方式，可称之为自己意欲的调和。

（三）第三种路向，其解决问题的方法与前两条不同。遇到问题他想根本取消。这种方法最违背生活本性。因为生活本性是向前要求，是求不断满足欲望。在梁漱溟看来，凡对于种种欲望持禁欲态度的人都属于这一路向的秉持者。①

在梁漱溟看来，人类生活大概有这三种路径或样法：（一）向前面要求；（二）对自己的意思变换、调和、持中；（三）转身向后要求。在梁漱溟看来，文化的不同恰恰导源于生活样法的不同，"至于文化的不同纯乎是抽象样法的，进一步说就是生活中解决问题方法不同"。

值得一提的是，胡适曾经对梁漱溟的这一文化界定提出过质疑和批评。在胡适看来，梁漱溟基于意欲的不同而得出生活样法的不同，进而提出文化的概念与类型的理路本身就存在缺陷。他认为"文化的分子繁多，文化的原因也极复杂，而梁先生要想把每一大系的文化各包括在一个简单的公式里"②，虽然简单、整齐、好玩，但犯了"笼统之至""闭眼瞎说"的毛病。因为在胡适看来，文化是生活的样法，但是民族生活的样法，并非如梁漱溟所言，从

---

① 梁漱溟：《东西文化及其哲学》，上海人民出版社，2014年，第62页。
② 胡适：《读梁漱溟先生的〈东西文化及其哲学〉》，载陈崧编《五四前后东西文化问题论战文选（增订本）》，中国社会科学出版社，1989年，第542页。

意欲的层面看可以分为三种不同的类型。相反,民族生活的样法根本上来看则是大同小异的,这是因为"生活只是生物对环境的适应,而人类的生理的构造根本上大致相同,故在大同小异的问题之下,解决的方法,也不出那大同小异的几种"①。胡适把这种机理称为"有限的可能说"。所以,他认为文化之间只有发展程度的不同,根本上并没有本质区别,因为文化都是人类在追求幸福生活中产生的,形式虽然多样,但都深层次反映了人类生存与发展的根本欲求。

对于梁漱溟提出的文化概念和类型,常燕生也持有不同看法。虽然他也提出,"文化的根源在人类的生活问题"。但他认为,"世界上人类对于生活的态度都是一样的,没有一种人无求生存求进步的欲望,亦即没有一种人类的文化不向前发展,虽因环境不同,世界各民族的文化也许各具特色,但这不同之点不过是细微的地方,根本基于求生欲望而发展出的文化,决无根本差异之理"②。在这里,常燕生对梁漱溟三种不同"意欲"方向的提法表达了质疑。相应地,梁漱溟基于"意欲"这一核心概念所提出的文化意涵也很难得到常燕生的认可。

(二)"一种文明所形成的生活的方式"(胡适)

与梁漱溟从人的主观意欲层面界定文化的内涵不同,20世纪20年代东西文化论战中,大多数时人是从人类的生活、生产等方式这一客观层面来理解文化的产生和发展。持这类观点的代表人物主要有胡适等。胡适界定文化的概念,首先是基于他对文明一词的界说,在他看来:"文明(civilization)是一个民族应付他的环境的总成绩。"而文化则是"一种文明所形成的生活的

---

① 胡适:《读梁漱溟先生的〈东西文化及其哲学〉》,载陈崧编:《五四前后东西文化问题论战文选(增订本)》,中国社会科学出版社,1989年,第547~548页。

② 常燕生:《东西文化问题质胡适之先生——读〈我们对于西洋近代文明的态度〉》,《现代评论》,1926年第90、91期。

方式"。①总之,在胡适看来,文化是人类在应付周遭的环境时所产生的,文化即是人类生活本身的集中体现,它源于生活并反映生活。

常乃惪持有和胡适类似的观点,他认为文化"就是民族或社会的活动之表现"。并且他还基于人类生活自身的变动不居和发展变化的特性,难能可贵地进一步提出文化的变动性,"民族和社会是时时刻刻向前活动的,他所表现的文化是时时刻刻向前活动的,已过之事如已逝之水,想完全永久保持固有的状态,则这固有的状态究竟如何,先就不可索得,所以我们只能大体上把文化的进展划一个粗粗的界线"②。

笔名为"任夫"③的时人对于文化的概念和特性也提出了和胡适、常乃惪类似的看法:"人类文化是由数千年来的人类经验所积聚而成,是人们以适应自然战胜环境为目的而起的种种努力所产生的结果。这一种整个的包罗万象的文化,自始常在演进的过程中。"④当然,在他看来,文化这一概念和文明有通约性,既包括精神层面也内含物质层面。并且他还提出了古今文化发展的侧重点是不同的,"就较古的世代而论,其重心在精神和思想方面,降至近代,物质方面的色彩骤见浓厚。19世纪开幕,物质文明一名词更如日中天的大盛起来,因为科学发明和机器制造在这一世纪内进步极速,真有一日千里之势"⑤。虽然他这种对古今文化发展内涵的概括并不科学,但这能够在一定程度上反映他对文化自身流变性的体认。

(三)"人类之一切'所作'"(瞿秋白)

早期马克思主义者们在20世纪20年代已尝试用朴素的马克思主义唯

---

① 胡适:《我们对于西洋近代文明的态度》,《现代评论》,1926年第83期。

② 常乃惪:《中国民族与中国新文化之创造》,《东方杂志》,1927年第24期。

③ "任夫"是中国现代文学史上著名的无产阶级革命诗人殷夫(1909—1931),原名徐柏庭、徐祖华、徐白的笔名。他是浙江象山人,中国共产党党员,"左联"发起人之一。1931年2月7日,他和"左联"的四位作家柔石、胡也频、李伟森、冯铿被国民党反动派秘密杀害于上海龙华,后人将他们称为"左联五烈士"。他的主要作品有《别了,哥哥》《血字》《孩儿塔》《伏尔加的黑浪》等。

④⑤ 任夫:《吾们从物质文明中得到的教训》,《青年进步》,1928年第111期。

物史观来分析和提炼文化的概念。他们分析和言说文化的基本理路是物质生产——经济基础——上层建筑(包括政治和思想意识两个层面)。持有这一类界定的代表人物有瞿秋白等。如瞿秋白明确提出文化即"人类之一切'所作'。"这种"所作"具体包括以下面向,"一、生产力之状态,二、根据于此状态而成就的经济关系,三、就此经济关系而形成的社会政治组织,四、依此经济及社会政治组织而定的社会心理,反映此种社会心理的各种思想系统"[①]。在此基础上,他还提出,研究任何一种文化都应该依循以上这种"所作"的程序。如果只从思想层面研究文化,就很难切中文化的真义,甚至弄得一头雾水,"若是研究文化,只知道高尚玄妙的思想,无异乎'竖蜻蜓'之首足倒置的姿势,必定弄得头晕眼暗"[②]。所以,在瞿秋白看来,研究文化,除了重视从思想领域本身探究以外,更为重要的是要深入研究当时的物质生产关系,这才是研究文化真谛的根本。

(四)"不脱乎人地时之三要素"(章士钊)

此外,20世纪20年代东西文化论战期间,还有一种观点是从民族生存与文化不可分割的视域来界说和分析文化的概念。这种对文化的界说更为强调文化是一个民族的精神和灵魂,不可泯灭,否则文化消逝之日就是民族灭亡之时。持这种体认文化概念和重要性观点的代表人物有章士钊等。在章士钊看来:"文化者非飘然无所倚,或泛应而俱当者也。盖不脱乎人地时之三要素。凡一民族,善守其历代相传之特性,适应与接之环境,曲迎时代之精神,各本其性情之所近,嗜好之所安,力能之所至,孜孜为之,大小精粗,俱得一体。而于典章文物,内学外艺,为其代表人物所树立布达者,悉呈一种欢乐雍容情文并茂之观,斯为文化。"[③]所以,不同民族的文化虽然有一定的

---

①② 屈维它:《东方文化与世界革命》,《新青年季刊》,1923年第1期。

③ 孤桐:《评新文化运动》,《甲寅》,1925年第9期。

通约性,但是不同的民族文化各具特色,"言文化者,不得不冠以东洋西洋或今与古之状物词。……东西古今之辨,虽亦为心目中所恒有,而以此特文化偶著之偏相耳"①。因此,对于那些企图用西洋民族的文化来全盘取代中国民族文化的行为,章士钊是极力反对的。在他看来,这无异于使中国文化"削足适履",减灭个性和特色,这最终会扼杀中华民族之文脉,对中华民族来说,无异于自取灭亡,"因谋毁弃固有之文明务尽,以求合于口耳四寸所得自西方者,使之毕肖,微论所得者,至为肤浅,无足追慕也,即深造焉,而吾人非西方之人,吾地非西方之地,吾时非西方之时,诸缘尽异,而求其得果之相同,其极非至尽变其种,无所归类不止"。②

历史学家汪本楹作为民国教育界的名流之一,在1924年"史学研究会"上的一场名为《东方文化之将来》的演讲中,也是从民族生命与文化关系的视角来界说文化的,在他看来:"文化质言之,即包括人类之思想及一切事业之名称也。"③基于此,他陈言,一个国家或民族能够生存和延续主要就是依凭思想及一切事业,所以文化的存续与繁荣之于一个国家或民族的生存发展来说是至关重要的,"若一国无其固有之文化,则国必不能立。一民族无其固有之文化,则民族必不能成立。故灭国灭民族者,先灭其文化。文化与国家民族非相对的名词,乃相属的名词也"④。所以,在汪本楹看来,为了国家、民族的持久繁荣和发展,我们必须充分重视继承和发展本民族的文化。

质而言之,在20世纪20年代东西文化论战中,论战参与者对文化的概念并没有进行细致、全面、深入的探究和界说。只是有的论战参与者在论及东西文化相关命题时,对文化一词的内涵做了一定的阐释。个中原因是,这场论战从严格意义上来说,并不是纯学理性的。虽然时人对文化概念的界

---

①② 孤桐:《评新文化运动》,《甲寅》,1925年第9期。

③④ 汪本楹:《讲演:东方文化之将来》,吕伟书、黄承庆记录,《黄山钟》,1924年第4、5期。

定并不多,也不是很深刻全面,但不可否认的是,其中的智慧值得后人加以汲取。

第二节　对东西文化的不同认知

经过对论战材料的认真梳理和研究,目力所及,笔者发现当时论战参与者对东方文化和西方文化概念的界定和描摹比较多元、莫衷一是。诚然,如上文所述,由于这场文化论战严格意义上来说,并不是一场纯粹的、缜密的学术论争,所以当时论战者们对于东方文化、西方文化内涵的界说并不那么考究。他们更多地展现了对于东西文化之间关系、前景等的激烈论争和真切关怀。

一、对东方文化的多样界说

经过爬梳和提炼,笔者发现论战参与者对东方文化的概念界定主要从两个重要维度展开,一个是东方文化的外延,即从空间范围来看,东方文化是涵括哪些区域的文化,抑或东方文化是由哪些区域文化综合组成的;另一个维度是从东方文化的内涵是什么着手的。

(一)从空间范围方面看东方文化

在20世纪20年代东西文化论战中,从空间方面看东方文化,论战参与者们主要有以下几种不同的概括:

1.东方文化意指中国文化

在20世纪20年代东西文化论战期间,有一种观点认为东方文化主要意指中国文化,或者说中国文化是东方文化的主要代表。因此,在某些论战者看来,中国文化与东方文化甚至就是同义词。如时人陈嘉异就认为,"余所谓'东方文化'一语,其内涵之意义,决非仅如所谓'国故'之陈腐干枯。精密言之,实含有'中国民族之精神',或'中国民族再兴之新生命'之义蕴"①。

2.中国文化和印度文化

在有些论战参与者看来,东方文化主要是由两种文化作为代表,一是中国文化,二是印度文化。如,当时因出版《东西文化及其哲学》一书,而在思想界进一步掀起了东西文化论战的梁漱溟认为,"所谓东方文化的不能混东方诸民族之文化而概括称之。至少,亦是至多,要分中国、印度两文化而各别称之"②。

时人罗正纬③也认为,东方文化主要以中国文化和印度文化为代表,"东方文化,要把中国和印度两系来做代表。这两系发生的情形,各有不同,所以一路演进的途径也是各别"④。

时人唐大圆⑤也持有类似的观点,他认为从空间维度来看,"东方文化约分二派,一支那派,集大成者孔子。二印度派,集大成者释迦牟尼"⑥。

3.中国、印度、日本文化

对于东方文化主要包括中国文化和印度文化两种,有的论战参与者则

---

① 陈嘉异:《东方文化与吾人之大任》,《东方杂志》,1921年第1、2期。

② 梁漱溟:《东西文化及其哲学》,上海人民出版社,2014年,第71页。

③ 罗正纬(1848—1951),字达存,号涵原,湖南湘潭人,湖南优级师范毕业,曾执教省立一中,是毛泽东的老师。任过湖南省参议会议员、教育会干事;袁世凯执政时期任参议院一等一级主事,后又任湖南省新国会议院众议员。他一生著述颇丰,代表作有:《涵原诗存》《涵原文存》《中国学术纲要》《民族文化原理》等书。此外,他还长于联语,有《东西南北集》《又我斋联语集》流存于世。

④ 罗正纬:《东方文化和现在中国及世界的关系》,《学林》,1925年第11期。

⑤ 唐大圆(1885—1941),湖南人,初归依印光法师修学净土,后专研唯识,学有成就。曾先后在武昌佛学院、中华大学、武汉大学、长沙佛学会等处讲唯识学。任《世界佛教居士林林刊》编辑,主编过《海潮音》《东方文化》杂志,在佛刊上发表论文多篇,主张在现实人间修菩萨道。撰有《唯识方便谈》《唯识易简》《唯识三字经》《唯识的科学方法》等小册子弘扬唯识学。曾撰《起信伦解惑》等,力论《起信论》确为马鸣造与王恩洋等以该论为华人撰述之说。20世纪20年代东西文化论战期间,他也发表过对东西文化的内容、性质、命途等时论。

⑥ 唐大圆:《东方文化抉择谈》,《心灯》,1926年第14期。

持有不同的看法。如上文所引介的,时人汪本楹曾经在一场演讲中提到"东方文化包括中国、日本、印度等国"[①]的文化。

4.包括中国在内的亚洲文化

还有一种观点认为,从空间范围来看东方文化,它应该包括中国在内的亚洲文化。如陈独秀提及东方文化,他就直接称之为"东洋思想亚洲文化"[②]。萧楚女对此也持有和陈独秀类似的看法,他也认为东方文化包括中国文化以及"波斯湾以西,包括东南部亚洲的一切古代思想,学说,宗教乃至一些单经试验过的零碎政策的。他没有鲜明的色彩,明白的轮廓——浑沌而勉强地把他抽绎成一个比较概括的概念"[③]。

（二）从意涵层面观东方文化

在20世纪20年代东西文化论战中,基于以上所引介的他们对文化意涵的认知和界说,从意涵层面观东方文化,论战参与者主要有以下几类提炼和概括:

1."以调和、持中"为根本的中国文化+"意欲反身向后"的印度文化（梁漱溟）

在梁漱溟看来,东方文化,尤其是作为主要代表的中国文化与印度文化,分别体现为:"中国文化是以意欲自为调和、持中为其根本精神的。印度文化是以意欲反身向后要求为其根本精神的。"[④]这里我们需要详细加以阐释的是,在梁漱溟看来,东方文化的概念提炼与类型划分,不是把所有东方民族所单独形成的各具特色的文化"简单加成",而是要从更为本质性、根源性的层面来加以提炼与归纳东方文化的概念与类型。

---

① 汪本楹:《讲演:东方文化之将来》,吕伟书、黄承庆记录,《黄山钟》,1924年第4、5期。
② 实庵:《太戈尔与东方文化》,《中国青年》,1924年第27期。
③ 萧楚女:《我所审定的"东方文化"价值》,《学生杂志》,1924年第10期。
④ 梁漱溟:《东西文化及其哲学》,上海人民出版社,2014年,第63页。

2.东方文化以中国观之是"中"与"民本"的精神;以印度观之则是佛学"空"的文化(罗正纬)

提到中国文化,罗正纬认为,"我们文化特别的情形,算是都由政治方面产出。我们古代时候,本是政教合一,完全一个系统传到周朝"[①]。依罗正纬之见,中国文化有两个重要面向:

首先,若拿学术系统来说,就在一个"中"字。尧授命于舜的时候,叫他"允执厥中",舜授命于禹的时候,更进一步,说到"人心性危,道心惟微,惟精惟一,允执厥中"。这被后人称为儒家乃至中国传统文化中著名的"十六字心传"。孔子把中字的意义显得更加分明。《中庸》中有言:"喜怒哀乐之未发谓之中,中也者天下之大本也"。这个中字的内容,表现十分清楚,在学术上就是一个最大的本源,那些仁义礼智信的条目,都由中字推演出来。后来儒家的立言行事,都保持中的态度。中的分量愈多,应用范围就愈大。总而言之,在罗正纬看来,"中"能够集中反映中国文化的精义和大本大源。

其次,若拿政治性质系统来说,在周代以前全是一个民本主义一贯递嬗。比如,《尚书》里就有:"民为邦本,本固邦宁""皇天降衷于下民若有恒性""天视自我民视,天听自我民听"等,这些都可以反映出手握政权的人物要尊重民意。罗正纬觉得这正是中国文化中民本主义精神的集中彰显,这种民本主义甚至比近世立宪政体还要真切。

印度文化,在罗正纬看来,主要代表是释迦牟尼所开创的佛学。这种佛学是释迦牟尼综合各派各家思想精华"再加上自己的实证,更进一步,发明宇宙的根本原理,在文化上面有绝大的价值。佛学真谛,本在一个空子"[②]。

3."一支那派,集大成者孔子;二印度派,集大成者释迦牟尼"(唐大圆)

如上所述,唐大圆认为东方文化主要由中国文化和印度文化组成。他

[①][②] 罗正纬:《东方文化和现在中国及世界的关系》,《学林》,1925年第11期。

认为中国文化主要以孔子思想为代表,印度文化主要以释迦牟尼的佛家文化为代表。孔子思想的精要之处在于,"其宇宙观则在动静阴阳。其人生观则曰天地之道造,端乎夫妇,又曰,立天之道,曰阴与阳,立地之道,曰柔与刚,立人之道,曰仁与义,意谓天地之道,本一贯相同。……孔子之教,亦不言进化,但以人道为基,进至于天道合,是为完人"①。他还引用《中庸》中"天命之谓性,率性之谓道,修道之谓教"进一步说明孔子思想作为中国文化的代表,主要倡导在遵守宇宙自然法则的基础上积极完善人道,健全人格。

提到印度文明,唐大圆作为对佛学有深入研究的时人,则大加赞扬佛学,"至释迦牟尼受生王宫,出家修道,六年苦行,降伏外道天魔,坐菩提树下,观明星大悟而成正觉。彼所觉悟者,即所谓一切种智,摄世间出世问一切诸法。故佛号曰世间解,天人师"②。总之,其认为佛学是印度文明的集中代表。

4.东方文化中无疑中国文化"最优美无缺"(汪本榴)

汪本榴在一场演讲中提到世界文化大概可分东西二支。西方文化发源于埃及,而繁盛于英美德法等国。东方文化则包括中国、日本、印度等国。而且在东方文化中无疑中国文化"最优美无缺"。③在他看来,中国文化的优美特质主要可以归纳为,"一在立身方面,力求诚实,以造就高尚之人格。二在处世方面,勤俭寡欲,以谋世界之和平。三在个人方面,抱乐观主义以弥人类之自杀。四在社会方面,秉自立与互助之精神,以均贫富之阶级。五在处事为学方面,秉先知后行之主义,以免轻于尝试之失败"④。汪本榴对于中国文化内容之归纳比上述几位更为具象,这是其对中国文化概述的不同之处。

5.东方文化即"中国民族之精神"(陈嘉异)

在陈嘉异看来,东方文化一语是有特殊意涵的,"余所谓'东方文化'一

---

① 唐大圆:《东方文化抉择谈》,《心灯》,1926年第14期。
② 唐大圆:《东西文化抉择谈(续十四期)》,《心灯》,1926年第16期。
③④ 汪本榴:《讲演:东方文化之将来》,吕伟书、黄承庆记录,《黄山钟》,1924年第4、5期。

语,其内涵之意义,决非仅如所谓'国故'之陈腐干枯。精密言之,实含有'中国民族之精神',或'中国民族再兴之新生命'之义蕴"①。依循这一理路,陈嘉异提出了东方文化的几个优越之处②:

第一,东方文化相较于传承的、因袭的西方文化,则为独立的、创造的,"吾族建国华夏,实为绝早;纵令西来,亦远在有史以前。而有史以后之文化,则固自伏羲神农黄帝以来,列祖列宗所披荆斩棘积铢累寸而手创,决非受任何外族之影响而始生者"③。

第二,东方文化的一个优越性在于很好地调和了精神与物质两种生活,"而尤以精神生活为其锚键,最能熔冶为义者也"④。

第三,东方文化还有一个优越之处在于能够以民族精神为根柢,充分把握时代精神,这样能够实现二者和谐融铸之发展。"吾人欲焕新一时代之思想与制度,仍在先淬厉其固有之民族精神。……要之,如从吾先民之所示,则不惟负有容纳新时代精神之宏量,尤负有创造新时代精神之责任,而创造一新时代精神,尤必以民族精神为其背景"⑤。

第四,东方文化还有一个优越性在于其中内嵌着世界主义的情怀,在发展国家的同时,着眼于世界大势,以谋世界人类之共进。"吾民族之国家观念,实一彻头彻尾之人性的政治论也。职是之故,吾族决不以国家之领域自画,而尝有一世界精神。……吾族之欲世界大同则在文化。吾族之传统道德,实世界道德、人类道德,而非仅国家道德"⑥。

6.东方文化是"古代东方民族的浪漫的人生态度"(萧楚女)

在20世纪20年代东西文化论战中,有一类观点认为东方文化是属于中古时代的落后文化。它的内容也主要属于封建宗法时代,总体而言,与现代西方文化相比,"浪漫"、腐朽是其主要特质。当时持这类观点的代表人物有

---

①②③④⑤⑥ 陈嘉异:《东方文化与吾人之大任》,《东方杂志》,1921年第1、2期。

早期马克思主义者萧楚女、陈独秀、瞿秋白等。

如萧楚女认为,东方文化是"古代东方民族的浪漫的人生态度"。而且东方文化这个名词,"是最近几年来,因为受了世界上一时的变态激刺,对于西洋的所谓'物质文明'生出来的"。①所以这一概念具有应时的特殊意涵:

首先,东方文化本身并不是一种系统的主义或学说。"他并不是一种独特而成其自己之逻辑、系统的主义,也不是一种单纯的哲学。"②

其次,东方文化的内容是杂糅的,"有印度的佛教教义和学理,孔子的伦理主义,孔孟及诸子的政治哲学,周汉以来历史上传说的政法经验,宋明两代的个人修养和处事方法——甚至其他的一些什么"③。

质而言之,它是没有一定的性质、骨架、脉络、组织的。它是对于"波斯湾以西而言,包括东南部亚洲的一切古代思想,学说,宗教乃至一些单经试验过的零碎政策的。他没有鲜明的色彩,明白的轮廓——浑沌而勉强地把他抽绎成一个比较概括的概念"④。总之,萧楚女对东方文化的内涵界定不甚清晰,只是把它称为一种"古代东方民族的浪漫的人生态度"。即东方文化是一种比较杂糅的、落后的文化。

陈独秀当时也对东方文化的价值总体上持贬抑的态度。如1924年他以笔名"实庵"在《中国青年》杂志上所发表的《太戈尔与东方文化》一文中,慷慨陈词,将泰戈尔在中国演讲时鼓吹东方文化的言论称为"莠言"。陈独秀认为东方文化总体上是一种"生焚寡妇、殉节阉官"的文化,它的主要内容包括:

其一,尊君抑民,尊男抑女。这种思想当时依然支配中国社会,"在中国,有无数军阀官僚和圣人之徒做他的拥护者"⑤。

其二,知足常乐,能忍自安。这种思想非但不是优点,反而正是东洋落后,被殖民的思想诱因之一。"殊不知东方民族正因富于退让不争知足能忍

---

① ② ③ ④ 萧楚女:《我所审定的"东方文化"价值》,《学生杂志》,1924年第10期。
⑤ 实庵:《太戈尔与东方文化》,《中国青年》,1924年第27期。

的和平思想……所以全亚洲民族久受英美荷法之压制而能忍自安。"①

其三,轻物质而重心灵。这种思想也是导致中国发展落后的重要缘由之一。在中国当时"物质文明的程度简直等于零"的情形下,不能再像泰戈尔一样大力提倡和褒扬重心灵轻物质的所谓精神文明,如此的话,中国"只有废去很少的轮船铁路,大家仍旧乘坐独木舟与一轮车;只有废去几处小规模的机器印刷所,改用木板或竹简"②。这在陈独秀看来是万万要不得的。

瞿秋白当时对东方文化的定性也和萧楚女、陈独秀类似。他认为"东方的精神文化,人家说是慈爱忠恕,其实是宗法社会里无可争而不争的心理反映。"③东方文化包含几种元素:"第一种元素是宗法社会之'自然经济';第二种元素,是畸形的封建制度之政治形式;第三种要素是殖民地式的国际地位"④。瞿秋白对东方文化的认知和定性是建立在他尝试用马克思主义唯物史观来分析文化的本质基础上得出的(前文已有所述)。基于历史唯物主义的辩证分析,瞿秋白也肯定了东方文化作为一种宗法社会文化,在历史上也曾起过积极作用,只是时过境迁,在现今时代已经不合时宜了,"所谓东方文化的'恶性'决非绝对的,宗法社会的伦理也曾一度为社会中维持生产秩序之用。但是他现在已不能适应经济的发达,所以是东方民族之社会进步的障碍"⑤。当然,我们也可以发现瞿秋白对东方文化的分析尚有不足,比如他把生产力直接定义为文化的一部分,没有清晰地说明虽然生产力对文化发展起着重要作用,但本身不等于文化;基于对提倡东方文化者的不满,瞿秋白没来得及认真辩证分析东方文化也有其精华思想需要挖掘、继承和发扬,不仅历史上曾发挥过积极作用,而且还有现实意义。

---

①② 实庵:《太戈尔与东方文化》,《中国青年》,1924年第27期。
③ 瞿秋白:《太戈尔的国家观念与东方》,《向导》,1924年第61期。
④⑤ 屈维它:《东方文化与世界革命》,《新青年季刊》,1923年第1期。

二、对西方文化的多元认知

与上述对东方文化概念的界定呈现多元化、差异性类似,时人对西方文化意涵的认知和界说也是仁者见仁,智者见智。当然,也和对东方文化价值等定位与评价相类似,依循时人对于西方文化褒贬不一的评价,可以把论战参与者对于西方文化概念与内涵的富有代表性的界定约略归纳如下:

(一)"求人生幸福"的文明(胡适)

胡适在《我们对于西洋近代文明的态度》一文中指出,西洋文明是"建筑在求人生幸福的基础之上,确实替人类增进了不少的物质上的享受;然而他也确然很能满足人类精神上的要求。他在理智的方面,用精密的方法,继续不断地寻求真理,探索自然界无穷的秘密。他在宗教道德的方面,推翻了迷信的宗教,建立合理的信仰;打倒了神权,建立人化的宗教……努力谋求人类最大数的最大幸福"①。这里,胡适对西洋文明的认知至少包含以下层面:其一,西洋文明作为现代文明,其能够从物质和精神层面不断满足人类谋求幸福的需要;其二,西洋文明中富有精密的科学方法与宝贵的科学精神;其三,现代西洋文明倡导信天不如信人,靠上帝不如靠自己的现代人化宗教,"十八世纪的新宗教信条是自由、平等、博爱。十九世纪中叶以后的新宗教信条是社会主义"②。因此,从这段对西洋文明内在特质的揭示中,我们可以发现胡适十分赞赏西洋文明。

(二)"戡天主义"的文化(吴国桢)

20世纪20年代东西文化论战期间,论战参与者对西方文化意含有一种颇具代表性的提炼和归纳,即无论从哲学层面还是历史与现实面向来看,西

---

①② 胡适:《我们对于西洋近代文明的态度》,《现代评论》,1926年第83期。

方文化总透显出进取、竞争、多欲等特质。当然,他们在对西方文化特质持类似看法的基础上,也分别进一步提炼和概括出西方文化的具体内涵。

如当时已从普林斯顿大学博士毕业并进入政界的吴国桢,在1927年的《学生杂志》第14卷第1期上发表的《西方文化的弊端》一文中指出,西方文化的出发点或重要特质是"戡天主义",这种主义的倡导当然自有它的好处,比如使人有竞争意识、让人保持探索未知世界的好奇心等。但由于"他的原则是以人胜天。他所研究的是如何可以使世间底物质供给人类底需求的方法,所以他所讲的完全是人和物底关系,不是人和人底关系。这是他与东方文化底不同之处;这又是他的缺点"[1]。因此,在这种总体上对西方文化持贬抑的评价基础上,吴国桢进一步详细地枚举了西方文化的几个坏处,"他的坏处就是使个人缺乏自制力","从个人方面讲,西方文化底第一坏处,就是令人'骄奢淫逸'。第二个坏处就是令人养成一种眩奇逞怪的习惯。第三坏处就是令人变成一种凶狠斗杀的恶兽。在社会方面,他的坏影响也是大而且烈。他的坏处,就是有阶级争斗。……最大的弊端是帝国主义"。[2]

时人唐大圆也认为从历史和现实层面观之,西方文化"无宁谓为达尔文等进化之文化而已"。西洋文化"自近世纪以来,皆以达尔文之生物进化赫胥黎之天演淘汰为轨通。故其教育以纵任为善良。起争执以侵略为主义。而使一般社会心理,共趋于功利之一途。是故今日谈西方之文化。无甯谓为达尔文等进化之文化而已"[3]。在唐大圆看来,正是基于这种进化论的文化理念,西方文化倡导"人类皆由下等动物进化而来,依彼进化之推测,则将来下等动物日减,而高等动物日增,或高等动物亦日减,而人类日增。或野蛮人日减,而文明人日增。其言如是。思想亦如是。故其政治教育,无不依

---

①② 吴国桢:《西方文化的弊端》,《学生杂志》,1927年第1期。

③ 唐大圆:《东方文化抉择谈》,《心灯》,1926年第14期。

之为进程"①。总之,在唐大圆看来,西方文化的主要特质就是倡导物竞天择、适者生存的竞争与进化精神。

梁漱溟则从哲学层面论说西方文化的进取、竞争等特质。他认为西方化是以意欲向前要求为其根本精神的。他在《东西文化及其哲学》一书中,对西方文化的概念给出了独到见解,"西方化是以意欲向前要求为其根本精神的。或说:西方化是由意欲向前要求的精神产生'塞恩斯'与'德谟克拉西'两大异采的文化"②。概而言之,"所有的西方化通是这'德谟克拉西'与前头所说'科学'两精神的结晶"③。梁漱溟此番对西方文化概念的揭示至少包含三个层面:

首先,作为"以意欲向前要求"的西方文化,对于自然界持有一种征服与战胜的态度和要求,这与东方文化谋求调和人与自然之间的关系形成了比较鲜明的对照。

其次,"塞恩斯"即科学,尤其是科学精神,是西方文化的重要"异采"之一,"西方的学术思想……就是所谓'科学精神'"④。这种"一定要求一个客观公认的确实知识"⑤的科学精神可以说贯穿于现代西方思想学术的各个重要领域,这与东方文化倡导的艺术精神有很大区别,因为艺术精神在梁氏看来是全然蔑视客观规程,崇尚天才的;同时富有科学精神的西方文化与充满玄学色彩的东方文化相比也十分不同,这是因为,"玄学总是不变更现状的看法,囫囵着看,整个看着;科学总是变更现状的看法,试换个样子来看,解析了看"。由玄学的方法求得的东西与由科学方法习得的知识,不能等量齐观,因为"科学的方法所得的是知识,玄学的方法天然的不能得到知识,顶多算他是主观的意见

---

① 唐大圆:《东方文化抉择谈》,《心灯》,1926年第14期。
② 梁漱溟:《东西文化及其哲学》,上海人民出版社,2014年,第34页。
③ 同上,第50页。
④ 同上,第42页。
⑤ 同上,第36页。

而已"①。这算是梁漱溟对西方文化中科学精神的由衷肯定。

最后,"德谟克拉西"即民主,也是西方文化的一个重要"色彩"。西方的民主在梁漱溟看来至少包括重视个性伸展和社会性培育两个方面,不可偏废,要不然就会使民主误入歧途,"西方社会与我们不同所在,这'个性伸展社会性发达'九字足以尽之,不能复外,这样新异的色彩,给他个简单的名称便是'德谟克拉西'"②。总之,西方文化三大异彩在梁漱溟看来就是征服自然、科学精神与方法以及民主。

综上观之,我们可以发现,在20世纪20年代东西文化论战中,一些具有代表性的观点并没有对东方文化和西方文化的内涵和外延给予严格的学理层面上的界定,他们对东西文化的立场表达、价值评判多于对其内容的系统分析与深入研究:

首先,对于何谓东方文化,从外延方面看,他们一般认为,东方文化可以包括中国、日本、印度乃至西亚等国度或区域的文化。不过,当时论争者主要把中国文化(有时包括印度文化)作为东方文化的代表。当然,这是与中国思想家们思考和论辩东方文化的意涵时,是从中国的"主体性"着手有关,即使他们提及的东方文化的外延中包括亚洲其他国家或地区的文化,也是为了实现与中国文化的内涵相对比之目的;从内涵方面来看,对东方文化(主要是中国文化)包含哪些内容,从极具体到比较抽象的层面,都有人论及,但由于每个时论者的人生经历、学养背景、立场出发点不同,所以对于其内涵的提炼和表达也各具特色、多元纷呈。

其次,20世纪20年代东西文化论战的参与者对西方文化概念的概括和提炼也比较粗略。由于一战后中国思想界对西方文化内在的缺陷有更为真切的认识和反思,所以,除了以胡适为代表的极少数坚定的西化论主张者对

---

① 梁漱溟:《东西文化及其哲学》,上海人民出版社,2014年,第36页。
② 同上,第50页。

西方文化的内涵和价值给予高度肯定的评价外,其他的代表观点更多的是揭示西方文化中内嵌的不足,价值立场的谱系也从完全否定到一般质疑不等。当然,我们如果细致查究可以发现,时人对西方文化的内涵与价值持质疑或否定之评断的态度主要可以归属两类思潮,其一是对东方文化的内涵与价值持强烈褒扬态度的思想者;其二是早期马克思主义者,因为他们当时逐渐尝试用朴素的马克思主义理论来分析和评价现代西方文化的内涵和价值,其认为现代西方文化是反映资产阶级利益的一种文化,它必将被更为先进和反映大多数人利益的无产阶级新文化取代。所以,总体而言,他们对现代西方文化的内涵和价值的评断是消极的。

第三节　东西文化的性质之争

　　20世纪20年代的东西文化论战,对于东西文化的论争内容不仅有东西文化的概念,也包括东西文化的性质之争,其中关涉几个重要向度,如东西文化是不是"物质文明与精神文明""新与旧""古与今""动与静"之间的关系?论战参与者从这些维度进一步展开了东西文化性质与关系的激烈论战,这一层次的论战不仅深化了时人对东西文化性质的认知,同时也从文化的层面关涉中国现代化发展的问题,对我们思考追寻现代化发展的历程中如何恰适地处理文化的民族性与时代性等论题颇具启发意义。

一、精神文明还是物质文明?

　　其实把东西文化的不同当作是精神文明与物质文明之性质的区别这一评断并不始于20世纪20年代。在中国比较早地明确提出这一看法的是晚清国粹派学者邓实,他在《东西洋二大文明》一文里意味深刻地指出:"吾国之文明属道德上而为精神的文明,虽称完全,其属于艺术上而为物质的文明者,甚形缺乏。则以我之精神文明而用彼(意指西洋文明——引者注)之物质文明合炉同冶,以造成一特色之文明,而成一特色之国家,岂不甚懿。"①这类对东西文化区别的定性在一战前后,西方文明遭到一些人的质疑和批判时,更是被西方反思自身文明的思潮提及,如美国学者艾恺通过研究发现,"无可讳言,认为亚洲保有一个独特的精神文明这个观点基本上是一个西方的念头;而这念头则基本上是西方对现代化进行的批评的一部分"②。费侠莉也认为,"'物质的西方'是一个源于西方的欧洲口号,它在世界大战中诞生,甚至由伯特兰·罗素在中国加以重复。欧洲为中国人提供了怀疑的形式,甚至是在欧洲创造那些引起怀疑的条件的时候提供的"③。当时,这种思想在欧战前后又在中国引起争论,被国内有些思想家津津乐道,如杜亚泉 1918 年 4 月在《东方杂志》第 15 卷第 4 号上发表的《迷乱之现代人心》一文中指出,西方物质文明虽然比较发达,但是一战所带来的毁灭性破坏证明这种物质文明几近破产,"西洋人于物质上虽获成功,得致富强之效,而其精神上之烦闷殊甚"。所以"今后果能融合西洋思想以统整世界之文明,则非特吾人之自身得赖以救济,全世界之救济亦在于是"。④因此在杜亚泉看来,未来人类文明唯有借鉴东方精神文明之智慧,以东方精神文明为根本,融会中西两种文明,才能得到救济与发展,这是杜亚泉指出的未来人类文明的出路所在。

20 世纪 20 年代,东西文化论战的参与者对于这一问题进行了激烈的论

---

① 邓实辑:《光绪壬寅政艺丛书·政学文编》(卷5),载沈云龙主编:《近代中国史料丛刊续辑》(第27辑),台北文海出版社,1976年,第185页。

② [美]艾恺:《世界范围内的反现代化思潮——论文化守成主义》,贵州人民出版社,1991年,第87~88页。

③ [美]费侠莉:《丁文江:科学与中国新文化》,丁子霖、蒋毅坚、杨昭译,新星出版社,2006年,第117页。

④ 伧父:《迷乱之现代人心》,《东方杂志》,1918年第4期。

争。其中的观点主要分为两大类：一类承认东西文明之间的差别就是精神文明与物质文明之别，并且提出西方物质文明已经出现危机，唯有用东方的精神文明方能力挽西方物质文明之颓势，更有甚者提出东方的精神文明实乃世界未来文明之希望；还有一类认为这种评断东西文明差异的定性是不正确的，因为物质文明与精神文明对于任何一种文明来说都是一体两面、密不可分的关系。因此，东西文明中都有各自的物质与精神成分，只不过发展程度不一，表现样态不同而已。而且这种观点认为，不仅东方的物质文明远落后于西方的物质文明，就是西方的精神文明也远胜于东方的精神文明。

（一）东西文明之间就是精神文明与物质文明之别

1.任夫："精神与物质同时平均发展，自然是最好的事；假使二者不可得兼，则缺失前者其危害必较缺失后者更大"

如笔名为"任夫"的作者（前文已介绍）曾经提出，西方物质文明发展的根本动力或源泉来自人的欲望，而人的欲望很容易快速膨胀，甚至趋于欲壑难填之境地，因此建立在极易膨胀的欲望之上的西方物质文明至少有三大弊端：

其一，从个人层面来看，他举了美国人和中国人的例子，"美国人的生活中最显著的一件事，照我们看来，就是奢华，尤其是那些拥资巨万的富豪。他们终日游惰，不务正业，除了选择名胜，建造皇宫般的别墅之外，更组织规模宏大的俱乐部，创设穷奢极侈的娱乐场。在这些公共场所，娇艳的少女争相趋奉，果然是一种普通的现象，而赌具杂呈，赌台遍设，也是一种令人留恋不忍去的吸引力"①。身家更高的美国富豪不会满足于此，比如他们的别墅动辄耗资千万，而且相互之间喜欢攀比，这些占用大量土地，平时又经常被空置的豪宅的唯一价值只是成了富豪们博得"某某最阔"一个头衔罢了。至

---

① 任夫：《吾们从物质文明中得到的教训》，《青年进步》，1928年第111期。

于赌博,"则阔客们更有大规模的设备:输盘一转,输赢以数万数十万计,不算什么希罕"①。这种纸醉金迷、一掷千金、灯红酒绿、物欲横流的物化生活在中国则有类似的表现样态,如在受物质文明的影响最大的通商大埠、各大都会,尤其是外国租界,那些沉溺于享用物质文明的人,"不光讲究吃西餐、住洋房,坐汽车,打扑克,更醉心于宴会跳舞,放纵肉欲。明明是海盗海淫的举动,却用'浪漫'二字来掩饰;明明是骄横纵恣的恶习,却借'自由'二字作保镖。我们姑且把道德风化撇开在一边不问,他们那种奢侈的生活,也够他们自身与社会受用了;他们的身体是不会健康的,经济是拮据的,精神上更没有什么真正的愉快。他们常有寡廉鲜耻的行径"②。

其二,从社会层面来看,物质文明膨胀的社会,除了给人们带来物质上的享受外,其实没有一样能使人满意。因为人的欲望是不断膨胀的,没有止境,永远没有完全满足之时。所以,我们要对只注重物质文明发展和享受的社会危害有清晰的认知和清醒的警觉。

其三,从国家层面观之,在任夫看来,国家势力的强弱体现在物质与精神两方面:物质方面强的,未尝不可得势一时,令世界其他国家为之侧目,仿佛不可一世,却不会长久,并时常发生剧烈的变动,甚至使国家生命危如累卵,一战的发生就是一个显例。而精神方面强的国家,"其伟大的能力往往潜伏在底下,不为一般所觉察,甚或在物质方面要受'强国'的欺凌玉迫"③,但是它的生命由于精神文明发达所带来的伟力而能够源远流长,不会轻易发生动摇。

所以,基于这种认知,他提出:"精神与物质同时平均发展,自然是最好的事;假使二者不可得兼,则缺失前者其危害必较缺失后者更大。"④在他看来,提倡西洋物质文明的人的思想和生活,早已机械化了,唯物化了;他们受

---

① ② ③ ④ 任夫:《吾们从物质文明中得到的教训》,《青年进步》,1928年第111期。

唯物主义的麻醉束缚，陷溺而不能自拔，“时时刻刻在那里盲目的顺着峭立万丈的危崖直冲而不自觉”[①]。其对个人的危害尚小，但对社会的遗毒实大。要化解这种危机，唯有用中国的精神文明。因为人类的真生命不在物质，而在精神；物质只是人类的躯壳，精神才是人类的灵魂。一个人的灵魂安定了，物质上虽有缺陷，也无关紧要。反过来说，物质方面完备无缺了，而精神生活却非常枯窘，那自身的发展就会危机重重。

2. 刘鼒[②]：“西方现在社会所受物质文明之流弊，实惟此东方精神文明之真正义理始足以根本挽救之”

时人刘鼒也认为东方文化是精神的，西方文化是物质的，而且他对中国文化的精神有独到见解，他认为中国的精神文明集中体现为以追求身心修炼，进而达致完善人格为目标，“盖中国精神的文明一语，自当纯粹注重‘精神的’三字。所谓精神者非他，即无圣无凡无古无今无中无外，世间人人皆具在己身之心性作用是也”。“中国精神文明者乃人类修炼身心，变化其精神作用以成己成物者也”。[③]在此基础上，他提出中国古代精神修炼人格变化的级别，分别是天人、神人、至人、圣人、君子五级，前三个属于出世类型，与治国无关，圣人一级则是三皇五帝乃至孔子诸人皆由出世而复入世，并依其能力治国平天下，因此达致圣人的境界。第五级是君子，自周孔以后，中国历代讲求身心修炼者众多。中国所谓文明历史自周汉尊儒以来，全部在专修君子之学。

在刘鼒看来，之所以会导致中西文明各自偏重精神与物质一途，有两个

① 任夫：《吾们从物质文明中得到的教训》，《青年进步》，1928年第111期。

② 全名是刘鼒和（1870—1929），字少珊，又号少少，湖南善化县人。戊戌维新时期是属于革新人物。辛亥革命后，他任杨度所办《亚细亚报》主笔，针砭时弊，思想趋新，与黄远庸、林白水、邵飘萍并称为“报界四杰”。但当1915年杨度设“筹安会”，为袁世凯复辟鼓噪时，他则严斥袁世凯为“操莽之流”。他平生喜欢钻研哲学，著有《新解老》《佛老辨》《韩非学说疏》《新穆天子传》，等等。

③ 刘鼒：《中国精神文明之真解（未完）》，《国闻周报》，1929年第3期。

重要原因:其一,"古史以来两民族各自所居欧亚两洲土地情形之不同。因而各应其环境,结果作成两种不同之社会文化"①。东方上古以来黄种民族占居亚洲大陆,其地形地势大部分为辽阔的平原。西方白种民族占居欧洲大陆,其地形地势大部分为散烈交错之地。所以,东方黄种民族以农立国,而农民安土重迁,生聚平和,为其本性。西方白种民族以工商立国,工商业之民游行活动,竞争技巧,为其本性。因此,"东方民族有似仁者乐山之静而求寿。西方有似智者乐水之动以求乐"②。总之,东西两民族社会风气的不同是由各异的环境造成的。

其二,亚陆黄种民族历史铸成之国民性大都皆以"不争"为最高道德。欧陆白种民族历史铸成之国民性一般皆以"必争"为最重要的权利。此两种不同的国民性锻造形成已久,对各民族事业发展影响深远。由于倡导"不争",所以东方的主要学说思想,最大目的是追求天下治平。因为力倡"必争",所以,西方的主要学说思想的最大信仰是物竞天择的自然法则。正是基于这种对东西文化性质的分析和评断,他得出了东西文明虽各有侧重,各具特色,但只是性质之异,没有高低之分,所以中国即使与西方相比,一时处于不利地位,甚至遭到侵略,这并不能说明中国文化的落后,而恰恰是因为中国精神文化基因里一直倡导"不争",并非两民族间真有高低强弱。此外,刘薰还自信地提出和倡导,"西方现在社会所受物质文明之流弊,推其因果,实惟此东方精神文明之真正义理始足以根本挽救之"③。

3. 周鼎④:只有调和精神文明和物质文明才"可以永久不能造害人的罪恶"

时人周鼎在《职业市季刊》1924年第6期上发表的《精神文明与物质文

①②③ 刘薰:《中国精神文明之真解(续前稿)》,《国闻周报》,1929年第4期。
④周鼎,字篏松、小松,四川人。曾是景德镇著名的陶瓷美术家。早年以石刻为生,有深厚的造型功底。工人物并花鸟,人物神态超逸,有陈老莲遗韵,仕女仿改七芗;花鸟有海派风格。

明》一文中指出,人类为了保存种族上的安宁和增进生活上的幸福,开创了种种事项,其中不外分为精神与物质两大类成果,"研究哲理,提倡道德,讲互助,重人道,凡以维系人心的,都算是精神方面的了。发明科学,讲求制造,重利用,尚竞争,凡以满足人欲望的,都算是物质方面的了"①。在周鼎看来,中国以往过于偏重精神文明,忽略了物质文明的同步发展,所以才导致与西方国家相比,物质文明落后。从长远来看,这不利于中国人民进一步繁衍和取得幸福生活,所以要弥补中国在物质文明发展方面的不足;但鉴于过于偏重物质发展,导致精神文明发展失衡的弊端也必须警惕,"仅仅偏重物质文明是不行的,因为,这次欧战范围里,人口的损失,经济的损失,形式的破产,精神的破产,种种的恶结果,差不多是受的物质文明偏重的结果咧!"②

所以,他提倡要争取调和物质文明与精神文明,使二者能够取得较为均衡的发展,"中国从前空谈精神文明,好高骛远的旧习,决不是可以保存安甯,获得幸福的。就是西人向来重用物质文明,也决不是可以达到人类最高的目的。必须调和这两种文明"③,这样才能有利于人类社会的长久安甯、持续发展。

4. 陈霆锐④:"若主物质者一味排斥精神,主精神者一味丑诋物质,其失均也"

时人陈霆锐基本同意把东西文明分别看成精神文明与物质文明的观点,而且他还进一步分析指出,西方过度偏重于物质的发展而忽略了精神的成长,这是欧战爆发的一个重要诱因。东方尤其是中国则精神文明发展有余,物质文明十分落后,这是中国遭到西方欺凌的一个重要原因:"欧洲之大

①②③ 周鼎:《精神文明与物质文明》,《职业市季刊》,1924年第6期。

④ 陈霆锐(1891—1976),江苏吴县人。曾获东吴大学法学学士、美国密歇根大学法学博士。历任东吴大学、暨南大学、群治学院、中国法政学院教授、国民政府参政员、制宪国民大会代表。去台湾以后,仍从事律师工作。

战争即为崇拜惟物主义之结果,东方民族之奄奄不振,日就凌夷,即为主张惟心主义之结果。各走极端,其弊无穷。"因此,他提出"为治之道端在将东西洋之文明融合贯通,庶惟物惟心厥力维均而不致有畸轻畸重之弊"①。他深知中国的物质文明十分落后,而物质文明进步又是世界潮流,只有与世隔绝的国家,能够暂且掩耳盗铃式地不顾时代大势,"物质文明者,世界进步之表现也。世界进步有一定之轨辙可寻,虽有大力莫之能挽","我虽蔑视物质文明,而人方挟其物质文明之势力以与吾抗,而吾同时在实际上则又不能不享用物质文明之利益,其结果则四万万人民齐为他人物质文明之牺牲品耳!"②所以,他对泰戈尔当时在中国大肆宣扬精神文明的重要性这一行径很担忧,因为这可能会使中国人尤其是青年人沉溺于中国精神文明之优越中而沾沾自喜,产生一种蔑视发展物质文明的心理,这对于中国改变物质文明落后,改变遭受外国欺凌的悲惨境地是大为不利的。

(二)精神文明与物质文明是一体两面、密不可分的关系

1. 三无:"精神文明与物质文明,决非相敌,实相互一致协力以实现人生之理想,举人类进步真正之效果者也"

如笔名为"三无"的作者,1921年9月在《东方杂志》上发表的《文明进步之原动力及物质文明与精神文明之关系》一文中提出"物质文明,因利用自然之物质与力而成立,即境遇之开拓即征服之谓。精神文明,为宗教的、道德的、审美的、智的'事功'之全体,即文明之内容及本质之谓也。虽然,斯二者初非各自分别发达,盖实相互协力而跻于真正之进步。"质而言之,"物质文明,要亦不外为人类精神能力之表征。精神文明,实发展于物质文明基础之上,其关系之密切,殆如形之如影,辅之与车,相俟而不可离"。③他在此基

---

①② 陈霆锐:《精神文明与物质文明》,《国际公报》,1924年第24期。

③ 三无:《文明进步之原动力及物质文明与精神文明之关系》,《东方杂志》,1921年第17期。

础上对物质文明与精神文明的关系进行了更详尽的阐释：

首先,二者之间本质上是"实相俟而不可离"的关系,这种关系类似于灵与肉的关系,"夫物质文明与精神文明,恰如人类肉体与心灵之关系,离肉体则心灵不能存在,而心灵之活动程度过低,则虽如何强健之肉体,亦不能出乎动物的生存以上也。……盖此二种文明,实互相刺戟协力而进行发展者也"①。所以,他进而举例道:"生活之手段丰富,社会之状态改善,则物质文明,虽曰发荣滋长,然若道德、宗教、艺术各方面无所进步,人类之人格毫不加高,则精神的方面反致先被牺牲,愈益低下。"②这种只注重物质文明的发展,而忽视精神文明建设的社会,往往充斥着横流的物欲,奢靡的生活,缺乏高尚的精神追求和典雅的文化生活。

其次,一个真正健康进步的社会不仅体现在物质文明的发达,也体现在丰盈先进的精神文明,"物质文明者,所以产生生活资料,开拓环境,致力于社会状态之改善,而致力于农工商业及其他一切经济的活动并政治的活动等人类努力之表征也。精神文明者,从内部努力增高人类本质之表征也。是皆吾人所以努力实现人类及社会之进步、调和、安宁、幸福、真理、正义、美、信仰等之理想。而真正生活之意义,以及物质文明与精神文明二者相互的关系"③。这些就体现在精神文明与物质文明协调发展、共同进步、相互增益的历程中。

2.胡适:"今日最没有根据而又最有毒害的妖言是讥贬西洋文明为唯物的,而最尊崇东方文明为精神的"

胡适认为那些高谈精神文明或物质文明的人,讨论的时候往往没有共同的标准,所以有关争论只能流于形式和表面,不能有深入实质的探讨,基于此,他提出了文化与文明的概念作为介入这一问题论争的前提,"文明是

---

① ② ③ 三无:《文明进步之原动力及物质文明与精神文明之关系》,《东方杂志》,1921年第17期。

一个民族应付他的环境的总成绩;文化是一种文明所形成的生活的方式;凡一种文明的造成,必有两个因子:一是物质的,包括种种自然界的势力与质料;一是精神的,包括一个民族的聪明才智,感情和理想。凡文明都是人的心思智力运用自然界的质与力的作品,没有一种文明单是精神的,也没有一种文明单是物质的"①。所以在胡适看来,那种把东方文明看成高尚的精神文明,把西洋文明看成唯物的、偏重肉体上享受的物质文明"含有灵肉冲突的成见,是错误的成见。"这是因为,"精神的文明必须建筑在物质的基础之上"。②而蔑视物质文明或压抑人们欲望的所谓东方精神文明则容易导致懒惰的社会氛围的养成,从长远来看,这不利于一个社会的持续健康发展。

胡适认为近代西洋文明不仅在物质进步方面远胜过东方文明,而且随着物质文明的进步,精神文明也取得了长足发展。所以他明言:"西洋近代文明绝不轻视人类的精神上的要求。西洋近代文明能满足人类心灵上的要求的程度,远非东洋旧文明所能梦见。"③近代西洋精神文明的发展成就主要体现在科学精神的提倡、人类自我信任心理的铸造以及社会化道德的养成等方面。

3. 刘麟生④:"物质文明与精神生活,相辅而行"

对于时人把西方文明说成偏重物质,东方文明偏重精神的观点,刘麟生批判地提出:"慨然谓西方文明,偏于物质,东方生活,偏重精神。慰情胜无,聊以自解则可;若视为至理名言,不特遗害匪轻,且不合逻辑。西方无精神文明乎?何以洛克康德之哲理,为人称道弗衰? 东土无物质文明乎? 何以建筑雕刻,尚

---

①②③ 胡适:《我们对于西洋近代文明的态度》,《现代评论》,1926年第83期。

④ 刘麟生(1894—1980),安徽庐江人,字宣阁。学者、词人、翻译家、外交家、鉴赏家。毕业于上海圣约翰大学政治系。曾先后任商务印书馆、中华书局编辑。1927年起任南京金陵女子文理学院教授。1949年左右渡海赴台,后任职于台湾驻美外事机构。他工古文学,擅英文,亦精鉴赏,一生著述颇多。《燕居脞语》是其一本文言文笔记著作。

留今人凭吊？"①他认为西方的物质文明可以产出与其相应的精神文明,而东方的物质文明落后也会制约精神生活的层次,"水料不洁,疫疠滋生,衢路崎岖,偏劳筋力;居者有生命之忧,行者无康庄之乐"②。所以,没有物质文明,就没有精神上之幸福。因为物质文明的产生也就是为了改进人群之生活,使其更安适更愉乐而已。在物质文明推进的过程中会出现种种弊病,但这需要通过发展与其相应层次的精神文明予以纾解和滋养,而不是选择自绝于物质文明的错误之道。总之,物质文明与精神生活,相辅而行。

4.林语堂:"无论何种文明都是有物质和精神两方面"

林语堂对时人把西方文明称为物质文明、机器文明,而自称中国文明为道德文明、精神文明的看法颇有异议。他关于这一论题的看法有以下几个层次:

其一,物质文明并非西洋所独有。在林语堂看来,把东西文明当作物质文明与精神文明相对抗的观点,无外乎是想表示中西文明是性质不同的文明,没有可比性。然而事实是,"东西文明同有物质与精神两方面,物质文明并非西洋所独有,精神文明也并非东方的奇货"③。所以,说西方文明是物质文明,东方文明才是精神文明的人根本没有看清东方文明的实质。

其二,西方有机器文明未必无精神文明。东西文明都有物质文明,只不过西方的物质文明集中体现为机器文明,东方的物质文明尚处于手艺阶段。

其三,东方没有机器文明,不是便有精神文明之证。东方文明,自有东方文明的精神。说西方文明没有精神文明,固然不对,而说东方文明没有精神的方面,自然也是粗浅之见。我们要知道东方没有机器文明,不过是说其工业尚在手艺时代,政治处在封建时代。中国"这种工业的手艺文明,与政

---

①② 刘麟生:《物质文明与精神生活》,《生活(上海1925A)》,1926年第5期。

③ 林语堂:《机器与精神(1929年12月)》,载罗荣渠编:《从"西化"到现代化——五四以来有关中国的文化趋向和发展道路论争文选》(上册),黄山书社,2008年,第183页。

治的封建文明,自有他特殊的诗趣,也有特别精神上的美致与慰安。这种精神上的慰安与美致最容易于美术上以图画诗歌表现出来"①。此外,中国人忍耐的美德、听天由命的德性以及中庸不偏的涵养的功夫,再加上会做表面文章等,都是和西方不同的精神表现。所以,不要以为中国机器文明不发达,就可以反过来佐证中国精神文明发达,这种逻辑推演是不成立的。

其四,西方的机器就是精神之表现。我们要知道西方机器的发明,背后是有精神文明支撑的,主要是科学的创造;而西方舶来品能够畅销于世,也有敢于冒险、精益求精的商业精神作为砥砺。

其五,西方的机器文明非手艺文明人所配诋毁的。在林语堂看来,东方精神文明论者对于西洋机器文明弊病的指责是不够格的。因为即使欧战显示出西洋的机器文明存在不足,但也应该基于现代的机器文明原理去发掘问题,进行自我剖析和解决,而不是上古的东方精神文明所能够染指和补益的。而反观中国自身,物质文明和精神文明都尚处于欠发达的阶段,所以为了救国图存,必须要有学习西方先进文明的紧迫感,"我们不会学西洋人,至少也得学东洋人,中国人早肯洗心革面彻底欢迎西欧的物质文明,也不至有今日龙钟的老态了"②。

总之,在林语堂看来,"大凡说哪一方是物质文明,哪一方是精神文明,都是过于笼统肤浅之谈。无论何种文明都是有物质和精神两方面,并且同一物质方面也有他的美丑,同一精神方面,也有他的长短"③,不能只用物质或精神两个词作为招牌盲目冠之。

5.陈独秀:"精神生活不能离开物质生活而存在,精神生活不能代替物质生活"

---

①③ 林语堂:《机器与精神(1929年12月)》,载罗荣渠编:《从"西化"到现代化——五四以来有关中国的文化趋向和发展道路论争文选》(上册),黄山书社,2008年,第185页。

② 同上,第190页。

　　早期马克思主义者陈独秀对把东西文明看作是精神文明与物质文明之异的观点持批判态度。他进而提出这种批判并不意味着精神文明不重要，只是因为，"我们是说精神生活不能离开物质生活而存在，我们是说精神生活不能代替物质生活。我们不是迷信欧洲文化以为极则，我们是说东方文化在人类文化中比欧洲文化更为幼稚。我们四万万人中，至少总有二万万人不能由正当手段得着衣食住的物质生活资料，还有何心肝来高谈什么精神生活！我们四万万人中，至少总有三万万人不认识我们这倒运的象形字，还有何脸面来高谈什么东方文化！"①在他看来，"其实人类之文化是整个的，只有时间上进化迟速，没有空间上地域异同"②。所以东方文化只要奋起直追，也就能赶上甚至超越西方的现代文明，这才是东方国家尤其是中国应该走的文明发展的正途。

　　6.沈泽民："西方文明中并非没有精神要素，东方文明中并非没有物质要求"

　　印度诗人泰戈尔曾提出东方的精神文明和西方的物质文明是沿着不同轨道发展起来的，并且东方的精神文明是比西方的物质文明高一等级的"人类第三期文明"。如1924年他在来华讲学期间比较细致地阐述了这一观点，"物质文明虽然负有光滑的表面，但却不如精神生活有活泼自然的愉慰，能给人以真实的充实生命"。因此，物质文明"只能用来辅助精神生活的发展，而不能为使精神为其所制服所扑灭，而造成无上之烦闷"。③他认为中国文化的优越之处就在于"她的历史上向来都是使物质受制于精神"，但是现在中国和印度都大受西方物质文化之浸染，变得呆滞、偏枯，所以他警告中国人，"要晓得幸福便是灵魂的势力的伸张，要晓得要把一切精神的美牺牲了

---

①② 陈独秀：《寸铁：二十七、精神生活东方文化》，《前锋（广州）》，1924年第3期。
③《东方文明的危机》，《文学》，1924年第118期。

去换得西方的所谓物质文明,是万万犯不着的"。相反,我们"应当竭力为人道说话,与惨厉的物质的魔鬼相抗,不要为他的势力所降服,要使世界入于理想主义、人道主义,而打破物质主义"。因为在他看来,"西方的物质文明,几年前已曾触过造物主的震怒,而受了极巨的教训(这主要意指欧战带来的悲惨结局——引者注),我们东方为什么也似乎一定非走这条道路不可呢?"①泰戈尔当时的基本主张根据早期马克思主义者沈泽民的概括主要有:"其一,西洋人和东方人的文明是各趋一条轨道的。西洋人的轨道是力的发展,结果造成物质文明,使他们在形式上战胜了世界。东方人的轨道是情的发展,结果培养精神文明,使他们在实际上能承受世界;其二,物质文明即智力文明,是人类的第二期世界。精神文明现在潜流着,但等到物质文明自己死灭时,即自露头角,出来造成人类的第三期世界。其三,物质文明的要死灭,是必然的事。"②沈泽民对泰戈尔在中国鼓吹的这类东方文明尤其是印度文明优越性的论断提出了质疑和批判。他认为"自命是个理想主义者"的泰戈尔是个极端反科学的人,泰戈尔的上述论断是不正确的,因为在沈泽民看来,所谓精神和物质,不过偏畸重轻之别罢了,其基本评断如下:

首先,他认为,文明的概念有综括的和分析的两种界说,"依综括的界说,文明是一个民族的共同的生活意向与生活状态;依分析的界说,文明是民族的衣,食,住,风俗,习惯等等的集合名称"③。以此观之,但凡在文明之前加上精神的、物质的等修饰词,主要是表示这种文明比较偏重于某一方面而已,而不是意味着完全不具备其他内涵,"印度人虽是精神文明的代表,总不得不穿衣,吃饭(或者是吃檬果,香焦),西洋人虽是物质文明的代表,却是快活了也知歌舞,悲伤了也知哭泣"④。所以,不能把某种文化的成分绝对化、单一化。

其次,从马克思主义唯物史观来看,人类历史发展是遵循"经济定命律"

---

① 《东方文明的危机》,《文学》,1924年第118期。
②③④ 沈泽民:《评"人类第三期之世界"》,《中国青年》,1924年第31期。

这一基本规律的。所以东西之间主要体现在发展阶段或程度的不一,"十八世纪以前的欧洲文明,与今日的亚洲文明是一般,并无大的不同可言,更分不出那个比那个更精神或者更物质"[①],因为当时东西方都处在手工业发展时期,所以虽各具特色,但所产生的文明大体相似,"泰戈尔所称颂不置的东方文明,正是西洋诸国曾经过了好几千年,至最近工业勃兴后才改变的。它们并非完全相等⋯⋯然而从社会的阶级组织上看来,人民的生活方法看来,大致是一般"[②],而不能简单地定性为精神文明与物质文明之区别,因为西方文明中并非没有精神要素,东方文明中并非没有物质要求。

最后,沈泽民认为,东方文明是手工业文明的代表,西方文明是机器工业发展的表现,"东方文明,不过是手工业时代的一种现象而已,欧洲各国先曾经过这个阶段,然后由机器工业的勃兴而转入最近的物质兴隆的现象。并且照人类进化的程序看来,由手工业过渡到机器工业正是一个必不可免的步骤"[③]。所以,泰戈尔所鼓吹的"人类第三期文明"——东方文明在沈泽民看来已经处于几乎灭绝的境地,更别侈谈复兴了。而未来真正的文明,有希望的精神文明与物质文明协调发展的是走俄国的路,用"社会科学"指导人民经过革命取得政权,推翻占有一切物质文明的资产阶级之后才能达致,而不能无视物质文明的发展,违背历史规律,玄想般地渴求东方精神文明解救民众的疾苦。

7. 常乃惪:"说东方文化是精神的自然是不对了,说西方文化是物质的也是胡说"

对于有些文化学家将东西文化区分的标准定为精神文明与物质文明,常燕生则持异议,"'精神的'三字应当怎样解释? 倘若吃酒,打牌,逛胡同,谋差使,变兵打仗都算做精神的生活,则诚然在东方都是古已有之的,但我

---

①②③ 沈泽民:《评"人类第三期之世界"》,《中国青年》,1924年第31期。

听说西方这样的精神生活却也是很多很多,麻雀牌虽是从中国输入的,但扑克却是西方自造,两下和算起来也不见其谁高谁低。倘若吟诗作赋讲道谈玄才算是东方独有之秘,那么西洋也有怕机器损了自然之美的诗人,也有研究鬼学的博士,也并不让黄帝子孙独擅其美,同样的东方也有戡天主义的哲学家,也有福虚祸虚的批评家,也有利用厚生的政治家,也有信仰黑漆一团的老头儿,也有抱着饮食男女的大欲的小伙子们"①。所以,到底何谓东方的精神文明和西方的物质文明?依我们之见,"说东方文化是精神的自然是不对了,说西方文化是物质的也是胡说"②。

不仅如此,他还提出一种观点,即中国固有文明根本不是什么精神文明,这与常燕生对精神文明内涵与属性的独特认知相关,"中国人实在是个实际的民族,对于精神方面发达的很欠完备,具体体现在,第一,中国人对于精神的观念很薄弱,上古所祀诸神如勾芒、后土、祝融、蜡之类,没有不是与民事有关的。可见她们的神祇是实际生活的代表,不是精神生活的代表,与希腊诸神代表抽象观念的大不相同。第二,中国的哲学最古如《洪范》五行,《周易》八卦,都是言人事的书。第三,中国人对于求真的思想最不发达。第四,中国人对于审美的观念也很薄弱。第五,中国人没有为真理拥护的决心,也没有搜索真理的毅力"③。因此,中国固有的文明,并不能被称作完全的精神文明,因为他的文明是偏枯的、局部的;是偏于实际的、功利的,是偏于善的,不是真善美三者平均的。我们从常乃惪对于中国固有文明不是精神文明的解释,可以概括出他所认为的精神文明应当至少表现为丰盈的、整阔的,发育完全的;具有一定的超越性、非功利性,并追求真善美相对平均发展的文明样态。

---

① ② 常燕生:《什么叫做东方文化》,《莽原》,1925年第7期。
③ 常乃惪:《东方文明与西方文明》,《国民》,1920年第3期。

二、新旧之差

从理论上来说,新旧之争在中国古已有之,因为新旧之别首先体现在时间维度上,如杜亚泉所言:"盖新旧二字,本从时间之观念发生,其间自含有时代关系。时代不同,意义亦异。"①古往今来,既然时间一直勇往向前、奔腾不息,那么新旧之间的关系就会随着时间的流转而被人们赋予不同的意涵,新旧之间的话题也就会不断被人们提及和讨论,比如日常生活中的辞旧迎新、除旧布新等语汇也能直接反映民众对新旧关系的一种看法。只不过人们往往不自觉地对"新"颇为喜爱,对"旧"可能心生厌恶,所以这时常会造就一种喜新厌旧的社会心态。在中西交流日渐频繁的近代中国,新与旧的关系不仅蕴含着时代性差异,而且往往更意味着中西地域之异。尤其是近代中国是在屈辱和被动中与西方接触的,时人从民族心理上,更愿意从新旧关系上讨论中西之间的关系,相比较而言,对充满强烈对冲性反差的"中西"一词会有相当的抵触和拒斥,而当时中国也出现了一种西方的即是新的,新即是"是",而中国的即是旧的,旧即是"非"的社会风气。正如历史学者罗志田所言,"近代史上的中、西、新、旧,各自都有其独立的意义,不过相互依存的一面似更显著。中西和新旧之间的关系,尤更密切而纠结。在某种程度上,正因中国在对外竞争中的屡屡失利,'中西'的认同已带有太多的感情色彩,承载着强烈的价值判断,才逐渐被更超越的'新旧'所取代。""作为实体的中西,本是相对固定的,而新旧则一直处于发展之中。而近代中国的新旧更多是中西的表现"。②所以,在20世纪20年代的东西文化论战中,时人关于东西文化之不同的论争有一个重要维度就是新旧之争,而当时的新旧之争,其

---

① 伧父:《新旧思想之折衷》,《东方杂志》,1919年第9期。
② 罗志田:《道出于二:过渡时代的新旧与中西》,《读书》,2013年第6期。

实质仍是从另一个侧面深化对东西文化之别的探讨。

（一）新旧之争的实质：更多地体现在对东西文化的态度之争

20世纪20年代东西文化论战中关于新旧之争的论题，主要是围绕如何看待东西文化的态度展开的，如杜亚泉提出的"西洋之现代文明，乃不适于新形势，而将失其效用"，所以"吾人若因时代之关系而以新旧二字为之标志，则不能不以主张创造未来文明者为新，而以主张维持现代文明者为旧"。①这一观点中隐蕴着对东西文明持调和、折衷的态度和立场。蒋梦麟则针锋相对，更为直接地提出，新思想实际上意味着一种态度，"若那个态度是向那进化方面走的，抱那个态度的人的思想，是新思想。若那个态度是向旧有文化的安乐窝里走的，抱那个态度的人的思想，是旧思想"②。蒋梦麟此处提及"向那进化方面走的态度"主要强调对那些保守旧思想，排斥西方新思想观点的批评。因此，从二者的这一争论中，我们可以比较清晰地体察他们的分歧是对西方现代文明和东方文明态度上的不同。

此外，这种新旧之争首先体现在对东西文明态度的不同上，还可以从时人对于新文化运动所持的不同看法中得以窥见，如吴宓提出，"新文化运动，其名甚美，然其实则当另行研究。故今有不赞成该运动之所主张者，其人非必反对新学也，非必不欢迎欧美之文化也。若遽以反对该运动之所主张者，而即斥为顽固守旧，此实率尔不察之谈。"再者，他还认为"今新文化运动，于中西文化所必当推为精华者，皆排斥而轻鄙之，但采一派一家之说，一时一类之文，以风靡一世，教导全国，不能自解，但以新称，此外皆加以陈旧二字，一笔抹杀"。③而他则在分析中西新旧之复杂关系的基础上，提出了中国未来文化发展之正途乃是"兼取中西文明之精华而熔铸之，贯通之"，"诚能保

---

① 伧父：《新旧思想之折衷》，《东方杂志》，1919年第9期。
② 蒋梦麟：《何谓新思想》，《东方杂志》，1920年第2期。
③ 吴宓：《论新文化运动》，《学衡》，1922年第4期。

存国粹,而又昌明欧化,融会贯通,则学艺文章必多奇光异彩"。[1]吴宓的这些论说可以进一步力证当时的新旧之争,更多的是在阐明对东西文化发展中如何协调关系的看法。

章士钊在看到时人对中国旧道德不深入研究,皆倡言排斥,而对西洋之"相类之学"浅尝辄止,就奉为神圣的不良风气也十分担忧,"近人于国学不加研究,因之中国旧道德之为何物,虽昌言斥排,而实一无所知者,殊不乏人。往往吾国早有是说,绝不留意,而于西洋相类之学,粗知一二,崇若神圣"[2]。如果只是因为西方为"新",中国为"旧",就盲目学习西洋一切文化,把中国传统文化悉数抛却,那么可能会带来灾难性的后果,"因谋毁弃固有之文明务尽,以求合于口耳四寸所得自西方者,使之毕肖……其极非至尽变其种,无所归类不止"[3]。因此,他倡导新旧文明、东西文明要适当调和发展,我们从中可以看出,他在论及新旧关系时也是着眼如何处理好东西文化之未来发展,只不过他的立场是主张调和论而已。

(二)新旧之间能否调和之争

1.陈独秀:"新旧两种法子,断然不能相容"

其实对于新旧能否调和之问题,陈独秀早在1918年7月《新青年》第5卷第1期发表的《今日中国之政治问题》一文中就倡言新旧断然不能调和,"因为新旧两种法子,好象水火冰炭,断然不能相容"[4]。在1920年即将来临之际,他又慷慨陈言,"新旧因调和而递变,无显明的界线可以截然分离,这是思想文化史上的自然现象,不是思想文化本身上新旧比较的实质。这种现象是文化史上不幸的现象,是人类惰性的作用,是人类文明进化上一种障碍"[5]。所以,

---

① 吴宓:《论新文化运动》,《学衡》,1922年第4期。
② 孤桐:《新旧》,《甲寅》,1925年第8期。
③ 孤桐:《评新文化运动》,《甲寅》,1925年第9期。
④ 陈独秀:《今日中国之政治问题》,《新青年》,1918年第1期。
⑤ 陈独秀:《调和论与旧道德》,《新青年》,1919年第1期。

调和只是客观的自然现象,不能主动加以提倡。张东荪当时也持有类似的观点,他认为在社会处于"潜变时期"不宜提倡调和,要不然就抹杀了新思想、新事物的酝酿和生长,"新的逐渐增加,旧的逐渐汰除,这便是新旧不调和的明证"。"在思想内也有潜变与突变,就是有变的酝酿与变的发生。酝酿是不能调和的,现在是思想的潜变时代,所以不能调和,一经调和,那未成熟的新思想便消灭了。"基于此,他甚至认为,"守旧论不足阻害新机,而调和论最是危险"。①不仅诸如陈独秀等新文化运动时期主张全力学习西方的干将们反对新旧调和,就是被时人称为极端保守的势力也主张新旧不可调和、势不两立,这可以从朱调孙对当时思想氛围的描述中得以窥探一二,"今之新思想急进派者,目睹旧社会日趋于衰落境况,急思扶掖国人同登福利之域……旧的思想皆应铲除净尽,无复孑遗;古的事物,今日皆无价值;古时伟人,今日皆等草芥。盖其时间性已过,绝对不承认新旧思想有调和之余地也。"相较之下,极端守旧者"则抵扑新思想不遗余力。其视新学说如洪水猛兽。"总之,当时中国社会中"新旧极端思想彼此冲突,各据一隅"。②

2. 王水公:"'新''旧'各存在各的价值,不能够调和"

时人王水公也提出了新旧不可调和的论断,"'新''旧'只有对自己负'适应'的责任,各存在各的价值,不能够调和"③。他提出这一观点是基于以下论据基础上的:

首先,他认为从宇宙运行的态势,尤其是从时间的不可分割性观之,是不分新与旧的,"世界的生命,不能离开时间独立的,但是时间没有可割的性,从才有世界以来,到世界 X 年以后,时间是一个大球体;那一段可以叫做古,那一段可以叫做今,无论那一个人用怎样的方式去解答他,总是不可能

---

① 张东荪:《答章行严君》,《时事新报》,1919年10月12日。
② 朱调孙:《研究新旧思想调和之必要及其方法》,《东方杂志》,1920年第4期。
③ 王水公:《新和旧》,《东方杂志》,1920年第3期。

的。既然对着本体不能够分割,那么这些抽象的形容词,新啊,旧啊,到反可以加得上么?"①

其次,既然从宇宙运行和时间自身不可分割的属性来看,无法得出新旧的界限,那么当时社会思想界所时常提及的新旧之争只能归为一种假设,既然如此,那么对于所谓新旧的价值只能历史性地看待和评析,"'新''旧'既经是假定的,他的价值,自然只得根据那文化的历史上讨论"②。所以,对于旧人物(意指历史人物)如孔子等的思想就要历史地做出评判,不能苛求古人,对于新的社会现象也要适时看待,不可盲目拒斥。

最后,他提出不同人对所谓"新""旧"事物的不同观感和体悟是由于时空条件的不同和错位造成的,"新旧"事物本身并不必然与"好坏"等价值判断直接画等号,"'新''旧'只有对自己负'适应'的责任,各存在各的价值。……'旧'不是'坏',是'不适应'。'新'不是'成绩',是'连续移行的手续'"③。新与旧由于不同的时空属性是不能相互调和的。

3.章士钊:"新者早无形孕育于旧者之中"

在章士钊看来,不能把新旧关系绝对化,他认为新旧之间是一种难解难分、调和杂糅的关系,"时代相续状如犬牙,不为枘比……新时代之所谓新,亦犹前言一种权宜之词耳,非有悠久固定之质者也"。所以新时代决非无中生有,天外飞来之物,而是代代相承,连绵不断的,"新者早无形孕育于旧者之中,而决非无因突出于旧者之外。盖旧者非他,乃数千年来巨人长德方家艺士之所殚精存积、流传至今者也"。所以,"今之谈文化者,不解斯义,以为新者,乃离旧而僻驰,一是仇旧,而惟渺不可得之新是骛。宜夫不数年间,精神界大乱"。④这就内在决定了新旧之间是承续不断的关系,不能断然析出并确立鸿沟。

---

① ② ③ 王水公:《新和旧》,《东方杂志》,1920年第3期。
④ 孤桐:《评新文化运动》,《甲寅》,1925年第9期。

诚然,在文化领域尤其是道德领域,由于种种原因,不同的文化现象和道德观念时常处于新旧交织、杂糅纠缠之境地,这种状况在社会历史转型时期表现得尤为显著,我们不能因为某种道德是历史的或"旧的",就武断地抛却,因为优良道德传统作为人类代代存续的精神助力是需要继承和发扬的,只不过要结合新的时代形势予以恰适地发掘和阐发,可谓"旧之云者,又确非悉可屏弃之物"。

但与此同时,我们也不能陷入另外一种极端,即新旧决然不可分,新旧是没有任何区别的相对主义泥潭。优良的传统道德需要承继与发扬,但是我们也要培养适应新形势的新道德,以期调节新社会中的复杂人际关系,而不能只用"道德急于复旧"一语概括之。而章士钊提出的"欧洲之所应为,一面开新,必当一面复旧;物质开新之局,或急于复旧,而道德复旧之要,必甚于开新。其在吾国,亦如是观"①。这一论断虽然指出了当时欧洲和中国道德领域出现了堕落乃至退化之乱象,但遗憾的是,章士钊没有意识到这一问题真正有效的解决不仅在于"回头看",即发扬优秀传统道德,更要"着眼当下",乃至适时"向前看",培育新的更适合当前形势发展的道德规范,从而调节和规约新的社会行为。

(三)新旧之异是否意味着"是非"之别?

在20世纪20年代东西文化论战过程中有关新旧之争的主题下,内嵌着一个重要维度,就是新旧之异是否就意味着是非之别? 即新的就是"是",旧的就是"非",或者旧的就是"是",新的就是"非"? 其实,杜亚泉和蒋梦麟在1920年前夕就"新旧"与"是非"的论题展开过争辩,杜亚泉当时还提出了不以新与旧作为是否赞成某观点的唯一标准,"新思想之赞成与反对,当视其内容如何而后定,吾人决不以其名义为新思想而赞成之,亦决不

---

① 孤桐:《新旧》,《甲寅》,1925年第8期。

以其名义为新思想而反对之"①。这里既含有价值立场的考虑,也警醒我们要审慎地分析和评判"新旧"与"是非"的关系。20世纪20年代关于"新旧"与"是非"主题的论争是前两个有关新旧主题论战的深化,可以说,把原来关于"新旧"的事实判断拓展到了"是非"的价值判断,时人这一判断结果的不同可能会直接影响其对于新旧的态度,乃至对于东西文化之性质与地位的不同认知。

1.吴宓:"旧者不必是,新者未必非"

如吴宓就鲜明地提出了"旧者不必是,新者未必非,然反是则尤不可"的观点,当然这一论断的提出是基于他对新旧内涵的认知基础上的,究竟何者为新? 何者为旧? 他认为很难判定,这是因为"天理、人情、物象,既有不变者存,则世中事事物物,新者绝少。所谓新者,多系旧者改头换面,重出再见。常人以为新,识者不以为新也。故凡论学应辨是非精粗,论人应辨善恶短长,论事应辨利害得失,而不应拘泥于新旧"。②中国历史上出现过把新旧绝对化、新旧价值也绝对化的情形,中国近代史开始以前,大都把"新"作为所谓离经叛道加以贬斥、镇压,而当国门逐渐洞开之际,盲目趋新,以"新"为绝对之是的问题,和旧则代表着"非",意味着保守等乱象也屡屡频现,这正如吴宓所指出的:"昔之弊在墨守旧法,凡旧者皆尊之,凡新者皆斥之,所爱者则假以旧之美名,所恶者则诬以新之罪状,此本大误。今之弊在假托新名,凡旧者皆斥之,凡新者皆尊之,所恶者则诬以旧之罪状,所爱者则假以新之美名,此同一误。"③这确实反映了时人对于新旧与是非之间的关系没有辩证、理性的分析和认识,这对于思想舆论界理性评判新旧、客观认识中西是很不利的。因此我们对于吴宓曾经的倡言,"绝去新旧之浮见,而细察个中之实情,取长去短,亲善远恶,以评判之眼光,行选择之正事,而不为一偏之

---

① 伧父:《何谓新思想》,《东方杂志》,1919年第11期。
②③ 吴宓:《论新文化运动》,《学衡》,1922年第4期。

盲。"①要认真加以倾听和省思,努力做到既不盲目趋新,也不顽固守旧,而是要秉持客观理性之态度,选择符合实际的文化建设与发展之路,努力做到不唯新、不唯旧,只唯实、只唯真。

2.陈大齐②:"以'新旧'为'是非'底标准,是错误的"

时人陈大齐对于当时中国社会中出现的以"新旧"作为评判"是非"标准的现象进行了描述,"'一切旧的都是是的'和'一切新的都是是的'虽然主张正相反对,其以'新旧'为'是非'底标准,却是相同的——不过'新旧'和'是非'底配合不同罢了"③。他对这一问题发表了几点颇有启发性的看法:

首先,他直言不讳地对当时这种社会思潮表明了自己的态度,"以'新旧'为'是非'底标准,是错误的,所以'一切旧的都是是的'和'一切新的都是是的'都不免是一偏的见解。旧的不一定是是,也不一定是非,新的也是如此。我们要讨论是非,当以是非为是非,不当以新旧为是非"④。在他看来"是非"的内涵可以适当扩展,如包括善恶、好坏、美丑、对不对、有没有用等。

其次,他认为新旧之所以不能作为是非评判的标准,是因为新旧是一种事实上的描述,而是非则是一种价值上的判断,二者的性质不一样。而"事实自身本无价值,价值是主观所赋与的,是平衡以后才生出来的。价值固难离事实而存在,然不能因价值以证明事实。以'新旧'为'是非',便是犯了混淆底毛病"⑤。

最后,他和吴宓有类似的看法,即如果仅仅以新旧作为判断是非的标准,从历时性维度观之,很可能会导致极端崇古或尚今,"前人以旧为是,以新为非,我们青年以新为是,以旧为非,趋向虽然不同,根本的误谬却是一样"⑥。从共时性维度看,尤其是在近代中国,这往往导致盲目崇洋情绪的泛

---

① 吴宓:《论新文化运动》,《学衡》,1922年第4期。
② 陈大齐(1886—1983),字百年,浙江海盐人,深耕普通心理学,是中国现代心理学的先驱之一。
③④⑤⑥ 陈大齐:《新旧和是非》,《学艺》,1923年第2期。

滥,也会导致极端尊中排外的民族妄自尊大问题,"近来输入的欧洲文明大都是我们素来所没有的,在我们看来,大都是新的。所以'新的都是是的'的思想就成了'外国的都是是的'。近来的人做事情,无论是好事或坏事,都先要问问看,在外国有没有先例"。"我们往往非难中国固有的思想,称之谓古人底奴隶,我们现在渐渐要变成外国人底奴隶了。思想上的奴隶是一样的,不过换了一个主人翁罢了"。①这些都是不正确、不健康的民族心理。

所以,他倡言"以是非为是非的主义。无论是新的旧的,是的便是,非的便非,纯以是非为是非,不以新旧为是非。旧而非的,我们自然应当竭力打破,新而非的,我们也当大着胆子去攻击,不可为那'新'所吓退"②。最后他也郑重强调:"提倡以是非为是非,既非有意和新派为难,也不是助旧派张目。所以新派不必引此文为冤家,旧派也切不可引之为同调。"③凡单纯以新旧为是非的,无论走哪一个极端方向,都是他所排斥的。这不仅清晰地表明了他对新旧问题之争的立场,也从另一层面有力印证了新旧之争与东西文化论争的密切关联性。

三、动静之异

中国哲学中很早就有关于"动"和"静"这对范畴关系的阐发,据北京大学李中华教授的研究,"'动'与'静'是中国哲学史上一对重要范畴。它较早出现于《周易》、《老子》等先秦典籍中。可以说,从先秦到近代,哲学家们一直沿用这对范畴来表达哲学发展观"④。如把动与静作为一对范畴来加以考察,是由老子开始的,他说:"夫物芸芸,各复归其根,归根曰静,是谓复命"(《老子·十六章》),此句意指事物及其运动变化最终都要回到它的老根,即

---

①②③ 陈大齐:《新旧和是非》,《学艺》,1923年第2期。

④《中国哲学史研究》编辑部:《中国哲学史主要范畴概念简释》,浙江人民出版社,1988年,第83页。

归于虚静。因此在老子看来,动是暂时的,静乃事物运动的最终归宿,从而得出了"静为躁君"的结论。总而言之,中国古代哲学对于动静关系的描述总体偏于形而上,而且把静作为永恒的、绝对的,把动作为暂时的、相对的。只有到了明清之际,王夫之才对动与静关系做了朴素辩证的论说,如"动静者乃阴阳之动静"(《正蒙·大易注》);"动极而静,静极而动……方动即静,方静旋动,静即含动,动不舍静"(《思问录·外篇》)①等等,把东方文明当作静的文明,而称西方文明为动的文明,这是一种尝试从性质上区分两种不同文明的界说。当然这种认知和评断东西文明的方式并不始于20世纪20年代。近代中国一些思想家们以静动之别来审视东西文化,主要是想证明东西文化之间只是性质差异,而程度上并无优劣之分。五四新文化运动以来,尤其是第一次世界大战结束前后,西方文明的至精至当性、绝对优越性受到时人的一些质疑,所以关于东西文明之间是否是静动之别的论争又见诸报端,引起当时思想舆论界的侧目,在此枚举几例代表性观点:

1. 杜亚泉:"西洋社会为动的社会,我国社会为静的社会。由动的社会,发生动的文明,由静的社会,发生静的文明"

如杜亚泉认为:"西洋社会为动的社会,我国社会为静的社会。由动的社会,发生动的文明,由静的社会,发生静的文明……动的文明具有都市的景趣,带繁复的色彩,而静的文明具田野的景趣,带恬淡的色彩。"②从东西两种不同性质的文明发生的效果来看,"动的社会其个人富于冒险进取之性质,常向各方面吸收生产,故其生活日益丰裕。静的社会专注意于自己内部之节约,而不向外部发展,故其生活日益贫啬。盖身心忙碌者,以生活之丰裕酬之;而生活贫啬者,以身心之安闲偿之。以个人幸福论,丰裕与安

---

① 《中国哲学史研究》编辑部:《中国哲学史主要范畴概念简释》,浙江人民出版社,1988年,第83~89页。

② 伧父:《静的文明与动的文明》,《东方杂志》,1916年第10期。

闲孰优孰劣,殊未易定"①。所以,在杜亚泉看来,东西文明之间只是性质之异,而非程度之差,东西文明各有自己的特质,且西方文明最近破绽百出,而东方文明正可以补益西方文明之弊,"西洋文明浓郁如酒,吾国文明淡泊如水,西洋文明腴美如肉,吾国文明粗粝如蔬,而中酒与肉之毒者则当以水与蔬疗之也"②。

诚然,如上所述,在杜亚泉看来,东西文明是性质不同的两种文明,而且各有优势与不足,"吾国社会之症状,即贫血之症状也。西洋社会之症状,即充血之症状也。两文明之结果,其不能无流弊,盖相等也"③。所以,为了未来世界真正文明之开创,既不能拒斥欧风,也不要侈谈国粹,但是要以静的文明(即东方文明)为基础,这是因为,"凡社会之中,不可不以静为基础,必有多数之静者,乃能发生少数之动者"④。虽然这是杜亚泉在20世纪20年代以前发表的对于东西文明作为"静动"两种不同文明的关系与前途的看法,但是这可以相当程度上窥探出时人对于东西文明是否为"静动文明"之别的论说。

当时泰戈尔来华讲学,并接受冯友兰采访时,对于东西文明之关系也有类似的分析,他也认为东西文明之间是种类的差异,"西方的人生目的是'活动',东方的人生目的是'实现'。西方人讲活动进步,而其前无一定目标,所以活动渐渐失其均衡。现只讲增加富力,各事但求'量'之增进;所以各国自私自利,互相冲突。依东方之说,人人都已自己有真理了,不过现有所蔽;去其蔽而真自实现"⑤。除此之外,他也认为东西文明之别体现在"东方文明主静,西方文明主动,两样都不能偏废。有静无动,则成为'惰性';有动无静,则如建楼阁于沙上。现在东方所能济西方的是'智慧',西方所能济东方的是'活动'"⑥。他在称赞东方文明充满智慧,能够救济、补益西方文明之弊的同时,还明言中国文化中比较缺乏科学精神,所以他倡导中国要积极主动地

①②③④ 伧父:《静的文明与动的文明》,《东方杂志》,1916年第10期。
⑤⑥ 冯友兰:《与印度泰谷尔谈话(东西文明比较观)》,《新潮》,1921年第1期。

学习西方的科学！

2.李大钊："东洋文明，是静的文明；西洋文明，是动的文明"

早期马克思主义者李大钊对于东西文明的性质以及二者的关系等问题也十分关注，而且早在 1918 年 7 月发表的《东西文明根本之异点》一文中他就对东西文明是否是"静动之别"做出了自己的分析和评判，"东洋文明主静，西洋文明主动是也。……东人之日常生活以静为本位，以动为例外；西人之日常生活以动为本位，以静为例外"[①]。而且在此基础上，他认为当时东西文明都出现了不同程度的危机，以东方文明言之，"衰颓于静止之中"；而西洋文明则"疲命于物质之下"，所以世界文明的出路和前景就在于开创新的第三种文明，其中俄罗斯文明能够充当东西文明融合创新的媒介，但关键是东西两种文明能够适时觉醒，认识到各自的不足，从而吸收彼此的优势，方可"渡此危崖"。"东洋文明，宜竭力打破其静的世界观，以容纳西洋之动的世界观；在西洋文明宜斟酌抑止其物质的生活，以容纳东洋之精神的生活"。[②] 而对处于发展劣势的东方文明来说，要拯救自身危机，必须"虚怀若谷以迎受彼动的文明，使之变形易质于静的文明之中，而别创一生面"[③]。否则，很难祛除自身文化中的惰性和劣势。

1920 年初，李大钊在《新青年》上发表《由经济上解释中国近代思想变动的原因》一文，尝试用马克思主义唯物史观来分析东西文化之间的关系，"凡一时代，经济上若发生了变动，思想上也必发生变动。"而且更加清晰地提出"东洋文明，是静的文明；西洋文明，是动的文明"。[④] 在这篇文章中，李大钊尝试从经济变动与思想文化变迁的视域，分析中国传统的思想文化包括孔子主义、大家族制度与小农经济的内在关系。李大钊不仅指出了西方文明在资本主义时代面临的困顿，以及无产阶级文化的崛起和前景，而且更为深

---

①②③ 李大钊：《东西文明根本之异点》，《言治季刊》，1918 年第 7 期。

④ 李大钊：《由经济上解释中国近代思想变动的原因》，《新青年》，1920 年第 2 期。

刻和直接地批判了东方文明的守旧者,认为其钳制人们新思想发展的行径是不可取的,也是违背历史规律的,"那些钳制新思想的人,你们若是能够把现代的世界经济关系完全打破,再复古代闭关自守的生活,把欧洲的物质文明,动的文明,完全扫除,再复古代静止的生活,新思想自然不会发生;你们若是无奈何这新经济势力,那么只有听任新思想自由流行"①。 在这里,我们可以看出,李大钊不仅区分了东西文明"静动之别",而且也阐明了东西文明的程度之差异,把东方文明看作是小农经济的产物,是"古代静止生活"的产物。西洋文明较东方文明先进,因为它是"建立在工商经济上的构造,具有一种动的精神,常求以人为克制自然,时时进步,时时创造"②。

3.郭沫若:"以中国文化为静,西方文化为动,尚有斟酌的余地"

郭沫若对时人把东西文化之异归于"静动"之别的做法持有异议。他认为一国或一民族之文化受到年代、环境等因素的影响,很难纯然地用一种特质来界说,"动静本是相对的说辞,假定文化的精神可以动静划分,以中国文化为静,西方文化为动,我觉得尚有斟酌的余地。一国的或一民族的文化受年代与环境的影响,本难有绝对纯粹之可言"③。 这种从物质环境、时代条件等视域来分析不同文化的特质反映了郭沫若此时已尝试用马克思主义的观点和方法分析文化论题,有学者的研究也印证了这一点,"1923—1924年间,由于受革命潮流的推动,郭沫若逐渐抛弃了泛神论思想,开始在思想上转向马克思主义"④。为了研究的方便,在他看来,可以把世界旧文明粗略地分为四派:中国、印度、希伯来、希腊。印度思想和希伯来思想是同为出世的,中国和希腊的思想大体上是入世的,所以不能把这四者混为一谈。既然如此,假使静是指出世而言,动是指入世而言,那么和当时大多数时人认为中国文

---

① ② 李大钊:《由经济上解释中国近代思想变动的原因》,《新青年》,1920年第2期。
③ 郭沫若:《论中德文化书——致宗白华兄》,《创造周报》,1923年第5期。
④ 郑大华:《民国思想史论》,社会科学文献出版社,2006年,第211页。

明为静的文明,西方文明为动的文明之观点不同的是,郭沫若认为:"中国的固有精神当为动态而非静观。……我国的古代精神表现得最真切、最纯粹的总当得在周秦之际。我国的传统思想是注重现实、注重实践的。"[①] 除此之外,他还认为自佛教东传以来,中国固有的入世思想多受蒙蔽,民族精神已经沉潜了几千年,而要纾解中国几千年来"贪懒好闲的沉疴"以及"目前利欲熏蒸的混沌",我们必须要努力唤起中国文化固有之"入世精神",吸吮"欧西的纯粹科学的甘乳",这样我们才能够把动的文化精神恢复,以谋积极圆满的人生。

概而观之,时人从"静动之别"来认知和评判东西文化,更多的是体现一种文化立场,即当时对东方文化持有赞赏态度的思想家想极力证明东西文化只是性质之异,绝非程度之差,东西文化之间不存在高低贵贱之分。他们一般倾向推崇"静的"东方文化,对"动的"西方文化则忧心忡忡、质疑不断。对东方文化持质疑或否定态度,对西方文化持肯定看法的思想家们一般认为西方"动的"文化是充满活力和富有光明前景的,而"静的"东方文化则垂死没落、危机重重、前途黯淡(虽然郭沫若对于中国文化为"动的文化",西方文化为"静的文化"的定性比较独特,但是他对于处理中西文化关系的原则是比较辩证的)。其实,这种证明方式本身是存在缺憾的。首先,我们可以看出上述种种代表性观点对于动或静的价值评判是由其对东西文化的态度所决定的,所以这就人为赋予"动静"这对本来没有价值意涵的范畴以强烈的价值判断。如杜亚泉认为东方文明应该作为未来创造新文明的根本,所以倡言要以静的文明为基础,来补益西方动的文明之不足,这透露出他对"静"情有独钟;其次,时人用"动与静"这对本来内在不可分割、相互联系的范畴来强制分离、随意切割东西文化本身就难以服人。因为任何一种文化,

---

① 郭沫若:《论中德文化书——致宗白华兄》,《创造周报》,1923年第5期。

乃至一种现象都内含动与静的本质属性。动与静是世界万事万物的内在属性，二者是对立统一的，静中有动，动中有静，动是绝对的，静是相对的，不能人为地把二者割裂、对立起来，否则就会陷入形而上的认知误区，不能正确认识世界万事万物。

四、"古今之别"

对于东西文明之间的差异，时人还有一种看法，即认为东西文明是"古今之别"的程度之差，这种差别是基于时间维度的代差。当然，这种看法不是从20世纪20年代东西文化论战中才出现的，如陈独秀早在1915年就提出："近世文明东西洋绝别为二。东洋文明，其质量举未能脱古代文明之窠臼。可称曰近世文明者，西洋文明也。"①虽然这种认知在20世纪20年代的东西文化论战中引起的争锋烈度没有"物质文明与精神文明之辨""新旧之争"等论题高涨，但也是比较有代表性的一种时论。

1.胡适："各种民族都在那'生活本来的路'上走，不过因环境有难易，问题有缓急，所以走的路有迟速的不同，到的时候有先后的不同"

胡适曾在回应梁漱溟《东西文化及其哲学》一书中关于文化乃"生活样法"的观点时，提出了"文化是民族生活的样法，而民族生活的样法是根本大同小异的"②。在此基础上，他进而提出："各种民族都在那'生活本来的路'上走，不过因环境有难易，问题有缓急，所以走的路有迟速的不同，到的时候有先后的不同。……欧洲民族在这三百年中，受了环境的逼迫，赶上了几步，在征服环境的方面的成绩比较其余各民族确是大的多。……现在全世

---

① 陈独秀：《法兰西人与近世文明》，《青年杂志》，1915年第1期。
② 胡适：《读梁漱溟先生的〈东西文化及其哲学〉》，载陈崧编：《五四前后东西文化问题论战文选（增订本）》，中国社会科学出版社，1989年，第547~548页。

界大通了,当初鞭策欧洲人的环境和问题现在又来鞭策我们了。将来中国和印度的科学化与民治化,是无可疑的。……至于向来有伟大历史的民族,只要有急起直追的决心,终还有生存自立的机会。"①在这里,胡适比较清楚地表明东西文化之间的差异是代差,中国和印度等东方国家相比于西方是处于落后的发展阶段,只有虚心向西方学习、奋起直追,才能改变不利的落后局面。

2. 常燕生:"东西文化之异点,实即是古今文化之异点"

对于东西文明之别是古今差异这一看法,时人常燕生的论说很具代表性,"我对于世界文化问题的意见,向来主张世界上并没有东西文化之区别,东西文化之异点,实即是古今文化之异点"②,"不过西洋文明已从古代超入现代,而东洋文明还正在迟迟不进的时候"③。他的具体阐释有:

其一,他认为"文化的根源在人类的生活问题,世界上人类对于生活的态度都是一样的,没有一种人类没有求生存求进步的欲望,亦即没有一种人类的文化不是向前发展的",所以"一切文化因为根本都是向着利用厚生的目的而进的,所以只有'量'的不同,决无'质'的不同"。虽然因环境的不同,世界各民族的文化各具特色,但这不同之处不过是细微的差异,"根本基于求生欲望而发展出的文化,决无根本差异之理"。④所以,假定世界上有两大文明,一动一静,根本相反之说,绝对不能成立。即使世界文明在细微处不同,也只能说世界文明是多元,不是二元的。因此,只把世界文明分为中国与西洋两类,实在荒谬。

其二,他借鉴孔德的社会进化分期法,把社会进化分为三个阶段:神权时代、玄想时代、科学时代。在他看来,东洋文明属于第二期的文明,西洋文

---

① 胡适:《读梁漱溟先生的〈东西文化及其哲学〉》,载陈崧编:《五四前后东西文化问题论战文选(增订本)》,中国社会科学出版社,1989年,第550~551页。

②④ 常燕生:《东西文化问题质胡适之先生——读〈我们对于西洋近代文明的态度〉》,《现代评论》,1926年第90、91期。

③ 常乃惪:《东方文明与西方文明》,《国民》,1920年第3期。

明属于第三期的文明,"东西文化之分野只是一个时代的分野而不是性质的分野。东方民族还在中古的时代,西洋人却已跑在前面去了"①。

其三,世界上只有古代文明和近世文明,没有东方文明和西方文明的区别。现代西洋的文明是世界的,不是一民族的;是进化线上必经的,不是东洋人便不适用的,"西洋近代文明之发展并非基于其民族性之特殊点,乃人类一般进化必然之阶级。譬如由神学经玄学进至科学,由封建经专制进至民治,乃一般进化之常则,有时因环境关系迟早不同,但不得谓某民族根本宜于如此发展,某民族根本不宜于如此发展。中国民族之打破封建政治比西洋人早一千年,但我们不能谓西洋人民族性是根本只宜于封建的。反之,西洋人科学之发达比我们早二三百年,但不得谓只有西洋民族能发展科学,而中国人则只有静的精神文明"②。诚然,大战之后西洋文明出现了许多破绽,但他相信补这种破绽的是未来的第四期文明,不是过去的已死的第二期文明。这是对那些希望以东方文明来补益西方文明弊病观点的直接否定。

正是基于上述对东西文化关系的认知和分析,他认为中国只有根本吸收西洋近代文明,决无保存腐旧凝滞的旧有文明之理。

3. 瞿秋白:"东西文化的差异,其实不过是时间上的"

早期马克思主义者瞿秋白也认为"文化本无东西之别。文化只是征服天行,若是充分的征服自然界,就是充分的增加人类驾御自然界的能力。此种文化愈高,则社会力愈大,方能自强,方能独立,方能真正得自由发展"。所以,东西文化之间的差异只"是时间上的迟速,而非性质上的差别"。③不过他得出这一判断基于的论据和常乃惪不同。此时,他已经尝试用马克思

---

① 常燕生:《什么叫做东方文化》,《莽原》,1925年第7期。
② 常燕生:《东西文化问题质胡适之先生——读〈我们对于西洋近代文明的态度〉》,《现代评论》,1926年第90、91期。
③ 屈维它:《东方文化与世界革命》,《新青年季刊》,1923年第1期。

主义唯物史观来分析东西方文化的本质和特征。

首先,东西文化发展的最终归因都是生产力,但之所以出现不同的特点,乃是由于自然条件限制不同,造成了生产力发展速度不同,"人类社会的发展,因为天然条件所限,生产力发展的速度不同,所以应当经过的各种经济阶段的过程虽然一致,而相互比较起来,各国各民族的文化于同一时代乃呈先后错落的现象"①。所以,正因为东西社会发展都是受到"共同的公律"制约,而由于发展速度和水平不同,所以东西文化的发展特点才各异。

其次,基于朴素的马克思主义唯物史观,他结合时代发展形势,进一步分析东方文化是根植于宗法社会的经济土壤之上的,虽然在历史上曾发挥过应有的作用,但是"他现在已不能适应经济的发达,所以是东方民族之社会进步的障碍"。而同时他也陈言:"西方之资产阶级文化,何尝不是当时社会的大动力,但是他既成资产阶级的独裁制,为人类文化进步之巨魔,所以也成了苟延残喘的废物。直至帝国主义沟通了全世界的经济脉络,把这所谓东方西方两文化融铸为一,然亦就此发生全人类的文化,世界无产阶级得联合殖民地之受压迫的各民族,以同进于世界革命,此种趋势,此种新革命文化的先驱,正就是杀帝国主义的刽子手。"②在他看来,真正代表先进生产力发展方向和服务大众的文化是未来的无产阶级文化。

毋庸讳言,自近代以来,总体观之,中国各方面的发展水平(包括文化等)与西方世界相比是处于落后状态的。20世纪20年代东西文化论战中的思想家们把东西文明之间的差异当成"古今之差"是有一定的道理的,甚或有针砭时弊,警醒麻木的国人之效,进而使处于后知后觉的民众能够充分认识到东西文明的发展差距。但经过研究,我们也不难发现,当时有些思想者对东西文化之差异仅从时代性维度分析,没有足够重视东西文明之间的民

---

① ② 屈维它:《东方文化与世界革命》,《新青年季刊》,1923年第1期。

族性差异的向度。正因为这种内嵌的局限,时人关于东西文明之差异的思辨很容易陷入绝对的二元对立,也很难从文化多元化发展的视域来辩证思考东西文化之间的关系问题。在学者汤一介看来,自近代以来的东西文化论战中,这种把东西古今问题简单化的处理方式是不利于文化健康发展的。我们应该抛却这种把中西、古今绝对化的极端思维,走出中西古今之争。这需要我们深刻认识到,"一是中西文化虽有相异处,但也有相同处,即使所谓相异也可以在对话与商谈中得以调和,做到和而不同;二是任何文化都会因地理、历史、民族甚至某些偶然的原因而有其优长和短缺之处。没有一种文化可以完全解决人类存在的一切问题"①。汤先生对东西文化关系的精彩阐述对于我们认知、思考和处理东西文化之关系颇具启发性。

小结:中国现代化应处理好文化的时代性与民族性问题

从中国现代化发展的视域看,20世纪20年代东西文化论战中,时人虽然并没有明确提出现代化这一概念(其中有人提及近代文明、现代文明等词汇),但我们经过研究后可以发现,时人关于东西文化的概念及性质之争,从某种意义上看,就是时人从总体上对中西现代化不同模式的比较、省思与选择。因为从文化的层面来看,这其中关涉现代化发展模式的选择必须充分深入思考和协调处理的论题:如怎样看待中西文明的关系、如何恰当地兼顾和处理现代化历程中文化的民族性和时代性的关系问题,等等。对此,我们可以从20世纪20年代东西文化论战期间,持不同立场和观点的思想家们对东西文化概念、性质及关系的论述中获得一些启示和参鉴。

---

① 汤一介:《走出"中西古今"之争》,《中国社会科学院院报》,2004年1月6日。

　　首先,20世纪20年代东西文化论战中,论战者关于东方文化与西方文化的内涵与外延的界定多元纷呈。而且当时关于文化与文明二者的内涵、性质、关系等探究和界定得也不够深刻清晰。但不可否认的是,这次关于东西文化概念的论战很有价值的地方在于:论战参与者们很鲜明、很自觉地把东西文明放到人类未来文明发展(现代化发展)模式"竞争性的选项中"来加以审视和比较。这种深远的视野和论域的开拓既是受到一战后国内外思想家反思西方现代化模式思潮的影响,也是中国思想家们对中国未来能否实现自身现代化这一问题关切和省思的集中彰显。他们自觉地从文化的视域审慎思考着中国未来现代化模式的选择问题:是完全以中国文化为本位、主体,审慎乃至拒斥学习西方现代化模式,还是全力模仿、全面学习西方现代化模式,抑或在综合东西现代文明发展经验的基础上,与时俱进地开辟适合中国国情的现代化模式?

　　对东方文化的价值总体上持肯定和称道态度的时人,如汪本榴、罗正纬、陈嘉异等,无论对于东方文化具体的内涵与外延界定多么不同,他们都不约而同地称道东方文化的优秀特质。虽然中国的物质文明发展程度逊于西方,但是在精神文明发展方面远胜西方。他们对西方文化则颇有质疑和微词,如批判西方文明更崇尚残酷竞争、满足骄奢淫逸的物欲等,总而言之,他们认为只有东方文明,尤其是中国文明才是最有前途和希望成为未来中国乃至人类实现现代化发展的正途。

　　对西方文化持肯定和褒奖态度的时人,尤其是以胡适为代表的论战参与者则对东西文化的特质和价值持有相反的立场和评说。如他们认为真正处在落后、衰朽境地的是东方文化,尤其是中国封建传统文化。而现代西方文明则是当时最先进的,也是引领人类未来现代化发展的文明类型。所以,未来中国要想发展现代文明,充分实现现代化,就必须依循西方的现代文明发展方式来进行,只有奋起直追,不断充分学习和模仿西方文明的发展模式,中国才会有光明的未来。

早期马克思主义者们,如瞿秋白、沈泽民、恽代英等,则尝试从马克思主义唯物史观的视域来审视东西文化之特质和价值。他们比较旗帜鲜明地批判、挞伐东方落后的文化(瞿秋白等也并不是全然否定东方封建文化的历史作用),但是他们也并不迷信和崇仰现代西方文明,因为他们认为现代西方文明是资产阶级文明,具有难以自我消解的历史局限性,只有新的无产阶级的文明才是人类未来的希望,这也清晰表明他们要坚持在马克思主义的立场、观点、方法的指导下探寻中国未来的现代化模式。

其次,论战中关涉东西文明性质的范畴和视域,如物质文明与精神文明、动的文明与静的文明、新与旧、古与今之辨,我们如果详加分析,可以发现,前两者是从性质之异,后两者则更多的是从程度之差的视角来对东西文化之性质和关系进行多维审视和比较。个中利弊得失,前文都有所分析和阐释,在此不再赘述。笔者在此想强调说明的是,这种用不同的范畴来透视东西文化之性质和关系的思想背后隐蕴着一个关于现代化模式选择的重要原则纠缠:即文化的民族性和时代性关系的协调和处理问题。

如东方文化的称道者们和拥护者们,更加重视从中国的文化本位或是民族立场来强调中国文化中具有支撑中国未来发展的现代化的智慧和道义。尤其是一战后,他们发现西方现代文明出现了种种问题,说明现代西方文明作为人类探寻实现现代化的一种路径本身不是完美的,内嵌着种种不足,所以中国未来不能全然模仿和照搬西方的现代文明发展之路。这是他们思想中的独到之处,但是他们未能深刻地体认东西之间发展水平的代差问题,这是不足之处。

西方现代文明的坚定拥护者们则更多地从时代性的维度来审视东西文明之间的差距。他们普遍认为东西文明之间的差别是一种代差,深刻体认出东西方发展之差距,这是他们的优长之处。但是他们从进化论的视域,认为东方各国如果想改变落后被动的处境和地位,就必须痛定思痛,当机立断,全心全意地学习西方现代文明,甚至模仿照搬西方现代文明的发展之路。这是没有重视中国的民族性问题,这也是他们思想中的缺憾。

早期马克思主义者们比较敏锐、辩证地分析了东西文化的利弊得失,也尝试以朴素的马克思主义理论为指导,坚定地提出未来中国乃至世界的真正前途在于发展无产阶级文明,这样既能够提升中国的现代化水平,同时也可以纾解资产阶级现代文明发展历程中的种种弊害。但是当时的早期马克思主义者对马克思主义理论的认识还很稚嫩,如他们中大部分人当时还没有充分辩证地看待和分析中国传统文化的精华,而经常用非此即彼的全然否定的态度来定性和评判中国传统文化。正因为凡此种种的局限,他们也没有系统地论说现代化历程中如何处理好文化发展的民族性和时代性问题。

总之,20世纪20年代东西文化论战期间,论战参与者对东西文化的概念、性质及关系的不同阐发和评析留给我们很多思想遗产。从中国现代化的视域来看,笔者认为一个最大的启示是:我们在开展现代化的历程中一定要妥善处理好文化的时代性与民族性问题。我们要反对一切照搬西方的文化传统,使中国的现代化发展削足适履式地模仿西方模式的主张,因为这种主张是民族虚无主义的表现。一切盲目屈从、模仿西方文化,只会阉割中华民族的文化生命,进而也就没有中国未来的现代化;与此同时,我们也要极力反对以坚守文化的民族性为由,固守僵化的文化传统,闭目塞听式地拒绝学习西方先进文化的主张。尤其是在目前中国的现代化水平总体落后于西方的情势下,我们更要在继承优秀中国传统文化的基础上,大胆自信、积极有效地吸收西方现代文明成果。

第三章
东方文化与西方文化的命途之争

在20世纪20年代的东西文化论战中,论战各方关涉的主题不仅有东西文化的概念、性质与关系,而且在此基础上延伸、扩展到东西文化的命途之争。这一宏观论题之下包含两个子课题:其一,是东方文化的命途之辨,即东方文化能够自我保全、复兴与救世吗?其二,是西方文化的命途之争,即西方文化经过一战之后,出现了种种破绽,还有出路吗?本章主要就是引介这一重要论题,即时人关于东方文化与西方文化的命途之争。这一课题论争的实质,也正是时人从文化的角度,在反思现代西方文明命途的基础上,对中国能否在坚持民族传统文化主体性的前提下,探寻实现自身现代化模式的思辨,换言之,这是时人思索和论争中国现代化的文化选择的集中彰显。

第一节　东方文化能够保全、复兴与救世吗?

中国文化作为东方文化的重要代表,在近代以前虽然在与外来异质文化交流互鉴的过程中,曾经出现过激烈碰撞、深度交融、大幅度调适与调整,也面临过种种严峻的挑战。但是中国文化在坚持中华民族主体性的前提下,继续秉持开放与包容的精神,很好地实现了自身文明的新生和提升,最终形成了以儒学为主导,儒、释、道等多元并存与发展的文化格局,"两汉儒学衰,魏晋玄学兴;魏晋玄学衰,佛道二教盛;隋唐时期儒释道三教鼎立;宋元明'新儒学'重执思想界之牛耳,佛道由盛转衰;清代处于官方统治地位的程朱理学僵化,而朴学盛极一时。这些都表明,中国传统文化的结构在基本不变中也有变动。儒家思想在与各种思潮的斗争中,保持了主导地位"①。因此,中华文明作为"一个具有原生性的、独立的、自成体系的文明"②,曾经彰显出极大的吸纳力、包容力和统摄力。近代以前,中国文化作为东方文化的杰出代表不仅没有遇到过生存性的严峻挑战,相反,由于取得了举世瞩目的发展成就,它一直是众多人类文明谱系中一颗耀眼的明星。所以,它曾经是屹立东方、傲视全球的文化代表。

一、"东方文化在根本上无存在的价值"

自近代以降,随着中国国势的日渐衰微,中国文化相较于先前时期西方文化的强势地位不复存在。相反,很多国人逐渐陷入了一种文化自卑的民族心理状态,这一切导源于,"中国自清末在军事和政治上被西方类型的国家打败之后,就对自己的文化失去了信心。很多人把中国的落后的终极原因归诸于文化"③。近代以来,国人对于中西文化的关系认知逐渐发生了变化,时人尤其是趋新人士开始逐步把眼光投射到学习西方文化,从器物到制度再到思想文化,层层深入。虽然不断倡导学习西方的时论曾引起众多中

---

① 张岱年、程宜山:《中国文化论争》,中国人民大学出版社,2006年,第152页。
② 姜义华:《中华文明的根柢——民族复兴的核心价值》,上海人民出版社,2012年,第6页。
③ 郑永年:《中国的文明复兴》,东方出版社,2018年,第196页。

国文化保守主义者的种种争辩和对冲,但是在当时的社会舆论场和思想界出现了这种值得令人玩味的现象:貌似只有不断学习西方这一现实行为和思想倡导才能成为时代应然的基调,才能成为一种"天然的正义与合理",甚至到新文化运动时期,陈独秀大声疾呼,"若是决计革新,一切都应该采用西洋的新法子,不必拿什么国粹,什么国情的鬼话来捣乱"①。这其中就蕴含着他积极提倡要彻底、全面学习西方文化,而不能调和中西文化的思想。随着第一次世界大战的结束,时人受到西方反思自身文化不足之思潮的影响,开始出现反思现代西方文明弊病的思潮。所以,综而观之,近代以来国人对于东西文化之关系看法更加复杂多元。东方文化(主要指中国文化)在西方文化强烈对冲与碰撞的情势下,其在古代中国乃至东方世界所拥有的近似至高无上、毋庸置疑、不可挑战的地位逐渐发生了变化。随着西方文化不断东渐,人们的认知视野和思维方式等也得以艰难调整与移易。但是概而观之,人们对东西文化之态度的变化似乎没有偏离一种思潮谱系,这一思潮谱系有两个极端,即从极端保守东方文化,认为东方文化完美无缺、至高至善到极端崇尚西方文化,认为西方文化为人类文化之典范,无可挑剔。不同历史时期,由于世界局势的风云变幻和内部社会的不断变革,时人对于东西文化之态度也在这一谱系中变动不居。在20世纪20年代东西文化论战中,论者对于东方文化以及西方文化命途的论战和评析也可作如是观。

如在20世纪20年代东西文化论战期间,有一种观点认为,东方文化作为旧文化必然应该被人们抛却,被时代淘汰,这样东方国家的现代化发展才会真正有希望,所以不要鼓吹和提倡所谓的东方文化优越论。

1. 常燕生:东方文明"现在只有根本吸收西洋近代文明"

在常燕生看来,文明或文化没有东西之分,只有古今之异,"世界上并没

---

① 陈独秀:《今日中国之政治问题》,《新青年》,1918年第1期。

有东西文化之区别,现今一般所谓东西文化之异点,实即是古今文化之异点"。东西文化并不是如一些人所言是性质之异,"东方因受环境的限制,进化要比西方慢些,但这是机会的关系,不是民族性的关系,他们的差别是时代的差别,不是先天的差别"。①而且他相信人类因进化的结果,活动的能力当然今胜于古。西洋文明因为种种机会的关系在近代比东方文明进化的快些,发展的程度比东方文明高些,所以为了顺应文明从古至今的发展规律,也是为了东方文明的前途命运计,我们"现在只有根本吸收西洋近代文明,决无保存腐旧凝滞的旧有文明之理"②,而当时的东方文明相较于西方文明,在常燕生看来,是属于古旧文明的范畴。因此,常燕生认为东方文化必定会在现代文明滚滚向前发展的时代大潮中遭到淘汰与摒弃,无法得以保全和存续,更不用提承担起复兴、救世的使命了。这是由东方文化古旧的属性决定的。

2.萧楚女:东方文化"在今日中国,而欲为反社会及工业的运动,徒劳而已"

持有类似观点的还有萧楚女,在他看来,东方文化的发生本是对物质文明发展过程中所产生弊害的一种反抗。东方文化希冀能够使人们得到更好、更为普遍的幸福生活。但是它所努力的方向是错误的,因为它试图从否定现实生活着手,结果只能误入歧途,走向一种禁欲主义的陷阱,"他的倾向遂自然不得不走向那古代的宗法社会,而成为一种反对大规模的工业生产,以恢复农业、手工业的经济主义"。这种企望克服物质文明弊害的尝试注定是徒劳的,因为"人是生物,生物的起码是'生',并且是发展他的'生'。禁欲的结果,只有愈使欲望增加强度和分量的。压迫愈大,反动力愈高"。③所以,

---

①② 常燕生:《东西文化问题质胡适之先生——读〈我们对于西洋近代文明的态度〉》,《现代评论》,1926年第90、91期。

③ 萧楚女:《我所审定的"东方文化"价值》,《学生杂志》,1924年第10期。

这种违背社会生产发展规律的努力不会成功,反而会使东方发展错失历史机遇,变得更为落后。真正的出路在于顺应大工业发展的潮流,把握发展契机,不走经营落后手工业生产的老路,才能使落后的东方涅槃重生,赢得发展的主动权和民族国家的尊严与地位。

基于此,他郑重提出:"东方文化的动机在禁欲,这是违反生物的天然要求,违反人类的本能;目的在反对发展生产,这是违反社会的自然趋势,违反普遍平均分配的原则。"①在现代化处于落后阶段,亟须通过现代工业提振国势的中国,"欲为反社会及工业的运动,做得到么? 徒劳而已!"所以在东方提倡"反工业反社会的主义思想在现代是可能的么"②,当然是不可能的。所以,在萧楚女看来,保全东方文化这一"古代的宗法社会"的文化是不可能的,也没有必要。因此,也难以提及通过复兴中国文化来救世的论题。

3.赫尔褒兹:"东方文化在根本上无存在的价值"

对于东方文化的优越性以及东方文化能够复兴并救济西方文化之弊病的论调,不仅中国有些论者不苟同,西方也有学者对这一观点持有异议,如当时胡愈之先生翻译了瑞士伯讷大学(Berne University)哲学教授理查德·赫尔褒兹(Richard Herbertz)的一篇文章,该教授认为:"东西文化的调和为不可能,东方文化(主要指印度文化——引者注)在根本上无存在的价值。"③赫尔褒兹教授认为泰戈尔提倡把欧洲的推理科学和印度的玄秘哲学联合起来,便会产生文明的佳果的想法是不正确的。这种倡议不仅不利于欧洲的发展,相反却是很危险的。这是因为,在他看来,"欧洲的文化一切进步的根源,大半是出于希腊思想。希腊人主张自己造成人格,造成命运;而印度人则主张自我扩大以消灭于宇宙之中。希腊人相信人格是从'地球母亲里'跳出来的,是从我们自己创造的宇宙观里生长起来的;而印度思想却教我们放

---

①② 萧楚女:《我所审定的"东方文化"价值》,《学生杂志》,1924年第10期。
③ 愈之:《台莪尔与东西文化之批判》,《东方杂志》,1921年第17期。

大思想感觉之范围,以与自然一致。所以希腊思想和印度思想是根本的不相容的。所以西方人要采用印度文化,则必放弃希腊精神。总之非雅典则孟买,二者实不可得而兼"①。因此赫尔褒兹教授认为,盲目地把基因与内核完全不一样的印度文化与西方文化进行调和的举措是危险的,不会产生佳果和良效。我们可以发现,赫尔褒兹教授是从欧洲文化的主体性出发,阐释东方文化(尤其是印度文化)与西方文化之间不可轻易调和,而且明言东方文化在根本上是落后的,没有存续的价值。虽然他没有言明中国文化的论题,但是其对以印度文化为代表的东方文化的总体评析,对思考东西文化的性质、价值、关系、命途等颇有启示。

诚然,这类对东方文化性质和价值的看法具有一定的偏颇和局限。虽然作为早期马克思主义者的萧楚女尖锐地指出了东方文化的落后性,但是他把东方文化的历史价值和现实意义一笔抹杀了,没有能够历史地、客观辩证地分析东方文化的性质和价值,正如早期马克思主义者瞿秋白所言,"所谓东方文化的'恶性'决非绝对的"②。而且东方文化作为一种博大精深、源远流长的文化,不可否认的是,有很多因子由于时过境迁变得不合时宜,但是其中也包含着许多历久弥新、有待后人创造性开发与转化的优质因子和精神营养。所以,我们要辩证地分析和看待东方文化的性质和价值,不能将其精华与糟粕的成分绝对化。

二、"应有外来的血清剂来注射他"

20世纪20年代东西文化论战期间,即使是充分相信和希望东方文化能够得以保全和存续的时论者中,也很少有人认为东方文化是至善至美、完美无缺

---

① 愈之:《台袋尔与东西文化之批判》,《东方杂志》,1921年第17期。
② 屈维它:《东方文化与世界革命》,《新青年季刊》,1923年第1期。

的。当时很多对东方文化基本持肯定立场的思想者们认为东方文化真正有意义的保全和存续应建立在勇于剔除东方文化中的糟粕,善于吸收和借鉴西方文化中的精华的基础上,这样才能实现东方文化的新生和提升。只有在这个层面上力求保全和存续东方文化才是真正有时代价值和现实意义的,东方文化才能在未来真正复兴并救世,为中国现代化发展提供智慧滋养。相反,如果对东方文化持有一种抱残守缺、顽固不化的辩护态度,不求任何变革、更新与发展,那么对东方文化本身来说也是不利的。时人这种对待东方文化的态度主要表现为,以东方文化根本精神为主,合理吸收和借鉴西方文化中的优秀成分,进而达到调和东西文化,实现东方文化的新发展之目的。

1. 张君劢:"中国旧文化腐败已极,应有外来的血清剂来注射他一番"

如张君劢认为,中国文化要想获得真正的保全和存续,"应有外来的血清剂来注射他一番"[1],即应该积极吸收西洋文化中的优质成分,尤其是西方文化中的"个人独立之精神,如政治上民主主义加科学上之实验方法,应尽量输入",从而为提升和更新中国文化注入强大动能和力量,"如不输入,则中国文化必无活力"[2]。当然,在张君劢看来,中国文化的创新发展应该以中国精神为根柢,不能盲目、全盘地学习西洋文化,过度崇西的文化建设态度也是要不得的,因为"文化为物,发之自内;其性质为自我的,独立的,虽因外界之交通,而思想上有互换之处,然一洲或一国之固有文化之成立,必其国民自身有特种人生观,有特种创作"。所以张君劢坚决认为,中国未来的文化发展政策,"当由我自决,由我民族精神上自行提出要求。若谓西洋人如何,我便如何,此乃傀儡登场,此为沐猴而冠"。[3]也正是基于这种文化发展态度,他进而提倡无论对中国文化还是西方文化都要抱持一种理性批判的态度,不能过于偏向一方,因为这样对于文化的健康发展是极其不利的,"现

---

① ② ③ 张君劢:《欧洲文化之危机及中国新文化之趋向》,《东方杂志》,1922年第3期。

时人对于吾国旧学说,如对孔教之类,好以批评的精神对待之,然对于西方文化鲜有以批评的眼光对待之者。吾以为尽量输入,与批评其得失,应同时并行。中国人生观好处应拿出来,坏处应排斥他。对于西方文化亦然"①。张君劢提倡的这一文化建设态度,对于我们今日处理中西文化之辩证关系也颇有启发意义。所以,即使在他看来"中国旧文化腐败已极",但是他不仅没有提出完全抛却中国文化的论断,而且还为真正有效地保全和存续中国文化贡献了自己的智慧,如"文化有总根源,有条理,此后不可笼笼统统说西洋文化东洋文化,应将西洋文化在物质上精神上应采取者——列举出来,中国文化上应保存者——列举出来"②。东西文化无论是在核心精神抑或表现形式上都有不同之处。如西方人尚言彻底,中国人则推崇兼容或中庸;西洋好界限分明,中国好言包容,"此两种精神,以后必有一场大激战。胜负分明之日,即中国文化根本精神决定之日"③。虽然这种倡议之言比较空泛,但是对于时人探索、保全和存续东方文化,稀释过度浓烈的"崇西"的社会情绪还是有一定意义的。

2.严既澄:"东西文化不但有调和的可能,并且是非调和不可"

在严既澄看来,东方文化和西方文化都不是完美无缺的,如西方文化因为"现时西洋人的生活,的确已经走到了烦闷、疲倦、枯燥、惨酷的田地,做人的根本方法,已经到了不能不变的时候"④。而东方文化,尤其是作为其代表的"孔家的思想"有一定的价值,但是也需要借鉴西方文化之优质因子才能得以进一步更新和发展,中西文化"既然都有所缺,都有所长,都有不适于今日,都有适于今日的地方,那末,除了合并其适处,以造一新文化之外,更没有别的办法"⑤。所以他倡言:"中国人和西洋人对于自己的态度,都要改变一下,增一些,减一些,而彼方所要增的恰巧是此方的东西,此方所要增的,

---

① ② ③ 张君劢:《欧洲文化之危机及中国新文化之趋向》,《东方杂志》,1922年第3期。
④ ⑤ 严既澄:《评〈东西文化及其哲学〉》,《民铎杂志》,1922年第3期。

也恰巧是彼方的东西,这就是调和了。"①在严既澄看来,中西两种文化虽然具有不同性质,但不只有矛盾和冲突,二者未来也有彼此借鉴、融合发展之可能,因此我们对中西文化"总不免兼取两方依其根本精神而改造过的态度"②。也正基于此,严既澄认为东西文化不仅有调和的可能,而且也有调和的必要,因为这也是东方文化得以更好地保全和存续,进而复兴与救世的重要条件。

时人刘伯明③也认为,西洋文化中的某些特质可以弥补中国文化之不足,"西方化与中国化调和(此层尚需加以限制,因人情人道之思想西洋亦有之,非仅见于中国。所谓西洋略于人事,仅对中国而言,参观下文自明),谓中国化与西方化调和,亦无不可。盖西方文化之特色,如计算精确、注意小节等,正吾国崇尚浑融之所短,而应取以弥补其失者也"④。因此,中西文化之调和,可以为保全和丰富中国文化提供滋养。

时人邓哲民⑤也持有类似的看法。在他看来,中国文化内嵌着种种的不良特质,如崇拜偶像、思想不自由、学术研究缺乏科学精神,等等。这些不良特质使得中国文化很难在未来的世界中占得一席之地,所以东方文化要想保存和发展,必须充分吸收欧化精神,为创造新的文化做准备,他把这种准备概括为若干基本步骤,而且步骤之间是环环相扣、紧密相连的,"不能做到第一步——毁弃偶像和自由思想——绝对不能说到创造;不能做到第二步——吸收欧化,本科学的精神、用科学的方法、去治一切学术,和利用天然

---

① ② 严既澄:《评〈东西文化及其哲学〉》,《民铎杂志》,1922年第3期。

③ 刘伯明(1887—1923),原名经庶,南京人。早年留学日本、美国。回国后,任教于金陵大学、南京高等师范学校。1922年参与创办《学衡》杂志。

④ 刘伯明:《评梁漱溟〈东西文化及其哲学〉》,《学衡》,1922年第3期。

⑤ 即邓春膏(1900—1976),字泽民,甘肃循化县人(今属青海)。1921年,他从北大毕业,次年考入斯坦福大学。1924年,获文学士学位,次年又获硕士学位。之后,考入芝加哥大学,攻读教育哲学。1928年,获博士学位。新文化运动时期,他是进步学生代表,一生致力于教育事业。

的本能,在社会上作种种实验——绝对不能创造出新的、优越的文化"①。总之,东方文化只有在吸收欧化精髓的基础上才能获得新生和发展,进而在人类文化中占有优越的竞争地位。

三、"世界未来文化就是中国文化的复兴"

20世纪20年代的东西文化论战中,有一种观点认为中国文化作为东方文化的代表虽然不是完美的,但一战后,当西方文化出现了种种弊端和问题之时,东方文化,尤其是中国文化是可以补救西方文化之偏蔽的。对东方文化的命途持这种论调的论战参与者也很有影响。这种思潮和论调,我们可以称为"东方文化救世论"或"东方文化复兴论"。持这种思想的时人主要有梁启超、梁漱溟等。

1.梁启超:将东西文明"化合起来成一种新文明"以救世

欧战后不久,梁启超就开始游历欧洲,并于旅欧期间写就《欧游心影录》一书。他被战后欧洲凄惨悲凉的景象所震撼,这种触动我们可以从梁启超描述当时在白鲁威居所周遭的氛围所用的"天地肃杀""萎黄凋谢""枯叶蝉联飘堕""黄沙荒碛""沉忧凄断""魂惊望绝"②等语汇中得以感知。梁启超用他带感情的笔触生动辛辣地描绘了周遭的氛围。这也从另一层面反映了梁启超对一战后弥漫在欧洲上空悲凉凄婉的气氛的敏锐感知和生动描绘。在梁启超看来,一战对欧洲社会而言"真算得打一场倾家荡产的大官司。输家不用说是绞尽脂膏,便赢家也自变成枯腊"③。

总体上说,号称"以今日之我与昨日之我战"的梁任公在欧战前的生涯中,对接触西方先进文化和新鲜事物保持一种开放、包容和悦纳的心态。但

---

① 邓哲民:《我们怎样预备创造新文化》,《新陇》,1920年第1期。
②③ 梁启超:《欧游心影录》,商务印书馆,2014年,第5页。

在欧游之后,他的内心触动很大,也从十分歆羡与推崇西方文明及对中国文化激烈批判和臧否的迷思中逐渐顿悟。经过欧游,他不仅把原来对中国文化的"悲观之观念完全扫清",而且深刻认识到,"欧洲在此百年中,可谓在一种不自然之状态中,亦可谓在病的状态中。中国效法此种病态,故不能成功"。①正因为他看到了西方文明自身的内嵌不足,认识到中西文明各自生成的根柢不同,所以他倡言,我们要改变盲目学习与模仿西方文明的态度,也要改变一切西方的总是好的认知误区,从对西方文明顶礼膜拜的神坛上走下来,冷静平和地看待中西文化的利弊得失,客观发掘中国文化的优质因子和发展潜力,从而为争创利于人类未来新文明成长与发展的智慧贡献力量,"吾人当将固有国民性发挥光大之,即当以消极变为积极是已。……中国前途绝对无悲观,中国固有之基础,亦最合世界新潮"②。一战后,梁启超对中国文明中的某些精神要义,如民本主义、互助主义等开始重视和称道,并对中国文明未来的前途和对创造人类新文明的不可或缺性有了积极乐观的期待。

梁启超尝试从文化层面反思西方社会发展的困境所在。他认为西方之所以发生惨无人道的大战,从文化层面分析,很大程度上源于西方过度崇尚物质主义、科学万能、理性必胜等文化信条。在梁启超看来,也正是这些文化信条使得西方社会物欲横流、理性过度伸张、人们的理想和情感受到压抑。当然,他在提出西方文化存在弊病的同时,并未一概否认物质文明、科学发展、理性慎思的重要性。如他曾经提出:"近百年来科学的收获,如此其丰富;我们不是鸟,也可以腾空;不是鱼,也可以入水;不是神仙,也可以和几百几千里之外的人答话……诸如此类,那一件不是受科学之赐? 任凭怎么顽固的人,谅来'科学无用'这句话,再不会出诸口了。"③但是他坚信西方文

---

①② 梁启超:《在中国公学之演说》,《东方杂志》,1920年第6期。
③ 梁启超:《科学精神与东西文化》,《时事新报副刊〈学灯〉》,1922年第8期。

化这种内嵌的不足可以用精神文明来补益,而重视精神文明的建设正是东方文化的特质。所以,西方文化要想得以存续和发展,就必须与东方文化调剂、化合。东方文化也正因此将得以复兴和救世。所以,他强调"中国人对于世界文明之大责任","是拿西洋的文明,来扩充我的文明,又拿我的文明去补助西洋的文明,叫他化合起来成一种新文明"。①因为在梁启超看来,人生最大的目的,是要向人类全体有所贡献。因为人类全体才是"自我"的极量,我要发展"自我",就须向这条路努力前进。他还列举自己在欧洲的经历来说明中国文化应该勇于担当救世的时代责任,他提及大哲学家蒲陀罗在巴黎与他会面时说:"中国着实可爱可敬……我近来读些译本的中国哲学书,总觉得他精深博大……我望中国人总不要失掉这分家当才好。"②梁启超也正是借蒲陀罗这一西方哲人之口深切地表达出他企盼中国文化要勇于担当补益西方文化乃至复兴、救世的大任。所以,他在听了上述一番话之后,心里"觉得登时有几百斤重的担子加在肩上"之感。

在此基础上,他提出了东西文化加以调和、化合,从而造就新文明以救世的具体途径,即想发挥中国文化的济世功效,必须用西方精密的研究方法来开掘、规整中国文化。他希望青年人要力争做到,"要人人存一个尊重爱护本国文化的诚意",不能轻蔑毁弃自身的优秀文化传统,这是第一步;"要用那西洋人研究学问的方法去研究他,得他的真相",这是能否真正开掘出中国文化的精义和智慧的关键环节,这是第二步;"把自己的文化综合起来,还拿别人的补助他,叫他起一种化合作用,成了一个新文化系统",只有中西文化合璧,相互之间取长补短,争创一种新的文化,未来人类现代化发展才有真正文化根柢,这是第三步;"把这新系统往外扩充,叫人类全体都得着他好处",这是第四步,也是中国作为大国应有的文化使命担当。最后,梁启超

---

① ② 梁启超:《欧游心影录》,商务印书馆,2014年,第49页。

自信地号召，"可爱的青年啊！立正！开步走！大海对岸那边有好几万万人，愁着物质文明破产，哀哀欲绝的喊救命，等着你来超拔他哩"。①从这一倡言中，我们可以发现，梁启超对于中国文化能够在吸收借鉴西方文化科学研究法以及其他有益成分的基础上，并成为一个新文化系统之后，将来是可以复兴并救世的！

2.梁漱溟："世界未来文化就是中国文化的复兴"

在梁漱溟看来，人类生活有三大根本态度、三种不同的样法，即向前要求的；对于自己的意思变换、调和、持中的；转身向后去要求的，这三大根本态度渐进演化为性质各异的三大文化系统，分别是西洋文化、中国文化、印度文化。这三种文化在梁漱溟看来，没有什么高低优劣之分，只是出现的时序和应处理问题的态度不同。"西洋文化的胜利，只在其适应人类目前的问题，中国文化印度文化在今日的失败，也非其本身有什么好坏可言，不过就在不合时宜罢了。"②基于此，他提出了"世界文化三期重现说"，他相信"世界未来文化就是中国文化的复兴"，③具而言之：

首先，在梁漱溟看来，随着时代的推移，人类社会发展面临的主要问题是不一样的，所以处理问题的态度也需要相应的变易。人类社会从古至今发展所应处理的主要问题是西洋文化，所以西洋的态度是主要的，符合时宜的。西洋文化的发展程度也比较高，而中国人和印度人的态度就嫌拿出的太早了些，因为问题还不到。但随着时代的推移以及应处问题的变换，中国文化、印度文化将第次复兴，成为时代的主体文化。梁漱溟相信未来文化复兴的主角则是中国文化。

其次，中国文化的复兴在梁漱溟看来，最重要的体现在，从理智的计虑

---

① 梁启超：《欧游心影录》，商务印书馆，2014年，第51~52页。
② 梁漱溟：《东西文化及其哲学》，上海人民出版社，2014年，第199~200页。
③ 同上，第199页。

移入直觉的真情。他主要从物质生活、社会生活、精神生活三方面来阐述中国文化复兴后所带来的深刻变化:第一,从物质生活方面来看,那时物质生活的事业将处于从属地位。人们在生产过程中会更加重视工作兴趣的满足以及艺术性、创造性的提升,而不是只顾着物质欲望的满足。正因为人们追求物质生活和精神生活的协调增进,人类生活才不至于焦躁和偏枯。第二,从社会生活方面来看,有如统驭动物一般的社会约束机制,即法律必然会随之改变,乃至逐渐式微。因为法律对人行为的约束,在梁漱溟看来,更多地基于外在督促、强迫以及功利的计算,"法律之所凭借而树立的,全都是利用大家的计较心去统驭大家。……这样统驭式的法律在未来文化中根本不能存在"[1]。随着时势的发展,社会的相处之道会逐渐从情感的活动,融合了人我,走尚情谊尚礼让不计较的路,因为刑赏是从根本摧残人格的,会导致恶劣心理的产生,以前是不得不用之,未来则不得不废除,凡此种种都是契合孔家理想的。梁漱溟认为,未来的世界要以礼乐替换法律,充当调节社会关系的主要凭借,并逐渐走上理智调节本能的路子,这符合孔家思想的旨趣。第三,从精神生活层面来看,当人类的生活从物质的不满足转换到精神不安宁的阶段,就需要宗教加以调剂与舒缓,但由于宗教的地位在未来也会逐渐式微,所以宗教这条路是走不通的,即一切所有的宗教不论高低都要失势,有甚于今。基于此种分析,要宽慰人的精神、抚慰人的心灵、坚定人的情志就需要从孔子所提倡的礼乐中获得滋养。梁漱溟相信:"孔子那求仁的学问将为大家所讲究,中国的宝藏将于是宣露。而这一路哲学之兴,收拾了一般人心。"[2]总之,在梁漱溟看来,孔家文化具有宗教的特质和功效,但本身又不是宗教,而且儒家文化强调直觉,强调人与人、人与自然和谐相处;此外其重视人伦感情轻功利计算,这些都是未来人类社会能够健康发展的内在价值

---

① 梁漱溟:《东西文化及其哲学》,上海人民出版社,2014年,第195页。
② 同上,第197~198页。

要求。

最后,中国文化的复兴意味着孔家文化的振兴。在梁漱溟看来,西方文化在欧战后渐显不足,其自身也在反思和调整,而且正处在从第一路向转为第二路向的阶段。在西方文化自我调整乃至人类文化自我转型的重要时期,孔家文化能够发挥救偏补弊的正效应。所以,作为有责任担当的文化学者都应该提倡走孔子的路,复兴孔子的思想,这样人类社会才真正有前途和未来,"我又看着西洋人可怜,他们当此物质的疲敝,要想得精神的恢复,而他们所谓精神又不过是希伯来那点东西,左冲右突,不出此圈……我不应当导他们于孔子这一条路来吗!"①而在国人中,盲目屈从西洋文化的有之、大搞封建迷信活动的有之,但能够真正科学研究中国传统文化的精义,从而认清中国文化在未来人类社会现代化发展中的使命和价值的,鲜有人矣。无论是西洋人生活的猥琐狭劣,东方人的荒谬糊涂,都深刻表明他们没有品味到人生的真谛。更让梁漱溟深感任务紧急,责任重大的是,"西洋人无从寻得孔子,是不必论的;乃至今天的中国,西学有人提倡,佛学有人提倡,只有谈到孔子羞涩不能出口,也是一样无从为人晓得"②。所以,他觉得自己应该研究和提炼孔子思想的真义,并及时地把它传播给世人。

在梁漱溟看来,孔家思想的核心要义有:其一,孔家文化的中心思想是"调和",主要意指"宇宙间实没有那绝对的、单的、极端的、一偏的、不调和的事物;如果有这些东西,也一定是隐而不现的。凡是现出来的东西都是相对、双、中庸、平衡和调和"③。其二,梁漱溟把孔家文化或儒家文化作为中国文化的代表,儒家文化不仅重视"调和",而且还强调"仁"。在他看来,"仁"是一种类似极有活气而稳静平衡的心理状态,难以形容和言明。其大致分

---

① 梁漱溟:《东西文化及其哲学》,上海人民出版社,2014年,第2~3页。
② 同上,第3页。
③ 同上,第121页。

为两个条件,"一是寂——像是顶平静而默默生息的样子;二是感——最敏锐而易感且很强。能使人所行的都对,都恰好,全仗直觉敏锐,而最能发生敏锐直觉的则仁也"①。总之,"仁"就是指称"本能、情感、直觉"。其三,孔家文化还有一个重要特质就是不计较利害,"这是儒家最显著与人不同的态度"②。这种不计较的心理与态度经过历史的发展与沉淀,渐渐成为中国人的风尚及中国文化基因中的独特之处。孔家文化很强调"仁"的生活,在梁漱溟看来,功利算账的生活是最与"仁"相违逆的。因为"仁"代表着一种生趣盎然的状态,这种状态的达致是从爱人敬人的种种德性举动中油然而生的。追求功利算计的生活就会折煞这种生趣,接踵而至的就是贪诈、暴戾等种种卑劣行径的发生。即使,算计不一定带来恶果,但是算计实是唯一妨害"仁"的。总之"计算到极处则整个人生都倾欹于外",如"墨子之道不数十年而绝,而西洋终有今日"都导源于此! ③

所以,在梁漱溟看来,未来世界文化将是中国文化的复兴,这是无论如何不能否认的。而且这是建立在对近世西洋文化根本改换的基础上,而不能企望调和东西文化,以求争创未来新文化,因为东西文化是属于根本精神、根本态度截然不同的两类,所以,没有调和持中的可能性。

3. 罗正纬:"东方文化,本有万古常新的价值"

前文已有所引介,在罗正纬看来,东方文化主要分为两系,一是中国文化,二是印度文化。中国文化最大的特质和优越性是"政学合一",即政治方面倡导民本主义,学术研究方面推崇"中"的精神。因为中国文化的基因中内含着"中"的精神,这就使得中国文化在不断向前发展的历程中能够很好地协调物质、精神等方面的发展。这就很难出现物质欲求过度伸张的弊病,

---

① 梁漱溟:《东西文化及其哲学》,上海人民出版社,2014年,第131~132页。
② 同上,第135页。
③ 同上,第137~138页。

从而实现文明自身中道平衡发展的理想追求。正是基于中国文化的这一优势特质,他认为"东方文化,本有万古常新的价值"。尤其是当西方文化由于过度推崇物质欲望的一端,带来了种种流弊之时,中国文化能够补偏救弊,成为未来救世的世界文化,这需要中国人努力承担起这一艰巨光荣的历史责任。

首先,在他看来,西方社会由于高度重视发展物质生产而获得了丰富的生产成果,人的生存和发展欲望得以不断满足,科技也得以不断进步,人们的知识不断丰富,思维视野更加开阔,"因为物质应用的功效,最易显著,最易普遍,是以西方的科学进步极快,一般人民的知识,也就格外增高"①。这是西方物质文化发展所带来的正效应,值得加以肯定。但与此同时,令人担忧和警觉的是,西方目前正处于物质文化过度发展而导致的烦闷与痛苦中,这种困境如果不能及时得到精神文明的平衡调剂和有效滋养,就会日益加剧,"完全就是变成一种干燥无味的机械生活。……那个情志方面,就是渐渐弄到毫无意趣,所受用的那种智识,完全成了供给肉欲生活的工具。流弊所及,不独对于社会方面,没有相当的感情,就是对于父子兄弟亲友,都是拿着一个无限的计较利害为主"②。这种由于过度发展物质主义文化,忽视精神文明建设而产生的恶果不仅对于家庭伦理道德领域的侵蚀是显著的,甚至将导致整个社会面临弊病丛生、危机四伏的情状。如这可能使人们的生活变得偏枯无趣、缺乏灵性、情志抑郁;此外,也容易滋生锱铢必较、睚眦必报式的功利文化。"最近西方人士也就感受到这种痛苦,逐渐来想救济的办法。并且他的学说,也就注重精神生活,或灵性生活方面来了。"③在罗正纬看来,西方社会内部对于自身文化弊病的省思和探寻是必要的和值得赞赏的。但如果仅从西方文化内部来探求纾解问题的密码钥匙是很难的,也是

---

① ② ③ 罗正纬:《东方文化和现在中国及世界的关系》,《学林》,1925年第11期。

不够的。这就需要西方社会积极地从中国文化中借鉴和撷取精神文明的优质因子来对自身文化加以救济和补益。这样,西方文化的弊病才能得以有效的舒缓和疗治。

其次,中国文化能够成为对西方文化进行救偏补弊的文化,是因为中国文化基因中所蕴含的"中"的精神。在这种精神的指引下,物质文明与精神文明能够协调推进,彼此增益,这就能为达致人类的唯一幸福——生活的安甯和静谧争创条件。而中国文化能够催促这种文化境界得以实现的秘密钥匙就是礼乐文化的传承与倡扬,因为这种文化十分重视人的心性修养,"中国礼教,确有超绝维持安甯秩序的效用,并非抛弃物质生活,徒托空言,是在包含一种陶冶精神的力量非常伟大,能够节制物质生活,决不发生流弊。这个功夫,全在心性上面的修养。这个修养的工具,就是礼乐。礼是能够闲邪存诚,乐是能够宣情作气,若到修养纯熟的时候,那种坦坦荡荡的胸襟,顺应天理的生机,自然周旋中规,折旋中规,假如弄到人人都有这种气象,那个国民的品格何等高尚,所有安甯秩序,不待维持也会维持下去。……说到礼治的原理,当然要推中国为最"①。从罗正纬这段分析中,我们可以发现,他倡导的礼乐文化、心性修养等都属于儒家文化中非常重视和强调的文化因子。因此,他是希冀用儒家文化的礼治传统和修养心性的精神要义来对西方文化的弊病进行疗治,中国传统文化中的人文精神也许能够对西方文化过度推崇物质享乐、功利计算等不足起到一定的镜鉴之效。但是毕竟两种文化所产生的经济基础、时代条件、地域环境等大异其趣,中国传统文化不能简单地实现跨时空地直接补益西方文化。因此,如何在实现中国传统文化的现代性转化和创造性发展的基础上,探索实现两种文化的融合发展、良性互动、彼此增益是需要我们进一步深思的。

---

① 罗正纬:《东方文化和现在中国及世界的关系》,《学林》,1925年第11期。

正是基于上述的分析和判断,罗正纬才大声疾呼要发扬与推广中国礼乐文化于世界,"不过中国自秦以后,这个礼治的精神,仅仅保持延绵不绝,还是没有十分发达,运用到普遍应用的地步。现在世界既已转到这条路上,这是促进人类大同的倾向到了"①。在罗正纬看来,礼治精神作为中国文化的核心要义和智慧精华是难能可贵的宝贝,所以"应该发挥广大,贡献到世界上面,使人类达到享受永远和平的幸福",只有如此,"我们责任算是尽了"。②总之,在罗正纬看来,中国文化是内含西方文化中所欠缺的精神要义的,如礼乐精神、心性修养的功夫等,这种精神因素正是中国文化的价值所在,同时也是中国文化能得以补益西方文化乃至救世,复兴成为世界文化的应然性所在。

4.汪本楹:"欲谋世界之和平,人类之幸福,恐非东方文化不足以任此巨艰"

时人汪本楹认为,世界文化分为东西两支,"西方文化发源于埃及,而繁盛于今日英美德法等国。东方文化则包括中国、日本、印度等国。"而且他深信中国文化作为东方文化的代表"最优美无缺"③。他认为中国文化与西方文化相比至少包含以下几种优越之处:"一,诚实。中国自古以仁立教,凡百所为皆以仁为出发点。二,寡欲。居今之世,欲免除一切战争,谋人类之幸福,当自寡欲始,夫寡欲之端不:一要根本所在不外勤俭;二字苟人人能事勤俭,不夺人之所有,则战争无从而起。吾国先哲最重勤俭,故能保持其寡欲之心。三,乐天。夫乐有二:一为相对的,一为绝对的。相对者,心中先具苦乐之观念,时时求脱苦境,而达乐之目的。随至杀身堕名,有所不顾。绝对者,心中不蓄丝毫观念,故无所谓苦,亦无所谓乐,凡事任自然之理而行,不事强求,无忧患,无苦恼,此则吾先哲所具最高尚之乐也。四,均产。夫均劳

①② 罗正纬:《东方文化和现在中国及世界的关系》,《学林》,1925年第11期。
③ 汪本楹:《讲演:东方文化之将来》,吕伟书、黄承庆记录,《黄山钟》,1924年第4、5期。

逸,均产业乃吾中国人普通具有之思想。五,践实。"①

也正是基于上述对于东西文化的认知和判断,汪本楹认为未来中国文化作为东方文化的优秀代表必将能够对西方文化进行救偏补弊,进而复兴成为引领人类走向新的历史阶段的精神指引,"吾东方之文化不其优美欤。……他日者欲谋世界之和平,人类之幸福,恐非东方文化不足以任此巨艰也"②。

5.柳诒徵:"震旦立国以人伦……此正西方个人主义之药石也"

1924年3月,历史学家柳诒徵在《学衡》杂志上发表《中国文化西被之商榷》一文,在此文中,他不仅阐述了中国文化在西方传播的历史及现状,而且基于此,他提出了中国文化的精神要义,并且认为中国文化中崇尚的道德伦理不仅是中国立国之精神根柢,而且也是纾解西方文化困厄——趋利、物化之弊的"药石"。具而言之,他从以下层面阐发了他的这一论断:

其一,中国文化在西方传播已有一段历史。中国文化之传播欧洲,远起元明,至清代而递演递进。而自第一次世界大战后,西方研究东方文化出现了新的热潮,这主要是因为:一则交通的进步使得文化的传播交流比较频密;二则由于欧战之后西方思想界开始反思自身文化的弊病,所以渴求从东方文化中得到智慧的滋养;三则是中国人自身认识到国力的提升不仅有赖于经济的发展、军事的进步,还需要文化影响力的增进,所以国人产生了进一步传扬中国文化于世界的念想。当然,这一文化交流与互动过程的顺利进展也会受到各种条件的限制,如中西语言文字的隔阂、中西文化传播者自身素养和视野的局限,等等。

其二,柳诒徵认为中国文化最值得传扬于西方的是自身的独特精神,他称之为中国文化有别于他国他民族的"主脑",即"建立人伦道德,以为立国

---

① ② 汪本楹:《讲演:东方文化之将来》,吕伟书、黄承庆记录,《黄山钟》,1924年第4、5期。

中心……此吾国独异于他国者也,其他皆此中心之附属物"①。这是中国文化区别于西方文化以宗教立国之处。中国文化以人伦立国,高度重视互助、道义,而不盲目趋利和只顾满足私欲,"吾国圣哲之主旨,不在使人类为经济之奴隶,厚生利用,养欲给求,固亦视为要图,然必揭所谓义者,以节制人类私利之心……至其精微之处,则不独昌言私利不耻攘夺者,群斥为小人,即躬行正义举措无訛,而其隐微幽独之中,有一念涉于私图,亦不得冒纯儒之目"②。中国文化中这种优秀之特质也正足以救济西方文化奴役于经济、日日竞争不已、争夺不断、物欲横流等弊病,西方文化"苟得吾国之学说以药之,则真火宅之清凉散矣"③。

总之,在柳诒徵看来,中国文化尤其是中国文学中所隐蕴的优秀特质,如以人伦道德为根柢,"恬适安和""人物相融"等足以成为救济西方文化偏蔽的良药,"中国文化可持以西被者在此,中国文化在今日之世界具有研究之价值者亦在此"④。

第二节　西方文化还有出路吗?

20世纪20年代东西文化论战期间,在西方思想界关于西方文化命途论争效应的影响下,中国思想界对现代西方文化是否还有出路这一命题进行了激烈的论战。概而言之,时人对现代西方文化是否还有出路这一论题的不同看法大致可以分为两大类:第一类认为现代西方文明正面临自身难以克服和摆脱的发展困境。这其中又可以细致区分出三种子类别:一种是以释太虚等人的观点为代表,这种观点认为现代西方文化自身出现了很大问

---

①②③④ 柳诒徵:《中国文化西被之商榷》,《学衡》,1924年第27期。

题,甚至面临重重难以克服的危机,正在走向没落;一种是以梁启超等人为代表提出的观点,认为现代西方文明自身出现了种种弊病,而要克服这些弊病,必须调剂和融合东西文化各自的优长,争创新的文明,方可为现代西方文明找寻到出路;一种是以早期马克思主义者的观点为代表,该类观点认为现代西方文明(意指现代资产阶级文明)出现了内嵌的不足,这些不足的克服只有通过根本变革资产阶级的文明为无产阶级的文明,才是唯一出路。第二类观点,是以胡适等坚定西化主张者的观点为代表,这种观点主要认为现代西方文明本身并没有出现严重危机,虽然现代西方文明自身出现了一些问题,但这是现代西方文明自身调适和发展过程中的正常现象,所以他们始终坚信西方现代文明是健康的和有前途的文明。

一、"造作工具之文化"而已

其实,经过自近代以来中西文化论战历程中所倡扬的包容等精神要义的不断启蒙和洗礼,到了20世纪20年代,在中国思想界,时人对西方文化的价值和前途持完全否定或大力肯定的极端观点并不多见,但为了更系统、全面地呈现时人对西方文化价值和前途的多元态度,本书还是尽可能地予以呈现:

(一)释太虚:"西洋文化,乃造作工具之文化"

释太虚当时是一位知名的佛教徒,主编过《海潮音》月刊。1924年8月,他在《学衡》杂志上发表了《东洋文化与西洋文化》一文,在文中他对现代西洋文化表达了贬抑的态度,认为西洋文化只是一种"造作工具之文化",只是满足人类之"动物欲"的低端文化,应该用东洋文化中的佛家文化来补偏救弊,代替西洋文化,具而言之:

其一,释太虚所贬抑的西洋文化不是泛指所有时期的西洋文化,而是专指现代西洋文化,因为西洋文化是一个很宽泛的概念,"西洋文化,古为希腊,中为罗马,近为英法俄德美,上下几千年,纵横数万里"[①],不能概而言之,而且在他看来,古希腊文化以及近世的欧洲哲学的根本要义与东方文化的核心精神固多相近,甚至他认为统治西洋文化千余年的基督教本来就是东方文化。所以他所批驳的西洋文化乃专就现代西洋文化之盛行者言之。

其二,他认为现代西洋文化乃一种"造作工具之文化",是比较低下的文化。因为现代西洋文化"发达科学知识,竭取宇宙所有"只是"争求满足人类之'动物欲'而已"。[②]这种动物欲只是为了满足人类的"肉体生存""亲族繁殖"的私欲,具而言之,即饮食、男女、游戏之三事,除此之外,更别无何种高尚之目的。这些是人和动物都有的低级欲望,不能体现人类作为特有的灵长动物所应具备的理性,"今彼西洋文化,惟以扩张此动物生活之共欲为进化,故于制成之器用及资造之工具与能作之智力,虽日见其进步,但于人类特性之德行及内心之情理则不惟无所进善,且日见其摧剥削陷耳"[③]。虽然现代西洋文化给西方带来了科学知识、丰富的物产、社会言行的自由平等、机器的发达等副产品,但只能使人心迷目醉,不能自主,最终泯灭人性。

其三,在释太虚看来,欲救西洋文化的流弊,必须用"进善人性"之东洋文化,尤其是佛之普法,才能救到彻底而永无流弊。因为只有让现代西洋文化"一窥到佛普法中佛菩萨之智慧圆满也,工巧圆满也,生活圆满也,群众圆满也,神通自在也,知见无碍也,必将如何伯之过海若,叹为汪洋无极,而自失其骄矜气"[④]。简而言之,只有用佛法的圆融通达才能救济现代西洋文化偏蔽、逼仄的弊病,而由于"今偏用西洋文化之弊已极,而其势又极张,非猛速以进善人性不足以相济,非用佛法又不能猛速以进善人性"[⑤]。所以,要救

---

① ② ③ ④ ⑤ 释太虚:《东洋文化与西洋文化》,《学衡》,1924年第32期。

济病入膏肓之现代西洋文化,必须采取猛药去疴的法子。这样才能造就"进善人性"之健康文化。总之,在释太虚看来,现代西洋文化已经弊病丛生乃至病入膏肓,只能等待以佛教为代表的东方文化的救治,所以其自身是没有出路可言的。

(二)梁漱溟:"人类文化要有一根本变革,由西洋态度改变为中国态度"

梁漱溟认为,西方文化是以意欲向前为根本要求的文化。这种文化态度利弊都很显明,在人类社会发展的早期这种"向前要求"的态度是十分必要的。因为人类存续的头等大事就是从自然界取得所有衣、食、住、行等基本的物质资源,若不向前想法子而就着自己这面想法,那就不成功。但是随着人类生存问题不断得以解决,这种只顾向前竞争之文化精神就需要改变,人类将从人对物质欲求问题的时代转入人对人自身问题的时代,这就要求"人类文化要有一根本变革,由第一路向改变为第二路向,即由西洋态度改变为中国态度"①。他的这一判断是建立在对西方文化以下的分析基础上的:

其一,西方文化在梁漱溟看来是有优点的(参见第二章所引介的梁漱溟对西方文化内涵的提炼),但西方文化也具有内嵌的不足,尤其是现代西方文明,在梁漱溟看来,是偏于向外的,相对于自然的,质言之"就是尚智,或主功利,便须理智计算,或主知识,便须理智经营;或主绝对又是严重的理性"②。这种尚理智、崇功利的文化逐渐主导西方哲学精神领地,为催促西方科学技术的发展进步提供了精神支撑。但这种文化特质的过度传扬,则给现代西方社会的发展带来了弊病,如机器的发明导致了人的异化;对分工生产与自由竞争的过度倡导造成了现代西方社会贫富分化急剧拉大的境地。

---

① 梁漱溟:《东西文化及其哲学》,上海人民出版社,2014年,第168~169页。
② 同上,第157页。

而现代西方社会中种种异化问题的出现最终是会戕害人性的,"而况如此的经济其戕贼人性—仁—是人所不能堪。无论是工人或其余地位较好的人乃至资本家都被他把生机斫丧殆尽;其生活之不自然、机械、枯窘乏味都是一样"①。这是致使现代西方文化必须转型走第二条路向的经济缘由。

　　其二,也正是因为现代西方文化自身的发展存在着种种弊病,西方的一些思想家开始反思西方文化内嵌的不足,倡导用新的文化态度来救济西方尚竞争、崇功利的文化偏蔽。如克鲁泡特金提倡互助论,以期对自由竞争论予以纠偏等,"从前总是讲绝对,现在变了讲相对;从前主知,现在主情意;从前要用理智,现在则尚直觉;从前是静的,现在是动的;从前只是知识的,现在是行为的。从前是向外看的,现在回转其视线于自己,于生命"②。质而言之,在梁漱溟看来,"西方文化已经完成了它的历史使命。而生存、基本需求、物质欲望这些将在第二阶段上遇到的问题只有凭中国人的态度才可以解决"③,所以,现代西方文化只有不断转型,逐渐走到第二条路向,即中国的路向,否则是没有出路的,这是事所必然,难以违逆的趋向。

二、"择善去恶式的西方化"

　　持这种观点的时人一般认为现代西方文化是有价值和前途的文化,代表着人类文化未来的前进方向。现代西方文化本身虽然不是完美无缺的,但是与落后的东方文化相较,仍是最具价值和前途的文明类型。基于对西方文化的这种认知,他们认为西方文化应及时进行自我调适和转型,吸收其

---

　　① 梁漱溟:《东西文化及其哲学》,上海人民出版社,2014年,第167页。
　　② 同上,第177页。
　　③ [美]艾恺:《最后的儒家——梁漱溟与中国现代化的两难》,王宗昱、冀建中译,外语教学与研究出版社,2013年,第101页。

他文明的优质因子,这样才能够更好地走向未来。

(一)张东荪:"彻底输入西洋思想,对于畸形状态亦非有一种补救之法不可"

时人张东荪认为,现代西方文化相较于中国文化是一种更为先进、更有前途的文化,而且中国经过长时间的对西方文化的引介和吸收,"已早走上了西洋文明的这条路"而且是"于无意识中走上去的",[1]这足以可见西洋文化的强势影响力。所以他自信地提出:"对于西洋文明到中国的前途非但不必杞忧,且亦正可预料其必然大兴。这是大势所趋,不是任何一人鼓吹主张的力量。"[2]虽然其间也有极少数的人偶尔发出诅咒所谓西方物质文明的声音,但是我们"须知西洋文明的输入既排山倒海而来,是阻挡不住的。所以正不必引为毒害的妖言"[3]。虽然张东荪对西洋文明之前途保有信心,而且他早就主张中国应当彻底采用西洋文明,但是这并不意味着纯粹走西洋这条路绝无问题。换言之,不如设想的那样简单,这是因为:

其一,西洋近代文明是希腊文明(主知主义)和希伯来文明(宗教文明)的综合,这样"一推一挽"才使得西方文明得以比较健康、平衡地发展,"西洋有希腊文明以推之,又有宗教的文明以挽之。在这一推一挽之间,他们得了进步又得了安慰"[4]。也正是得益于在主知与感性、物质与精神、个体与群体的利益之间保持一种动态平衡,西洋文明才得以不断进步并趋于平衡、健康,"这其间如何把增进人生的福利使其在个人方面的与在群体方面的相调和,实是一个难以解决的大问题"[5]。西方文明的重要特质就在于鼓噪人们追求欲望满足的同时,又有抑制焦躁欲望之精神安慰的补益,而社会秩序与宁谧即建筑于此。

其二,正因为西洋文明目前出现了过于重视欲望的满足,没有很好地实

---

① ② ③ ④ ⑤ 张东荪:《西方文明与中国》,《东方杂志》,1926年第24期。

现物质与精神的平衡发展,所以张东荪认为"在这样情形下,输入西洋文明不是绝无问题"。如他明言,"自欧风东被以来,不消说,论政治,只见纷乱不见安靖;论社会,只见摇动不见向荣"①,浮光掠影式的西方化,成了某些人满足膨胀私欲的挡箭牌、遮羞布。西洋文化中高尚的精神追求也被曲解和低俗化,这种对西洋文化的引介是要不得的。因为这对东西文化的健康发展和合理借鉴都是不利的,所以他明确提出:"虽则仍主张彻底输入西洋思想,然对于畸形状态却以为亦非有一种补救之法不可。"②也正是基于这种对文化发展领域畸形状态出现的忧虑,所以他在《思想问题》一文中进一步提出,不能整个地把西方文化搬到中国来,"我们固可以大擂大吹地提倡西方化,但我们却须明白西方化是决不能整个儿地搬到中国。即决不能把中国人完全变为西洋人"③。总而言之,西洋文明虽然大有出路,而且必须输入中国,但不是绝无问题,我们需要辩证分析,理性应对,这是张东荪东西文化观中警示世人的要义所在。

(二)吴国桢:"并不是不要西方化,是不要完全西方化,就是择善去恶式的西方化"

时人吴国桢也看到了西方文化本身所内嵌的偏蔽和缺陷,所以他明晰地提出其对西方化的态度是,"并不是不要西方化,是不要完全西方化,换言之,就是择善去恶式的西方化"④。在他看来,西方文化的出发点是"戡天主义",其原则是以人胜天。它所研究的是如何可以使世间的物质供给人类需求的方法,所以它所讲的完全是人和物的关系,不是人和人的关系。这是其与东方文化的不同之处,同时也是它的缺点所在。西方文化当然不是一无

---

①② 张东荪:《西方文明与中国》,《东方杂志》,1926年第24期。

③ 张东荪:《思想问题》,载钟离蒙编:《中国现代哲学史资料汇编》(第1集第5册),辽宁大学哲学系,1982年,第226页。

④ 吴国桢:《西方文化的弊端》,《学生杂志》,1927年第1期。

是处,它的好处与贡献也颇多,如"举凡近代物质底利用和科学的昌明,都可以说是他的结果。西洋人底冒险精神,百折不回的勇气,善于组织的能力,也可以说是他的效应"①。但是西方文化自身也是有缺陷的,如它的坏处就是使个人缺乏自制力。

在吴国桢看来,西方文化的坏处具体体现在,"从个人方面讲,西方文化底第一坏处,就是令人骄奢淫逸。第二个坏处就是令人养成一种眩奇逞怪的习惯。第三坏处就是令人变成一种凶狠斗杀的恶兽。在社会方面,他的坏影响也是大而且烈。他的坏处,就是有阶级争斗。……最大的弊端是帝国主义"②。所以,从吴国桢的分析中,我们可以发现,他认为现代西方文化并没有出现严重的危机,还是一种有前途和出路的文化,但它并不是完美无缺的。总体而言,虽然吴国桢对于西方文化优缺点的提炼和概括内容我们不一定苟同,但实事求是地看,他秉持的这种辩证分析的思维还是值得肯定的。正是基于此种对西方文化优缺点的辩证认识,所以吴国桢进而倡言:"我们不应该完全仿效西方文化,因为我们民族有创造一种新文化——比现存西方文化好千百倍的文化的使命。"③即充分深入研究东西文化各自的成败利钝、利弊得失,综合吸收各自的优长之处,剔除其糟粕,从而实现综合创新,"另外创造一种新文化,从新开辟一个新天地"④。这在吴国桢看来,也许才是西方文化未来最好的出路——其精华部分成为造就人类未来新文化的不可或缺的质料!

三、社会主义是"西洋近代的新的健康的文明"

持这种分析论断的一般是早期马克思主义者或者是受到马克思主义思

---

①②③④ 吴国桢:《西方文化的弊端》,《学生杂志》,1927年第1期。

潮影响的人。这类观点一般认为现代西方文明是处于资本主义发展阶段，而资本主义文明本身具有难以克服的矛盾，如劳苦大众和资产者两极分化、生产过剩，等等。在资本逻辑的驱动下，人们的物质欲望过度伸张、社会竞争日趋激烈、生态环境遭到破坏、伦常道德受到严重侵蚀，等等。如果想从根本上解决凡此种种矛盾，走出各式的异化困境，人类只有从根本变革制度着手，即推翻资本主义制度，建立和发展社会主义制度，才能为实现每个人自由而全面的发展奠定基础。

（一）希祖①："西洋近代的新的健康的文明，只是新兴的无产阶级的文化"

时人希祖提出这一观点是对胡适同名文章《我们对于西洋近代文明的态度》一文中西洋文明是"真正理想主义的文明"论断的质疑和批驳。1926年7月，他在《政治生活》第79期上发表的《我们对于西洋近代文明的态度》中针锋相对地提出胡适所介绍的西洋近代的资产阶级文明是"腐朽不堪、行将死亡的文明"，并且讽刺道：胡适是"为资产阶级文明又作了一次将死的最后的呻吟"。②他作为相信唯物史观的人，极端反对胡适所介绍的资产阶级文明，同时也不赞成封建落后的东方文明，而是主张欢迎"西洋近代的新的健康的文明"，即"马克思主义、列宁主义、共产主义的全部"，③具而言之：

其一，他认为西洋近代文明是腐朽不堪、行将没落，趋于死亡的资本主义文明，"西洋近代文明，实际上是资本主义社会统治阶级的统治工具，而在工人阶级革命运动蓬勃发展的现社会，在资本主义本身矛盾和崩坏的条件下充满了西洋文明的现社会，西洋近代文明已经是腐朽不堪行将死亡的文

①即朱希祖（1879—1944），字逷先，浙江海盐人。早年毕业于日本早稻田大学，归国后任嘉兴中学教师。辛亥革命初年，曾任海盐县知事。后历任国立北京大学文学系、史学系主任，广东中山大学文史研究所研究员，中央大学史学系主任。
②③希祖：《我们对于西洋近代文明的态度》，《政治生活》，1926年第79期。

明"①。而且资本主义文明的不可持续性也体现在其自身的虚假性,比如,在希祖看来,西方资本主义制度下的民主等制度建构都只是资产阶级维护自身利益的工具,对工人阶级和劳苦大众来说是桎梏和枷锁,"整个的资本主义社会里不许工人信仰共产主义,不许工人有反抗资产阶级的思想和言论,工人的报纸是被封禁的,妇女们除了为资产阶级解决性欲问题作他们的玩品外,大多数都变成了资本家的生产奴隶或更至受种种的压迫而出卖她们的身体"②。资产阶级不曾利用国家的权力来制裁资本家,保障被压迫的阶级的各项发展权益,而且利用国家的权力来组织军队、监狱、警察,杀戮和压迫工人阶级,专门保护资产阶级的利益。虽然在资本主义国家里,也有点滴的思想用以欺骗工人阶级,如儿童工作、妇女工作的救济和工人保险法令的规定。虽然这些规定是为了维护资本家自身的利益,稍微顾虑到劳动者的保护,以促使他们能够继续生产,然而工人阶级的境遇由于资产阶级的统治压迫而愈加变坏。所以,正是基于资本主义文明自身的腐朽性和虚假性,我们必须极力反对。

其二,西洋近代真正健康的和新的、有前途的文化是无产阶级的革命文化,细而言之就是,"无产阶级的革命的历史哲学唯物史观,阶级斗争的理论,无产阶级对于资本主义生产关系的认识和解剖的马克思派的经济学说,以至于无产阶级的革命文学、艺术与他们的团结和争斗的行动,无产阶级的革命的策略和其对于未来的共产社会的组织的意见等等"③。也只有这种新的健康的文明才能"解放一切被压迫的人们使之达到真正的平等自由的境域,才能免除未来的社会的对抗和矛盾的现象"④。所以,我们要极力欢迎和拥护马克思主义、列宁主义、共产主义。

很显然,在希祖看来,现代西洋文明由于自身的剥削性、虚假性和腐朽

---

①②③④ 希祖:《我们对于西洋近代文明的态度》,《政治生活》,1926年第79期。

性,使其成为一种行将没落和死亡的文明类型,本身是没有出路的,其唯一的也是必然的宿命就是被新的、更先进的、更健康的无产阶级文明所取代。

(二)瞿秋白:"社会主义的文明是真正有前途的科学文明——艺术的技术文明"

早期马克思主义者瞿秋白认为,文明的本质是人类劳动的创造,其发展主要体现在"人对自然的威权"的程度,即人类开发、利用自然的能力和水平,主要是技术水平的变化。所以在不同历史时期,技术发展水平的不同会造成文明的发展程度和表现样态不一。基于此,他提出:

其一,依照历史发展进程以及技术文明内在属性的不同,可以把文明发展的样态大致分为封建时代的文明、资产阶级的文明、无产阶级的文明,"物质文明是技术,科学仅仅是从技术里抽象而得的总原理。技术有神秘性便是封建时代的文明,技术有科学性便是资产阶级的文明,技术更进而有艺术性便是无产阶级的文明"[1]。其中封建时代的文明是偏于落后的,不合时宜的,而资产阶级的文明,即现代西方文明得益于技术的进步和机器的发明应用,已经把人类大大地从自然的权威之下解放出来,所以这是它值得肯定之处。对那些"吆喝着'向后转'的"东方文化派对于现代西方文明的指责是应该予以反对和批驳的。

其二,现代西方文明即资产阶级文明,虽然由于技术等进步给人类的生产与生活带来了很大的便利,也在相当程度上变革了社会关系,即人与人之间的关系;但与此同时,其也给社会发展造成了新的制度困境,这就阻隔了技术文明过渡到真正先进的和有前途的艺术性文明阶段,即社会主义文明阶段,"殊不知道社会主义的科学正是彻底的以因果律应用之于社会现象。不但封建制度文明之玄妙不可测度的神秘性应当推翻,就是资产阶级文明

---

① 瞿秋白:《现代文明的问题与社会主义》,《东方杂志》,1924年第1期。

之仅仅限于自然现象的科学性也不能不扩充"①。假使科学文明能够从技术领域推广到其他领域，尤其是社会领域，那么真正和谐的艺术文明是可以开创的。只有这样，作为社会大多数的劳动平民，即无产阶级，才能真正享受到技术进步带来的幸福生活。为了达致这一目标，我们必须把技术进步的成果与一切科学不仅应用到自然界领域，也要充分应用到社会历史领域，即用科学社会主义指导技术文明的发展，"社会主义颠覆现代文明的方法于思想上便是充分的发展一切科学，思想方面的阶级斗争。社会主义的艺术文明是应当由这条路进行的，而且要人类自己的努力。社会主义的文明是热烈的斗争和光明的劳动所能得到的，人类什么时候能从必然世界跃入自由世界，那时科学的技术文明便能进于艺术的技术文明"②。这样，不仅能在现代文明的发展成果基础上进一步提升技术，增加生产，而且"社会主义的文明，以扩充科学的范围为起点，而进于艺术的人生，集和的协和的发展。社会现象既在科学的因果律范围之内，我们便可研究到将来社会。因人与人之间的关系，其实是'社会的物质'，既受技术影响而终至于突变，则技术亦将反受其影响而移易其发展之方向，那时当有艺术性的技术文明发现"③。这样才能在促进社会关系变革的前提下，使具有艺术性的技术文明成果普惠大多数人，"社会革命渐次完成改造人与人之间的关系之后，技术发展的途径便大不相同了。……技术的发展当然能成为各方面的，无所偏畸的；一切精神文明自然也能真正改善，以至于大同"④。

概言之，社会主义文明的充分发展所构建起来的现实世界是自由、正义、真美的世界。在瞿秋白看来，这也正是无产阶级文明必将取代资产阶级现代文明的优越性所在。虽然瞿秋白关于实现"社会主义的艺术文明"的设想还有很多稚嫩之处，但是这种尝试运用朴素的马克思主义唯物史观来阐

---

①②③④ 瞿秋白:《现代文明的问题与社会主义》,《东方杂志》,1924年第1期。

述现代西方资产阶级文明必将被新型的社会主义文明所取代的光明前景的眼光是值得肯定的。现代西方文明即技术文明在瞿秋白看来,虽然有其历史意义,但是它作为一种资产阶级社会文明形态是没有出路的,其必将被未来的"社会主义艺术文明"所取代。

四、"真正理想主义的文明"

持这种论断的时人认为现代西方文化是建立在大工业发展的基础上。它相较于建立在工场手工业文明发展基础上的东方文化来说,是一种先进的文化类型。所以,从历史进化论的视域来看,他们认为东西文化是处于不同发展阶段上的文化,两者之间只是发展水平的不一,表现为时代差距,而不是性质之异。换言之,他们大都认为东西文化之间是古今之异,所以现代西方文化虽然在一战后显示出破绽,但这是正常现象,因为没有任何一种文明是完美无缺的。因此,这并不能充分说明西方文化已经没落不堪,前途渺茫,相反,现代西方文化经过自我的调适和发展仍然是最为先进的,最有前途的!总而言之,现代西方文化仍是有出路的,与其他文明类型相比,即使它不是最优的,也算得上是很有竞争力的文化样式!

(一)胡适:近代西洋文明是"理想主义的文明"

正如第二章所引介的,20世纪20年代有人把东西文化之差异当成是精神文明与物质文明的不同,而且提出精神文明在发展层次方面高于物质文明。这隐蕴东方文明与西方文明只是性质之异而不是程度之差,甚至东方文明比西方文明更为高超和先进。胡适则对这种说法和论断不以为然,他认为这是"今日最没有根据而又最有毒害的妖言"①。当东方民族遭到西洋

---

① 胡适:《我们对于西洋近代文明的态度》,《东方杂志》,1926年第17期。

国家的压迫和侵略时,有人往往用这种见解来寻求自我安慰。由于受欧战的影响,西方的一些学者开始反思自身的文化,甚至对自己的文化心生厌恶。有些人把目光投射到东方文化,以期能够从中找寻到纾解西方文化弊病的智慧。在胡适看来,这种议论本来只是一时的病态的心理,却正投合东方民族的夸大狂;东方的旧势力就因此增加了不少的气焰。所以他坦诚陈言:首先,这种把物质文明与精神文明强行割裂开的分析模式就是不可取的;其次,与之相反,东西文化之间的不同不仅体现在性质上,而且体现在两者处于不同的发展阶段上。西方近代文明不仅在物质发展层面,而且在精神发展方面也比东方文明更为先进。具而言之:

其一,西洋近代文明比东洋文明更为先进,更有前途和出路,这主要体现在西方近代文明十分重视物质文明的发展,而且物质层面发展的程度比东方文明要先进、发达。西方近代文明,"建筑在三个基本观念之上:第一,人生的目的是求幸福。第二,贫穷是一桩罪恶。第三,衰病是一桩罪恶。这是一种利用厚生的文明。纵观西洋近代的一切工艺,科学,法制,固然其中也不少杀人的利器与侵略掠夺的制度,我们终不能不承认那利用厚生的基本精神"[①]。在胡适看来,西方近代文明正因为始终着眼提升文明的利用厚生的效度和满足人们幸福生活的水平,所以它创造了极为丰富的物质文明成果,这是当时东方文明短期内难以企及的。

其二,西方近代文明也十分重视发展精神文明,而且其精神文明的建设成果相较于同时期的东方文明也更为丰硕,主要体现在:探求真理的科学精神不断得以高扬和发展,进而逐渐提升了人们认识自然、改造自然,从而不断满足自身生产生活更高质量的需要,这极大地增强了人们对美好未来的自信心;同时基于科学发展所带来的物质生活的不断改善乃至日趋富足,人

---

① 胡适:《我们对于西洋近代文明的态度》,《东方杂志》,1926年第17期。

们的精神境界和素质涵养等得以不断提升,人们之间互助互爱的同情心和公德心也得以不断培植,从而使得人类社会更富情义关怀和道德感念。近代西方由于科学的不断昌明和进步所取得的这些精神文明成果也被胡适称为一种"新宗教",即主要包括理智化、人化、道德的社会化。

总之,在胡适看来,近代西方文明是"建筑在求人生幸福的基础之上,确实替人类增进了不少的物质上的享受;然而他也确然很能满足人类的精神上的要求。他在理智的方面,用精密的方法,继续不断地寻求真理,探索自然界无穷的秘密。他在宗教道德的方面,推翻了迷信的宗教,建立合理的信仰;打倒了神权,建立人化的宗教,……努力谋求人类最大数的最大幸福"①。所以,胡适才大胆地总结道:西方近代文明绝不轻视人类精神上的要求。而且西方近代文明满足人类心灵上的要求的程度,远非东方旧文明所能比肩。所以,西方近代文明相较于同时期的东方文明是更为先进的文明类型,东方文明只有奋起直追、迎头赶上,才能在将来获致这种更高发展程度的文明所带来的丰硕成果。质而言之,依胡适之见,近代西方文明虽不完美,但却是最有前途和出路的!

(二)常乃惪:西方文化"战后一部分道德的堕落和生活的压迫是一时反动的现象""现在只有根本吸收西方近代文明"

作为"在文化和思想问题上,根本赞同胡先生的意见的"②,常乃惪同样对西方文化的前途保有相当的信心。他认为欧战后,西方文化虽然暴露出种种内在的弊病,但是和胡适的论断类似,他也认为这只是现代西方文化内部出现的"一时反动的现象",并不意味着西方文明从此走向没落和衰败,西方文化"战后一部分道德的堕落和生活的压迫是一时反动的现象。没有极

---

① 胡适:《我们对于西洋近代文明的态度》,《东方杂志》,1926年第17期。
② 常燕生:《东西文化问题质胡适之先生——读〈我们对于西洋近代文明的态度〉》,《现代评论》,1926年第90、91期。

大的压迫逼不出雄深的创造力。我们看了现代社会的种种困难,我们就可以预料将来一定有一个庄严璀璨的文明在后头。但这个文明决不是所谓东方文明。"①所以他深信,相较于东方文化来说,西方文化在当时仍是一种现代的、先进的、有前途的文化。即使未来出现新的更为先进的文明类型,但也是基于先进西方文化发展成果才能得以顺利构建。他这一论断的得出是基于以下分析理路:

其一,他认为东西文明之间的差异是时代之差,不能简单地将其归为性质之异。换言之,东西文明之间是"古今之差",发展的层次不一,"东西文化之分野只是一个时代的分野而不是性质的分野。东方民族还在中古的时代,西洋人却已跑在前面去了"②。他参鉴孔德的社会文明分期理论,即将社会的进化分为三个阶段,"最初是神权时代,其次是玄想时代,最后是科学时代……现在一般所谓东洋文明,实在就是第二期的文明,而西洋文明却是第三期的文明"③。从这里我们可以看出常乃悳对于提倡用东方文化补益西方文化这一观点的反对,同时也可以看到他对西方现代文明的肯定态度。

其二,正是因为基于对东西文明这种定性的分析和判断,所以常乃悳极力主张"现在只有根本吸收西洋近代文明"④。在他的认知和分析中,"文艺复兴以后,欧洲的文明忽然从死灰里复活。不但复活,并且挟着超越前古的势力蓬蓬勃勃往前进行。一直到现在,不但把欧洲数点的锦上添花,并且影响及于全世界"⑤。虽然一战后,现代西方文明出现了一些内嵌的不足,但是他认为也不能企望利用东方文明中所谓的精神成分去对西方文明进行补偏救弊,而是要用进化的、发展的方式来进行综合创新,"我们不必保守或攻击

---

① ③ ⑤ 常乃悳:《东方文明与西方文明》,《国民》,1920年第3期。

② 常燕生:《什么叫做东方文化》,《莽原》,1925年第7期。

④ 常燕生:《东西文化问题质胡适之先生——读〈我们对于西洋近代文明的态度〉》,《现代评论》,1926年第90、91期。

旧文化,我们不必介绍或反对西洋文化,我们只要创造新文化"①。这一观点的提出和完善体现了常乃惪个人对未来新文化之创造和发展的思考脉络,其中有很多亟待进一步清晰阐发的模糊空间。但他对西方文化之于东方文化的优越性肯定,是比较清楚的。概而观之,常乃惪相信现代西方文化相较于东方文化是先进的、更有前途的文化。虽然现代西方文化在一战后显出很多破绽,但还是有出路和希望进行自我完善的。

小结:中国现代化应理性认识和处理中西文明之关系

从中国现代化发展的视域看,20世纪20年代东西文化论战中关于东方文化与西方文化命途这两个论争主题之间是一体两面的关系。一则是从文化的层面探究东方尤其是中国能否探索出符合本民族特色的现代化之路,还是必须全力模仿西方的现代化模式而别无选择;一则是从文化的层面思辨西方现代文明发展模式是不是完美无缺抑或弊病丛生。更切合本质的发问是,对东西方各国尤其是对那些后发现代化国家来说,现代化道路和模式的选择空间到底有多大,是一元的还是多元的? 20世纪20年代东西文化论战期间,论战参与者们关于东方文化与西方文化命途的多样回答就反映了这一问题。为了更为清晰地呈现时人的多元观点,我们在此将分别评述时人关于东方文化以及西方文化命途论争的局限及其对中国现代化模式探索的启示与意义:

(一)时人关于东方文化命途论争的限度与意义

纵观20世纪20年代的东西文化论战,时人关于东方文化(以中国文化

---

① 常乃惪:《中国民族与中国新文化之创造》,《东方杂志》,1927年第24期。

为代表)的命途之争,即东方文化能否保存、复兴乃至救世的论争。我们可以发现这一主题的论战关涉中国未来现代化模式的省思与选择的重要面向,即从文化层面来看,以中国文化为本位或为主体能否成功进行现代化,更进一步来说,能否成为与西方现代化模式相并列竞争乃至取而代之的一种更优选择。诚然,当时持不同文化发展立场的论战参与者对这一问题的回答是不一的,其中主要有:

其一,可以称之为持"坚决反对"态度的观点代表。这一类观点坚决否认东方文化(尤其是中国文化)有保存的必要与可能,更别侈谈复兴与救世了。如上文引介的,这类观点持有者包括早期马克思主义者,如萧楚女等,也有西化论的倡导者如常燕生,还有西方的学者代表如赫尔褒兹,等等。他们对东方文化(尤其是中国文化)的命途基本持否定的态度。他们比较典型的认知是,都把中国文化看作是中古性质的落后文化代表,是行将被淘汰的文明类型。所以,中国文化也是最没有前途的文化,不可能存续,更别侈谈复兴乃至救世。其也不可能成为中国乃至世界未来开展现代化的价值支撑与智慧指引。这种观点的可取之处在于看到了以中国文化为代表的东方文化与西方现代文明相较之下的落后性,但他们完全抹杀东方文化的历史价值和现代意蕴的态度是有失偏颇的。尤其是早期马克思主义者如萧楚女(瞿秋白曾提出过东方传统文化的历史效用),这时的思想还尚未成熟,所以还没有辩证地看到东方文化的价值和命途。

其二,可以称之为持"调和发展"态度的观点代表。这种观点认为东方文化(尤其是中国文化)是有保存的可能和必要的,只不过这是有前提条件的,即中国文化要剔除自身存在的糟粕,勇于调和、吸纳现代西方文化的精华,只有如此才能获得新生和提升,如张君劢、严既澄、刘伯明、邓哲民等是持有这类观点的代表人物。这类观点对东方文化(以中国文化为代表)的竞存力持有比较乐观的态度,其提出在坚持中国文化基本精神的基础上,来调和中西文化的发展，这是一种比较中道理性的倡导，既坚持了中国文化的主体性，又对现代西方先进文化秉持一种开放、包容和悦纳的态度，有一定的可取之处。这种观点对坚持中国文化主体性，从文化层面思考中国探寻未来的现代化发展之路有镜鉴意义。但囿于历史局限，他们关于中国文化的基本精神是什么、怎样坚持、如何发展；现代西方文化中哪些优质因子值得引介；如何实现中西文化在保持中国民族主体性的同时，实现良性互动、有效结合等论题并没有比较系统深入的思考，这是留给我们后人进一步思考的空间。

其三，可以称之为持"乐观自信"态度的观点代表。这种观点认为东方文化尤其是中国文化蕴含着丰厚的优质精神因子，如"中"的精神、诚实的倡导、重人伦与情志等，凡此种种优质精神因子在一定的条件下（如中国人积极开掘和创发、与现代西方文化的精华适当结合等）是可以被保存、复兴的，从而对西方文化的偏蔽进行救治，甚至可以为开创人类未来新型的现代文明贡献智慧。持这类观点的代表人物有梁启超、梁漱溟、罗正纬、汪本楹、柳诒徵等。这类观点能够指出中国文化的可取之处，并对中国文化的未来命途持乐观自信的态度。这种乐观和自信不是建立在封闭排外的偏狭心理基础上，而是在秉持一种开放包容的态度基础上提出的，如梁启超、梁漱溟等人虽然相信中国文化未来能够复兴并且成为未来人类新型现代文明的重要组成部分，但他们并没有完全否认现代西方文明中的科学与民主等优质的精神，也没有盲目鼓吹中国文化的优长，他们认识到了中国文化内嵌的不足。所以，这种对民族文化的自信心是值得我们肯定的。但在现代西方文化出现一定破绽之后，他们中有些人对中国文化的优长之处过于自信，并试图用中国传统文化来对现代西方文化进行补偏救弊，如罗正纬、汪本楹等人。这在某种意义上只能算是一种美好愿望，因为他们没有深刻认识到由于现代西方文化和以中国文化为代表的东方文化所产生的经济基础不一样,所以很难直接用中国传统文化中的一些因子来错位式地疗治西方文化中的弊病,如他们尝试用清心寡欲的无为文化来疗治现代西方物欲横流、你争我夺的焦躁社会心理,这显然是无力的。

总之,20世纪20年代,时人关于东方文化能否保存、复兴乃至救世的看法呈现多元化的态度。诚然,我们后人可以概略性地对时人的立场和观点进行分类。但是由于每个论战参与者的学识、立场、背景等各异,这使得他们的立论基础、观点表达与呈现方式很多样,所以我们很难对其进行规格化定性。这其中内涵的论争与思辨的意蕴,即中国是否需要在坚持自身文化本位的基础上来选择未来现代化模式,这一点是比较明晰的,也值得我们加以重视和研究。

(二)时人关于西方文化命途论争的局限与启示

20世纪20年代东西文化论战的参与者们对西方文化命途的看法和评析也是多元的。为了能够更加清晰和深刻地认识分析时人关于西方文化命途论争成果的历史局限以及其对中国现代化模式选择的影响和启示意义,我们在此将当时代表性的观点分为四种基本类型来加以评述:

其一,是以释太虚等人的观点为代表。这种观点认为现代西方文化自身出现了很大问题,甚至面临着难以克服的危机,其正在走向衰败和没落,因此现代西方文化是没有出路的。而梁漱溟从其"人类文化三期说"的推演逻辑出发,论说现代西方文化由于存在种种内在的偏蔽,如过度崇尚功利、理性等导致的社会生产和生活异化状态。所以,其在未来必将为复兴的中国文化所取代。凡此种种观点的可取之处在于,他们看到了现代西方文化内在的不足,如过于崇尚理性、盲目追逐私欲的满足、社会生产生活的异化和社会阶级矛盾的激化等。所以,他们对现代西方文化的命途持黯然神伤的评断。他们思想的不足之处在于,他们也大都沉溺于一种类似宗教激进主义式的执念,如释太虚对佛家文化的大加褒扬、梁漱溟对孔家文化的大加称道等;而且他们都企望用东方文化(佛教文化、儒家文化)直接承担起中国未来走向现代化的精神支撑,并没有提出有效的使传统文化创造性转换和创新性发展的可行建议,这是他们思想倡导中共通的不足之处。

其二,是以梁启超等提出的观点为代表。其认为现代西方文明自身出现了种种弊病,而要克服这些弊病,必须调剂发展东西文化之优长,争创新的文明,方可为现代西方文明找寻到出路。这类观点总体上还是提倡要充分重视学习现代西方文化中的先进成分,如民主与科学的精神等。但他们也很清醒地看到现代西方文明确实不是完美无缺的。所以,我们要在坚持继承和传扬中国文化中优秀精神的基础上,有选择、有鉴别地开展学习西方现代化的经验,这样才能为中国未来真正走向现代化找寻到恰适的道路。总之,这类观点的可取之处在于他们已经从盲目崇信西方现代化模式的极化心态中走了出来,认识到坚持民族主体性的重要性。但这类观点由于没有提出比较具体的可操作的原则,所以经常被一些别有用心的政治人物操弄,为行文化专制主义背书。因此,这种思想极易被民众误解为一种文化保守主义思潮的代表。

其三,是以早期马克思主义者的观点为代表。该类观点认为现代西方文明(意指现代资产阶级文明)出现了内嵌的不足,这些不足的克服只有通过根本变革资产阶级的文明为无产阶级的文明,才能够实现。因此他们普遍认为,现代西方文明出现了整体性危机,不能靠修修补补的方式实现自我救赎,所以他们提出了新的文明类型,即无产阶级文明将取而代之,如希祖提出的,"西洋近代的新的健康的文明,只是新兴的无产阶级的文化"[①];瞿秋白提出的,"社会主义的文明是真正有前途的科学文明——艺术的技术文

---

① 希祖:《我们对于西洋近代文明的态度》,《政治生活》,1926年第79期。

明"①。这种观点的可取之处在于,他们利用朴素的马克思主义观点分析现代西方文化的命途,得出了现代资产阶级的文化虽然在历史上发挥过积极作用,但由于经济基础自身内嵌的不可调和的矛盾,其最终必然会被一种新的无产阶级文明所取代。换言之,未来中国要想规避现代西方文明中的种种弊害,就应该笃定走社会主义的现代化之路。他们对现代西方文明内在矛盾的辛辣揭示以及对社会主义新文明必然战胜和代替资产阶级现代文明的信念的坚定性值得后人肯定。但是早期马克思主义者思想的稚嫩之处在于,他们没有深刻地认识到中国从半殖民地半封建社会直接跨越到走社会主义现代化发展之路的艰巨性和曲折性。

其四,是以胡适等坚定西化论主张者的观点为代表。这种观点主要认为现代西方文明本身并没有出现严重危机。虽然现代西方文明自身出现了一些问题,但这是现代西方文明自身调适和发展过程中的正常现象,所以他们始终坚信西方现代文明是健康的和有前途的文明。他们对那些之于现代西方文明的命途持悲观甚至全然否定的各类观点的基本判断是:这类对现代西方文明的质疑性评析要么言过其实,要么可能别有用心。这种代表性观点的可取之处在于,他们深刻地认识到东西文化发展程度之间的巨大差距,所以他们从振兴民族的愿望出发,倡导全力学习西方现代文明的优质成果,这在当时的历史语境下具有重要意义。但他们思想中的不足之处体现在,他们把西方现代文明当成一种普世文明的类型,而把东方文化尤其是中国文化的价值贬得近乎一文不值。他们倡言,中国要想走向现代化就必须全然学习西方现代文明,而几乎完全忽视了中国文化的民族主体性问题。

总之,20世纪20年代东西文化论战中关于现代西方文化命途之思辨和论争,从中国现代化的视域观之,则是西方现代文明抑或西方现代化模式对

---

① 瞿秋白:《现代文明的问题与社会主义》,《东方杂志》,1924年第1期。

探寻现代化之路的东方世界,尤其是中国来说是不是唯一的、完美的、不可逾越的选择。虽然时过境迁,时人的论争视域、思维、具体观点可能尚显幼稚,但他们从文化的视域,总体上省思中国现代化前景的思想史意义值得我们继续挖掘和借鉴。

第四章
以农立国还是以工立国

在20世纪20年代东西文化论战期间,一个重要的延伸主题引起了论战参与者的倾心关注和激烈争锋,即时人尝试从经济的层面深入思考东西文化(抑或东西文明)的根柢、面临的挑战以及前途等论题。一方面,从经济——文化关系的维度观之,这可以被看作是东西文化论战持续深化推进的表现,即从更根本的面向探究东西文明的关系,"分辨农国与工国不啻分辨中国与西国。工国农国之争毋宁谓为东西文化之争也……中华立国以农,西洋立国以工,中西文化确有难与农工分离者"①。另一方面,从宏观层面来看,这本身就是东西文化论战的重要内容,"20世纪20年代的工化农化之争,是当时的东方化与西方化之争的一个重要部分。从根本的哲学层次来看,其蕴涵的是文明形态的高低之争"②。"东西文化之所由分,亦农国与工国之辨也。"③即把中国文明看成是农业文明的代表,其发展和巩固主要通过发展农业来实现,相应而言,把现代西方文明看作是工业文明的象征,其优

---

① 董时进:《农国》,《甲寅(北京)》,1927年第42期。
② 何爱国:《中国现代化思想史论(1912—1949)》,世界图书出版广东有限公司,2014年,第121页。
③ 之鉴:《窒欲主义与农国》,《西北汇刊》,1925年第3期。

势和前景是建立在不断发展现代工业的基础上。在这种论争模式下，东西文化相关论题如优劣之分、命途如何等的争锋一定程度上转化为农化与工化之争。这是时人从文化的层面省思西方现代化模式利弊得失，进而论争如何选择中国现代化具体途径的重要体现之一。20世纪20年代围绕农化还是工化之争，时人主要提出了三种倡议：以农立国、以工立国以及工农并举。本章主要呈现和分析这三种主张的代表观点、立论依据、利弊得失等。

第一节　"吾国当确定国是，一切使基于农"

中国自封建社会开启以来，就十分重视发展农业，"中国自神农发明耕稼以来，举国养生之具靡不资之于农。……重农的风气，差不多自神农至清季都没有变更，所以中国的农业，已发达到极点，居于世界的第一位"①。只是不同历史时期农业发展所采取的耕种等技术手段的水平与形式不一而已。在近代以前，虽然中国也有各种形式的手工业得以发展，但无论是技术水平还是规模效应等，与西方现代化大工业发展水平相较，始终都处于萌芽层次的工场手工业阶段。所以在一定程度上，我们可以称传统中国是"以农为本"的社会，"我国则数千年来以农立国，一切家族制度政治基础，以及一般之国民性，均以农为背景"②。而自鸦片战争以后，中国逐步在屈辱、被动的情势下开启了引进、学习、吸收、消化西方现代工业技术的历史进程。以现代工业文明为基础的现代西方文明则是发达和进步的代表，是诸如近代中国等后发现代化国家心向往之的对象。所以，当时很难出现对工业文明自身弊病的大规模系统的反思与批判思潮，"自海禁大开以后，始知单靠农业，

---

① 孙倬章：《农业与中国》，《东方杂志》，1923年第17期。
② 之鉴：《窒欲主义与农国》，《西北汇刊》，1925年第3期。

不足以立国,而振兴工业,洋洋盈耳"①。相应之下,却很少有人论及提振农业,复归传统立国之本。但是当20世纪初期尤其是创巨痛深的一战发生后,其给欧洲乃至全人类带来的摧残和破坏刺激着一些思想家的神经,"此欧洲战乱之主因。亦即工国发展上必至之果也。"这主要是因为"工国尚竞逐欲,斗胜争奇,其俗绮丽纷华"。②虽然工业国家由于采用先进的生产工艺,产品日益丰富和繁多,但随着物质文明的进步,人的欲望则日益膨胀和伸张。这种基于欲望膨胀和生产扩张之间不断推波助澜的社会效应和逻辑,使工业国面临物欲横流、生产过剩、贫富悬殊、环境破坏等问题。更有甚者,一战后,欧洲社会出现的种种乱象也是现代工业过度发展所招致,如章士钊认为,欧洲"数十年间,工业如日中天。鞭笞一世人类,一切举动环之而走。羡妒贪仿四性相资为用,无时或息。……各国生计之窘蹙,较前益甚。财政之回复,商事之改善,俱八九不得如意。……樊然淆乱之状,灼灼明也。""欧之哲家,颇或知之,谓此乃工业本身之痼疾也"。③时人在开始反思西方现代工业自身存在的弊病之际,也兴起了一股倡导不要全盘学习西方现代工业发展模式,而要充分重视中国以农为本的历史传统的思潮,这被后人称为"以农立国思潮"。这一思潮的主要代表人物有章士钊、董时进④、龚张斧⑤等,他们的主要立论有:

---

① 孙倬章:《农业与中国》,《东方杂志》,1923年第17期。

② 之鉴:《窒欲主义与农国》,《西北汇刊》,1925年第3期。

③ 章士钊:《何故农村立国》,《甲寅周刊》,1927年第3期。

④ 董时进(1900—1984),四川省垫江县(现属重庆市)人,1924年获美国康奈尔大学农业经济学博士。曾担任北平大学、四川大学等校农学院教授及院长,主编《现代农民》月刊,创办重庆大新农场,发起成立中国民主同盟,创建中国农民党。他一生著述颇丰,代表作有《农业经济学》《中国农业政策》《国防与农业》,等等。

⑤ 龚张斧(1894—1966),字张斧,湖南长沙人,民国湖南铁路学校营业科毕业,早年系章士钊"农业立国论"及"甲寅派"后期思想的坚定支持者。后成为中共地下党员,化名孟啸云,曾参加八一南昌起义。1927年,创作油画《打倒土豪劣绅》,参加农民协会募捐游行。1939年曾在军委政治部教导剧团任美术教员。

一、"世界真工业制之已崩坏难于收拾也如彼"

（一）工业化是导致欧战爆发的祸源之一

其一，如上文呈现的，在持以农立国立场的思想家看来，工业化尤其是高度工业化，是导致欧战爆发的重要原因，如笔名为"之鉴"的时人就认为，"欧洲战乱之主因。亦即工国发展上必至之果"[1]。在章士钊看来，十八世纪以来，随着欧洲工商业日渐发达，其农业发展的空间和基础遭到剥蚀，甚至畸形发展。欧洲工商业国家的道德习俗、政治法律制度也都深刻反映和支持资本逻辑。在工商业国家迅猛膨胀的物质生产力量的侵袭下，其他国家无论主动还是被动，大都转向学习模仿欧洲国家，采取以工商立国的政策。当时的强国大都是工商业发展水平较高的，但是"商场有限，逼拶大生，卒以饱食无祸之不可恒。英德两国，为争工业之霸权，创开古今未有之大战局……诚以工商之本毒未除，漫欲以一战驱其标疾，是犹止沸，专意扬汤，非徒无益，而又害之也"[2]。

其二，在时人看来，不仅欧战的爆发和工业化的发展不无关系，而且由于工业化的持续不断推进，必然会引起新一轮的市场争夺、国家竞争等问题。自20世纪以来至1914年，欧美的工商业发展就陷入一种供求不协调，甚至紊乱不堪的情状，"商轨之僻驰日甚，同业之相煎益急，而谋垄断于天下取威定霸之英德两国，且势力轰其一，以为一时苟且偷托之计，因而惹起古今未有之大战。……欧洲苟其徇工无已，不知更化。更越二三十年，战且逾酷"[3]。这种绵延不断的、激烈的商战又会成为未来的战争隐患和祸根。

---

[1] 之鉴：《窒欲主义与农国》，《西北汇刊》，1925年第3期。
[2] 行严：《业治与农（告中华农学会）》，《上海新闻报》，1923年8月12日。
[3] 孤桐：《农国辨》，《新闻报》，1923年11月3日。

因此,持有以农立国主张的思想家们提出,为了更好地预防因工业化的过度发展可能引发的新的战祸,我们必须以史为鉴,悬崖勒马,"返工归农",方才能够从源头上祛除祸源,争创和平。

(二)工业化会衍生诸多问题,中国要引以为戒,不能盲目趋之

在主张以农立国的时人看来,工业化会带来种种不良后果,这些副作用会阻滞人类社会的健康发展。所以,中国摒弃工业化之路,走以农立国之道才是正途,在他们看来,工业化至少会产生以下弊端:

1.催促斗胜争奇、崇尚奢侈、欲望横流等不良社会风气的形成

之鉴认为,"工国尚竞逞欲,斗胜争奇,其俗绮丽纷华,靡有穷极"。随着物质文明的增进,生产的不断扩张,人们的消费欲求也大肆膨胀。而且由于工商业的日趋发达以及都会生活环境的造就,人容易养成一种功利唯我的习性及尚侈纵欲的习俗,"虽曰势所必至,无可过抑。然其流弊所及,实亦不可计量"。[①]令人担忧的是,这种由于工商业过度发展所招致的弊害正在俘获一些盲目追捧欧美工商主义的国人,同时也侵蚀着中国的农业文明根基,导致中国社会问题丛生,社会风气受到侵染,"自海通以来,欧美之工商主义,渡海相逼,国人不察,群焉趋之。一时商工救国之论,喧腾寰宇,潮流所趋,速于置邮,遂令工国浮靡之风,被于朝野,未举工商之利,而先中其弊。农业又坐令颓废,是以出郭多荒芜之土。都邑聚无业之民,人情习于浮夸,功利及于亲子。驯至游民无依,充斥宇内。……祸机隐伏,戡定无由,揆厥根源,莫非以农国而袭伪工国之皮毛"[②]。所以,他呼吁世人要对工业化的这些弊病有所警惕,否则后患无穷。

章士钊也认为,工业国家纵欲有为,无足贵争,凡事都推崇积极有为。工业文化倡导勇往直前、日进有功,认为只有这样才能强国富民,而且"工

---

① ② 之鉴:《窒欲主义与农国》,《西北汇刊》,1925年第3期。

国尚奢,大规模之工作,自上达下,只须有力为之,无不恣意以崇其成"①。人们一生大都趋利若渴。

龚张斧也提出:"工业种类既多,则奢侈品之制造,必随日用物以俱进。资本家复以雄资,恣行挥霍,物质享用,日异月新,遂使奢侈品之销场,依其领导,而普及全社会华美之都市成,社会之风俗靡矣。"同时这也会导致伤风败俗,盗贼多有的问题,"都市既日趋繁华,工人厕身其间,目染耳濡,从风而靡,失其勤俭朴质之性,养成享乐征逐之风。潮流所趋,致失业与无业之人亦同兹陷溺。谨愿者遂流为乞丐,乐黠者则以诈欺诱骗巧取豪夺之术,取于人而为之。盗贼因而日滋,道德于焉日薄"。②

2.引起城乡二元对立

章士钊认为:"十八世纪以还,欧洲机械渐兴,工业日茂,厂肆骈立,农化为工,小资本之生业,逐见衰减,人人轻去乡里,觅食通都,都市生活,为之盛涨。"③一方面农田荒芜,食料供给不足,农民日趋贫困;另一方面,城市与海外贸易恒通,繁荣富足。这种由于工业化的迅疾推进而引起的城市化进程,很容易导致城乡之间发展差距拉大,社会阶层贫富悬殊等问题。在章士钊看来,这些都应该引起我们的注意,需要通过走以农立国之路来加以规避。

3.带来社会阶级的分化和贫富悬殊问题

章士钊提出,工业化会导致社会阶级分化、贫富悬殊等问题,在工业国家内部"贫富两阶,相去太殊。富者土木被文绣,犬马余肉粟,而贫者织不去机,短褐不完,终岁勤动,一饱不得"④。这很容易激起阶级冲突,引发社会动荡。龚张斧也认为:"工人生活既较优于农,则竞争者必众,众则供过于求,工资因以低落,生活遂难安定,而资本家又暗中操纵之,于是工人则竭其血汗,而事畜维艰;资本家则饱食终日,而坐享厚利。"在这种相形见绌般的比

---

① ③ ④ 孤桐:《农国辨》,《新闻报》,1923年11月3日。

② 龚张斧:《农化蠡测》,《甲寅周刊》,1926年第19期。

较之下,社会仇恨容易滋长,"阶级观念既成,斗争学说乃肆,长猜嫌之恶性,隳互助之良能"。此外劳资对立,一定会加大社会治理成本,"斗争一旦开始。加资减时之事乃生,货物成本,因而加重。资本家仍欲保其赢益,则提高物价以抵偿之,社会生活程度,遂无形中增高一级"。[①]长此以往,社会秩序和安宁则会大受影响。

4.导致瘟疫、拥堵等城市化病的滋生和蔓延

龚张斧提出,城市的人口,随着工业化的不断推进而日趋增多,但是城市"地域有限,富者又多广厦万间,以致贫寒所居,有如蜂房鸽室,甚或风餐露宿。卫生之道全无,疾疫乃因之而起,驯至一人中疫,全市蔓延"[②]。凡此种种都是工业化所带来的劣质副产品。

(三)中国不具备以工立国的各项基本条件

主张以农立国的时人还提出依当时中国的自身条件以及中国所处的国际环境,中国很难实现以工立国之愿望。

1.不具备发展成为优势工业国的各项禀赋

章士钊就曾明言,中国"艺术之不进,资本之不充,组织力之不坚,欲其兴工业以建国,谈何容易",即使可以,鉴于工业化给人们的生活所带来的种种窘境和困顿,中国还是主动规避为好,"世界真工业制之已崩坏难于收拾也如彼,吾国伪工业病之复洪胀不可终日也如此"。[③]基于此,他认为中国应该在总结内外发展经验和尊重中国发展实际的情势下,选择走以农立国之道路才是正途,"愚所为鸟瞰天下,内观国情,断然以农村立国之论易天下"[④]。

2.不具备促进工业发展的保障力

董时进就坦言中国经济和兵力等与西方工业国家相较,都处于劣势。

---

① ② 龚张斧:《农化蠡测》,《甲寅周刊》,1926年第19期。
③ ④ 行严:《业治与农(告中华农学会)》,《上海新闻报》,1923年8月12日。

现代工业制成品能否顺利走出国门,赢得世界竞争力和影响力,争夺国际市场,不仅要靠工业品本身过硬的质量,而且还要以强大的国力尤其是经济实力和军事实力作为后盾,"然使我而能夺人之市场,以销吾之货品",而要想争夺或开拓市场,至少必须具备两种实力。一是军事实力,二是经济实力,"有经济力,可以作商战,减轻成本,改良制法,好货而贱售之。有兵力可以为经济力之后盾,他国乃不敢故意苛刻,以取缔我之货品。二者我有其一乎?"①这种后盾和保障力的缺乏使得中国很难走以工业立国之路。

3.处于劣势竞争地位的中国发展工业容易受到列强的染指和干涉

如董时进所言,中国要开展工业化,有一个重大危险,即外人的染指。如果发展自给自足之农业,则外人很难有在中国攫取利润的机会和空间。所以,为了斩获更多的商业利益,西方列强很期许中国发展一定的工业。因为"外国矿产渐缺,中国蕴蓄丰富,驰声寰宇,故外人尤热中于矿产之开发。海外资本家,野心勃勃,群思瓜分。故中国今日欲工业化,必不能免外资之纠葛。其为害最大,未可漠视"②。所以,依董时进之见,要想规避和减少列强的侵略和染指,中国最好是走以农立国之路。

4.工业国发展已过剩,中国不应盲目趋之

如董时进所言,当今,农业国的原料和食品的供给已捉襟见肘,而"工业国之制造力,殆足供给再一地球之货品而有余。工国运命,已濒厄境。若尚趋赴,何异自蹈陷阱中乎。随世界工业化之增进,农国之需要加大,工国之需要减少。农国求过于供,工国供过于求。……中国处此工国多余之时,尚可工业化乎"③。所以在董时进看来,中国若成为工业国,只能算是"过剩工业国"的一员,而且还是没有竞争力和发展前途的工业国;但中国若以农立国,则会成为比较抢手,而且颇具竞争力的农业国家。

---

①②③ 董时进:《论中国不宜工业化》,《申报》,1923 年 10 月 25 日。

二、"吾人为挽救贫弱计,不得不提倡农业"

主张以农立国的时人认为,农业的发展和巩固可以使中国国本稳固。中国有着几千年发展农业的历史基础和现实经验,所以为了规避发展工业给中国带来的种种弊害,继承和发扬优良的农业传统,进而更好地为未来中国赢得生存和发展空间,必须走以农立国之路。在以农立国的主张者看来,中国走以农立国之路与采取以工立国之路相较,至少有以下几项优势。

(一)农业是基础,工业只是寄生物

以农立国论的主张者大都很自信地认为,虽然农业和工业的关系比较密切,但是从根源的意义上观之,农业是基础,是本源,它是原料和食物的供给者,因此它具有先在性。而工业是附属,是寄生物,它的生产原料来自农业生产成果。所以它相较于农业具有后续性。简而言之,农业的存续可以离开工业,而工业的命途则系于农业。所以主张以农立国是明智的,也是经济发展的规律使然,如董时进就持有这一观点,"工业国取农业国之原料,加以人工,还售原主,于中取利。购入食品,尚得赢余。农业国可以不需工业国而独立,工业国不能离农业国而存在,前者实不啻后者之寄生物"[1]。他更详细阐释道,"农国工国互相倚赖,然其所赖倚之物不同,而其赖倚之性质乃大殊。农国倚赖外国者为制品。工业倚赖外国者为粮食。赖人之制品者不得已时可付缺如,赖人之粮食者,朝不接济,则夕成饿殍。粮食原料充足而欲跻为工艺隆盛之邦易事也。粮食原料不足,而欲返为农国,难能也。"所以他更坚定地认为,"偏重工业国家之社会不若偏重农业之适于人类生存"[2]。

---

[1] 董时进:《论中国不宜工业化》,《申报》,1923年10月25日。
[2] 董时进:《释农国》,《甲寅(北京)》,1925年第14期。

这也成为他极力主张中国要走以农立国之路的重要认知逻辑和判断理据。

持有类似观点的还有叶荧震、林有水,他们共同撰文,态度鲜明地表明:"工业国与农产国本非相背之国,实相倚为命之国。设有精良之工厂,而无优美之材料,则其必不能有所展施。反是亦然。"如果从更根本的层面来看,"只有材料而无精工,则尚不至于自绝。反是,则自绝之道立至。盖农产国虽无精工,而粗劣之工,尚可用之。工业国虽具精良之工厂,但彼现需之粮食则毫无,试思彼国命脉尚可支乎?"[1]所以在他们看来,农业国即使发展水平很低,但是仍可以保障自给自足式的存续,而工业国即使发展工艺很先进,但如果缺乏基本原材料的有效供给,也只能是巧妇难为无米之炊,无法持续为继。

此外,有的持以农立国的主张者更进而言之,中国如果把工商业作为立国之本,就很容易导致本国的商品市场、生产原料和食物供给等事关民族、国家生死存亡之大计的重要资源都仰赖于海外之问题。这显然很容易使本民族、本国家的发展命途受制于人,从而无形中会给民族、国家的发展带来各种风险与不确定因素,如之鉴对欧洲以工商立国之问题的分析,"欧洲各国经济发达,已臻于工商立国之域,故人民集中都市。农村日就荒芜,国命所托,唯恃工商之对外发展,生活源泉,亦大都仰给海外"[2]。在这里,之鉴对欧洲各国以工商为本给本国乃至世界发展带来的种种弊害进行了深刻的揭示。同时他也对欧洲工商浮靡之风潮东被中国感到担忧,"自海通以来,欧美之工商主义,渡海相逼,国人不察,群焉趋之。一时商工救国之论,喧腾寰宇,潮流所趋,速于置邮,遂令工国浮靡之风,被于朝野,未举工商之利,而先中其弊"[3]。所以在之鉴看来,中国应该引以为戒,切实走以农立国之路。

---

[1] 叶荧震、林有水:《我国抵御工业国侵略之计划》,《经济汇报》,1926年第2期。
[2][3] 之鉴:《窒欲主义与农国》,《西北汇刊》,1925年第3期。

（二）与工国相比，农国有无可比拟的优良特质与精神

在章士钊看来，与工业国家相较，农业国家的精神和社会特质至少有以下八方面的优良之处：[①]

其一，"农国讲节欲，勉无为，知足戒争"。工业国家则相反，鼓励纵欲有为，崇尚争权夺利。做事和为人都十分强调要积极进取，"无所谓招损。损更图满，损满回环，期于必得，以不如此不足以兴集国富"。

其二，"农国尚俭，贵为天子，以卑宫室恶衣服菲饮食相高"。工业国则崇尚奢侈，"大规模之工作，自上达下，只须有力为之，无不恣意以崇其成"，民众一生多忙于趋利，死而后已。

其三，"农国尚清静，以除盗安民，家给人足，为兴太平之事"。工业国则提倡开疆拓土，大兴建设工程，追求进步，争取物质权益。

其四，"农国说礼义，尊名分，严器数"。工业国则极力标榜平等，一切大小事务，总须讲求便利。

其五，"农国于财务节流，于人务苦行，于接物为谦"。工业国则讲求开拓财源为上，人们以追求幸福快乐为上，待人接物以主动进取为上。

其六，"农国重家人父子，推爱及于闾里亲族，衣食施与恒不计"。工业国则倡导以自我为中心，视钱如命，不甚讲求亲情关系。

其七，"农国恶讼，讼涉贷钱分产，理官每舍律例，言人情，劝两造息争以退"。工业国则很重视财产权的争夺和保护，"毫不肯苟，全部民法，言物权债权者八九，讼师数万，蠹食于兹"。

其八，"农国以试科取人，言官单独闻风奏事，不喜朋党，同利之朋，尤所痛恶"。工业国则强调力争财产和权利的合法分配，如"内贿外政，比周为党，立代议制，朋分政权"就是重要体现。

[①] 孤桐：《农国辨》，《新闻报》，1923年11月3日。

总而言之，在章士钊看来，"欲寡而事节，财足而不争，农国之精神也。欲多而事繁，明争以足财，工国之精神也"①。

董时进也极力坦陈农业国与工业国相较，具有种种优良特质：

首先，农业国比较重视均富，不容易出现贫富差距过大的情形，"农业之优点，在能使其经营者为独立稳定之生活，可以补贫富悬殊之弊"②。

其次，农业国的民风淳朴敦厚，民众爱好和平，富有生趣。"农业国之人民，质直而好义，喜和平而不可侮。其生活单纯而不干枯，俭朴而饶生趣"③。

最后，农业国由于重视自给自足，所以不会出现失业问题，社会经济结构比较倾向稳定太平。"农业国之社会，安定太平，鲜受经济变迁之影响。无所谓失业，亦无所谓罢工。"④

正因为农业国具有"补贫富悬殊之弊""安定太平""民风质朴"等优势，所以，中国应该承继充分重视和发展农业的优良传统，而不要弃之如敝屣。否则中国很难掌握和西方工业国开展有力竞争的主动权和优势，"中国有长远之农史，广大之农地，良善之农民，宜发挥其所长，不宜与西人为我占劣势之竞争"⑤。

而龚张斧更是十分系统、直接地力陈走发展农业、以农立国之路与走发展工业、以工立国之道相比较，有六大利好：

其利一，农民安土重迁的生活习性更利于争创稳定的社会环境。"农人安土重迁，苟无大利诱之于前，大患迫之于后，必不肯舍业以嬉。勤德既成，生活亦定。"⑥

其利二，农民勤俭持家、精打细算，爱积累财富的特性利于促进民富国强之理想的达致。"乡村朴质无华，虽有余资，未有消耗。既保俭德，复兴储

---

① 孤桐：《农国辨》，《新闻报》，1923年11月3日。
②③④⑤ 董时进：《论中国不宜工业化》，《申报》，1923年10月25日。
⑥ 龚张斧：《农化蠡测》，《甲寅周刊》，1926年第19期。

蓄之思,富民之道,莫善于此。"①

其利三,勤俭守财之德以及敦厚淳朴之民风的形成利于减少盗贼的滋生,从而利于良好社会环境的培植。"勤俭者多,人能自给,诈财之术,无所用之。且无外诱之私,则其本然之善,尤易充实。于是风俗日淳,而盗贼亦绝。"②

其利四,农村发达不仅可以减少城镇化之弊病,而且优美的农村环境利于人们延年益寿。"农村发达,都市之人自少,不仅可减侈风,且可少生疾病。而农村空气清洁,起居饮食,胥有定时,又不仅可减疾病,且可益寿延年。"③

其利五,农民合作生产之习性的熏染利于减少由于过度竞争带来的嫉妒和倾轧之不良社会心态的形成。"农业半由人力,半赖自然,丰歉既小异大同,其无彼此冲突之点,则嫉妒之念,无因而生,可免工业竞争之恶习,以存人类友爱之天性。"④

其利六,农业得到有效发展,既可以满足民众生活之需,又可以为工业发展提供持续的原料供应。"农业发达,除衣食日用之品,足以自给外,且可提携工业而发达之,此时已有农业为其后援,则根基已固。"⑤

之鉴也持有类似的看法,他认为,其一,"农国讲节欲,勉无为。知足戒争。其民优优有容。安故乐旧,喜和平,戒功利"⑥。这与工国推崇纵欲无度、盲目进取为权利的信条大相径庭。其二,"农国特有之精神道德,与欧西诸国,完全异趣。人民崇俭守樸,节欲戒争。所谓孝悌力田,悠悠岁月者是也"⑦。我国数千年来以农立国,一切家族制度、政治基础、社会文化及国民性格等均深受这种农业精神的熏染和浸润。所以在他看来,只有承继和发扬农国的优良精神、淳朴道德,中国未来发展才能有淳厚的智慧支撑。

正是基于以上认知逻辑和判断理据,中国当时的工业发展水平比较稚嫩,这一点在主张以农立国的时人看来,不仅无须太过担忧,而且相反,从另

---

① ② ③ ④ ⑤ 龚张斧:《农化蠡测》,《甲寅周刊》,1926年第19期。
⑥ ⑦ 之鉴:《窒欲主义与农国》,《西北汇刊》,1925年第3期。

一层面来看,未必不是一件"幸事"。因为他们认为西方现代工商业在世界范围内狂飙、肆虐般地扩张和发展,不仅招致了生产过剩、阶级分化、贫富悬殊等恶果,而且也时常引发此起彼伏、规模不一的商战。更令世人瞠目结舌、心有余悸的是,这些矛盾不断蓄积的恶果最终酿成了世界大战的灾祸。所以,中国的工商业不甚发达,反倒说明中国受到工商业过度发展的毒害尚浅,只要中国能够及时悬崖勒马、亡羊补牢,重新立志走以农立国之路,就能克服发展面临的诸多挑战,赢得未来发展的主动权,如章士钊曾慷慨陈言:"吾本农国,今其精英,虽微蚀于伪工制,而大体未坏。……农国之崭然与工国异,不在人民择业之不毗于工,而在百业之本意不违于农。"[1]详细言之,虽然由于欧洲工业势力对中国传统农业生产冲击很大,"以致民生不宁,奇邪百出,皮质不应,如病大肿",但总体观之,这一冲击与破坏尚在可承受的范围之内,"全国之农村组织,大体未坏;重礼讲让之流风余韵,犹自可见;与传统思想相接之人物,尚未绝迹。及时而复,明明不远"。[2]章士钊认为中国当时之所以民风堕落,失去农国之优良特质是因为"吾国固去农而之工,未举工国之实,先受工国之弊"[3]。在章士钊看来,令人唏嘘不已的正是因为"非吾已成为工业国而受其毒之故,乃吾未成为工业国而先受其习之毒之故。吾工商业之所成就,至为浅薄,坐见农业不兴,国产日耗,淫巧溢于都市,机变中于人心"[4]。在他看来,中国未享工业发展之利而先受其害,所以他才认为走以工立国之路对中国目前的乱象和困局来说无异于火上浇油。基于这一认知和判断,他进而极力倡言:"凡所剿袭于工国浮滥不切之诸法,不论有形无形,姑且放弃,反求诸农,先安国本。"[5]

之鉴也提出了类似的观点,如他认为,中国当时由于中西之间交通的不

---

[1][3][5] 孤桐:《农国辨》,《新闻报》,1923年11月3日。

[2] 章士钊:《何故农村立国》,《甲寅周刊》,1927年第3期。

[4] 行严:《业治与农(告中华农学会)》,《上海新闻报》,1923年8月12日。

断推进,不仅没能有效地获得工商业发展带来的红利,反而先受到了工商业弊害的波及与影响,以致原本作为优势产业的农业也岌岌可危、命悬一线,进而滋生了大量的社会问题,城乡内各种矛盾和乱象大量涌现,"十余年来,工商既未足以恤民,农业又坐令颓废,是以出郭多荒芜之土。都邑聚无业之民,人情习于浮夸,功利及于亲子。驯至游民无依,充斥宇内。祸机隐伏,戡定无由,撨厥根源,莫非以农国而袭伪工国之皮毛"①。但他又深信当时的中国"居民浑浑噩噩,去古不远,伪工之毒,浸润未深,所以致全力于农,以图抗海外之工"②。总之,在他看来,舒缓各种社会矛盾,挽救中国之衰微国势,开创光明的前景,只有一途,即"返乎农而已矣"③。虽然这一艰巨的时代使命对时人来说实可谓任重而道远,但是必须得到充分重视和艰辛实践,这样中国才能冲出重围,重振国威。

龚张斧更直言不讳地指出,中国的国势衰微、积贫积弱不是走以农业立国之路造成的,相反,恰恰是由于中国的农业受到漠视,难以得到有效发展导致的。所以,这就使得中国的发展仰赖于国外,面临的挑战和风险更为复杂严峻,"论者每以吾国之贫弱,为农国之咎,不知吾国今日之现象,乃农工业俱不发达之故"④。所以,为了中国未来的发展前景,中国必须坚持走以农立国的发展之路。只有如此,中国才能够在艰困的内外时局下,通过农业的有效发展为自身持续发展和提升综合竞争力夯实基础,"吾人为挽救贫弱计,不得不提倡农业,倘及此不为,则不独吾国工业市场,将为外货席卷而去,甚至非得外国接济,莫能生活矣"⑤。此外,在龚张斧看来,人们企图疗治各种城市病,淳化民心,移风易俗,甚至重铸国魂,都必须从夯实农业发展基础着眼,"至于都市之淫侈,盗贼之充斥,人心之浇漓,风俗之颓败,尤非提倡

---

① ② ③ 之鉴:《窒欲主义与农国》,《西北汇刊》,1925年第3期。
④ ⑤ 龚张斧:《农化蠡测》,《甲寅周刊》,1926年第19期。

农业,使之返朴还淳"①。此处也颇能彰显出龚张斧主张中国走以农立国之路的坚定性。

第二节　"中国亦必化为工业国"

在20世纪20年代的东西文化论战中,与以农立国的观点针锋相对的是以工立国的主张。持这种主张的时人认为,无论从世界发展潮流,还是从中国自身发展需求等方面观之,中国都应该走发展现代大工业之路。只有如此,中国才能逐渐改变积贫积弱的国势与任人宰割的国际地位,真正成为富强、民主、文明的大国,所以他们极力主张以工立国,这种观点主要以陈兼与、孙倬章以及早期马克思主义者恽代英、杨明斋等为代表。

一、"工业与现社会之进化潮流适相应"

(一)发展现代工业是世界潮流,中国不可违逆

如时人陈兼与②指出,现代工业大潮作为产业革命的本质力量体现,从西欧席卷世界,任何国家都无可逃遁,中国近代也受到这一时代大潮的侵袭和影响。这是历史发展规律的彰显,任何国家顺之者则昌,逆之者则亡,"欧西产业革命之后,机器发明,机器利用,挟其进化之工艺品,风起云涌地来侵袭东亚。我们在其猛烈抨击之下,茫然无所措手足,直到现在,竟成了欧美

---

① 龚张斧:《农化蠡测》,《甲寅周刊》,1926年第19期。

② 陈兼与(1897—1987),原名声聪,字兼与,号壶因、荷堂,福建闽侯人。毕业于中国大学政治经济科。新中国成立后,被聘为上海文史研究馆馆员。中国书法家协会会员。曾任中华韵文学会副理事长、中华诗词学会顾问。著有《兼与阁诗》《壶因词》《兼与阁诗话》,等等。

日本十数国的销货场"①。虽然中国作为后知后觉者,对于工业化大潮的必然性的深刻认识是在被欺侮和侵略中得到的,但这总归是励精图治,是对走以工立国之路的思想的刺激与警醒。

而在他看来,中国要想改变作为贫穷落后的农业国的弱势地位,就必须充分重视发展现代大工业。其中,他尤其重视从生产技术机器化及发达资本两方面着手开展工业化,"中国今日要进到工业国,应具的两个条件,一、生产技术机器化。一、发达资本。这两件乃生产的工具,此刻产业,虽属萌芽,一旦有了生产工具之后,便能收到水到渠成的功效"②。同时,他也看到欧美式的工业化模式充满了弊病,如导致社会阶级分化与斗争、垄断问题等。所以,他进而提出中国在开展工业化的进程中既要重视生产技术的革新,即废除手工用机器;同时也要重视生产关系的革命,即把工业统一为国有,"前者,原为着吾国工业幼稚,对世界物质昌明的国家,自要迎头赶上,发达资本,采用机器,使生产力增加,适应人生的需要,及免除环境的压迫。后者,实鉴于各国工业革命之后,显出劳资两个极大的阶级,时时有社会革命的风潮。我们生产落后的国家,一方面要发达产业,一方面兼须预防产业发达后社会上发生的病象。趁劳资阶级尚未成熟之时,重大的产业,都归国有国营,免去私人垄断操纵种种的弊害,阶级斗争,也可消灭于无形"③。可以说,他对中国从生产技术与生产关系两个方面来开展工业化的建议还是颇有见地的。

著名留法学者孙倬章当时从进化论的视野来认识人类历史的发展进程,他进而提出发展工业文明是人类趋于进化之所必需,"人类社会,为进化的社会;人类历史,为进化的历史。至于农业,则为保守的,少进化的,与现社会之进化潮流,当相反;工业为进化的,且速进化的,与现社会之进化潮流

___

① ② ③ 陈兼与:《中国宜如何进到工业国》,《致力》,1929年第3、4期。

适相应"①。如果从进化史观的视角来看,"农业阻碍进化,已昭昭然矣"。中国数千年来因以农立国,所以"毫无进化之成绩;今欲与彼进化之工业国,并驾齐驱,以谋生存,而仍欲偏重农业,宁非南辕北辙,背道而驰乎?"②所以,以农立国论者在看到西方现代工业化历程中出现了一些弊害,就武断地认为中国不宜走现代工业化之路,这一判断和主张在逻辑上是行不通的,在现实上也是有害的,"此等反抗进化潮流的主张,以理论言之,则为不应有,以事实推之,则为不可能"③。

早期马克思主义者恽代英也持有类似观点,工业大潮业已来临,反求诸农是无法实现的。如他在质疑章士钊的以农立国的观点时,就针对其违逆工业化潮流的倡导反问道,反对工业化是否意味着,"撤毁吾国有之铁路,捣坏吾国之商船工厂,以复反于农业,果能遂禁南满之行车,内地外轮之通航,以及海外巨舶之莅止,沪汉各外国工厂之开工乎,果能遂禁洋纱棉布米粮面粉之源源而输入乎,果能遂禁外人之取我铁路矿山而代为办理乎?"④他还对董时进没有深入考究中国当时之所以贫弱的原因感到不满。他进而提出近代中国的贫弱恰恰是因为工业不够发达,从而受制于人,国内发展也面临种种乱象,"国人之生路俱为外国工业之所压迫,而日驱偏狭,于是流为兵匪,在他一方面既有赔款,复有外债使国民所担任之赋税日益增高,而上流中流之阶级亦日呈中落之倾向,此非吾之工业有以与外国相抗衡,盖惟有万劫而不复,岂尚得谓中国不宜工业化乎?"⑤所以,为了使中国人真正摆脱受外国工业压迫的悲惨境地,必须要重视发展本国的现代工业。

早期马克思主义者杨明斋更是对章士钊的"复归于农,先安国本"的倡议提出了尖锐的批判。他认为这是违背时代大潮和民心所向的"奇想天开

①②③ 孙倬章:《农业与中国》,《东方杂志》,1923年第17期。
④⑤ 戴英:《中国可以不工业化乎》,《申报》,1923年10月30日。

之言",他反问章士钊其"试问怎样个返法? 京汉、京奉、京张、津浦各铁路如何去掉? 上海天津等处的纺纱厂怎样停工与毁坏? 这些东西不去,何以能离开工业"①。在这里,杨明斋尝试从时代潮流的视角深刻地揭示了工业化已经影响中国的发展格局,中国只有顺势探寻符合本国国情的工业化之路,才是明智的选择,逆潮流而上,倡导所谓以农立国,结果只会自毁前途。

(二)中国只有发达工业,才能逐渐摆脱经济上受侵略的地位

孙倬章认为,中国经济上受外国的侵略,经济权操于外人之手,这是人人都知道的。而真正的原因是,"在工业品而不在农业品。盖因外国的工业品输入中国,中国无工业品输出,以相抵消,所以国内商场,被外货侵入,国际贸易,常处于债务者的地位"②。按常理来说,中国地大物博,资源丰富,不应该处于经济落后之地位,只因工业不发达,货弃于地,才有这种被侵略的现象。要想改变中国经济处于落后、被列强侵夺搜刮之地位,"只有振兴工业,多生产工业品,以代替外国工业品的一法"③。而主张以农立国的时人企图采取重农抑工的发展策略来抵制外来的经济侵略,这在孙倬章看来是徒劳的,因为要达到这一目的,必须符合两个前提条件,"一,闭关自守,不与外国通商;二,举国之人,禁绝工业品的需要,不购外国的工业品。第一策自然为不可能之事;第二策亦绝对的做不到。此二策既不可行,而徒曰重农抑工,讵非使中国永为列强经济上之奴隶?"④所以,要改变中国在经济上被外国侵略之地位,必须顺应现代工业化大潮,走以工立国之路。

(三)为迎接和趋向"民治主义时代",必须振兴工业

在孙倬章看来,现代工业文明的发展为人类更好地顺应民主的时代潮流奠定了各项坚实的基础,如提升民众的受教育水平、提高民众的自组织能

---

① 杨明斋:《评中西文化观》,黄山书社,2008年,第185页。
②③④ 孙倬章:《农业与中国》,《东方杂志》,1923年第17期。

力等。所以现代工业社会更利于民主制度的逐渐成长，而农业社会则更容易导致社会政治制度趋于专制，即工业文明与民主政治有契合性，而农业文明实与专制政体暗合，"农业时代，多属专制政体。农业的专制时代，立法，司法，合而为一。工业的民治主义时代，不独立法行政司法，析而为三；又因国际的关系，有极多的国防费等各项费用开支……凡此多非农业专制时代所有也"。农业时代"常为君主专制政体。此乃农业国自然之结果，农业时代不得不然之势也。今国体政体，即改弦更张，而人民仍固守农业时代之旧状，致政治不能进入正路。政治家，言论家，不思所以救此之道，乃复为农村立国之主张，是犹恶醉而强酒，抱薪而救火也"。①随着现代工业的发展，世界逐渐走向民主与开放，在此情势下，我们必须充分重视发展现代工业，方能与时俱进，赢得发展先机，"现在的社会，既已进化于工业的民治主义时代；中国既已开放门户，与各工业的民治主义国家相周旋，则决不能忽而闭关，以农业的专制政体之国家，独立特异"②。要不然，中国未来很难获致真正的民主与进步，更不要侈谈实现现代化。

（四）要繁荣学术与文化，必须发展现代工业

在孙倬章看来，工业发达作为先进文明的表现，可以为促进学术与文化的繁荣创造条件，"有极多之学术，常因工业而发达；不独因工业的经验，始有学术的发明，且常因工业的需要，始有学术的学习。谓学术为工业时代之产物，亦决非过言。若中国欲以农村立国，则此等被工业振兴而后发达的学术，不独无发明之机会，且亦无学习之机会"③。当时中国的学术发展水平十分稚嫩，如果不重视发展工业，则未来中国学术必将始终处于落伍的境地。所以，孙倬章的认知逻辑大概是这样的：中国要改变落后与被侵略的悲惨地位，就要力争达致富强、民主、文明之发展目标，这就亟须更好地繁荣发展本

---

①②③ 孙倬章：《农业与中国》，《东方杂志》，1923年第17期。

国的学术思想文化。而要促进本国学术思想文化的繁荣,我们就必须认清时代大势和历史发展规律,积极发展现代工业,"现在之经济政治学术,处于进化之中,大有一日千里之势;农民故步自封,处处与进化潮流相逆迕;惟工业富于进化性,始与此进化潮流相应"①。中国不欲求进化则已,如果渴求进化发展,必须顺应时势,发展现代工业。总之,走以工立国的发展之路,既符合时代大潮,又符合中国自身发展逻辑和内在需求。

二、"工业愈发达,则农业亦愈进步"

(一)欧洲工业发展中虽有弊害,但总体水平比中国优胜

如早期马克思主义者杨明斋曾提出,虽然欧洲工业发展由于资本主义制度的内在矛盾所致,出现了种种乱象和问题,如生产过剩、贫富悬殊、大量失业等。但即使如此,欧洲工业国家的总体发展水平也远胜中国。这可以从普通老百姓的生活福祉得到满足的层次窥探一番。即使是欧洲工业国家出现了失业问题,但是比起中国的社会问题也是较轻的,"让一步说,即令欧各工业国之失业及无田耕种者虽有,然而较我之农国失业的贫民叫街的花子,抢夺的土匪,无地耕种的游民,相差何啻万倍之多"②。总之,欧洲社会遇到的失业、贫富悬殊问题的根源不在于现代工业生产的开展,而是由资本主义生产方式和分配制度所导致的。虽然资本主义工业生产面临诸多问题,但相较于中国落后的、混乱的社会状况和生产水平,也是处于比较先进的层次。

孙倬章曾直言欧洲工业文明总体实优越于中国的农业文明,甚至两者

---

① 孙倬章:《农业与中国》,《东方杂志》,1923 年第 17 期。
② 杨明斋:《评中西文化观》,黄山书社,2008 年,第 184 页。

之间的差距给其一种"天堂地狱之感"的反差,他游历欧洲时,目睹欧洲人所享受之衣食住行,及一切政治上、经济上、社会上的文明设施;回想中国社会,"殆有天堂地狱之感"。在欧洲,他"只见汽车马车电车火车汽船和牛马拖船,决没有如中国人,以人推车,人抬轿,人拖船,以及其他种种笨而且拙,把人当作牛马的事;欧洲人,人人有职业,人人可以自由谋生,贫困如工人,每食必有酒肉,衣服虽不华美,必清洁可避风寒。中国人无职业,不能随意谋生,衣食不保者,不知凡几。凡此均不能不归咎于工业不发达,社会不进化,农业习惯太深之故。乃吾人复倡言农业救国,宁非救国之反面,为亡国之策乎?"[1]他想不明白中国有些人为什么要保守这等衣食住行极端恶劣,政治上混乱无序,经济上无组织,社会上无文化设施的黑暗状况。这种观感的冲击和深刻的反思使得其坚决支持中国走以工立国之路。

(二)工业的生产效益高于农业,发展现代工业可以反哺农业

孙倬章认为,一方面,工业生产的集成效益要优于农业生产,这主要是受报酬递减规律的影响,"工业生产劳资愈增加,则生产额亦愈增加,且有较比例更多的增加;农业则不然,农业生产的增加,有一定的限度,若已达一定的限度,则劳资虽愈增加,而生产额则愈为比例较少的增加,此为报酬渐减法所限制"[2]。他详细分析到,中国农业生产的效益增长已经陷入报酬递减的境地,"农人近年的生活,远不及二十年以前的状况。处于这种情势,倘仍主张偏重农业,不求振兴工业,以消纳农村过庶的人口,则数十年之后,农人必愈有难堪的现象"[3]。另一方面,发达的工业对于农业发展具有反哺之效,"欲求农业发达,必先求工业发达;盖工业愈发达,则农业亦愈进步。反之工业不发达,则农业,亦少进步,农民尤较为困苦"[4]。质而言之,在他看来,农业之提升有赖于工业,工业发展后至少可以从技术、资金、市场、交通等方面

---

[1][2][3][4] 孙倬章:《农业与中国》,《东方杂志》,1923年第17期。

反哺农业发展。

早期马克思主义者恽代英也持类似的观点,首先,他认为,中西交往后农业国很难离开工业国而独存,"农业国果可以不需要工业国而独立乎,人非能食稻麦,稻麦必须碾磨,碾磨乃工业之事,而非农业也,人非能衣棉丝,棉丝必须纺织,纺织亦工业之事而非农业也,闭关之时,中国人以粗拙之工具,附丽于农人家庭,以从事碾磨纺织之事"①。但是随着中西交往的发展,国内外的各种生产工艺有了竞争、比较的机会,西方工业发达的国家"有进步的机器,伟大的工厂,其所碾磨纺织者,成本低,成品良,非我所能与之争竞,而衣食之所需,乃转而大宗需仰给于外国"②。一旦有了比较,为了更好地满足自身的生产生活需要,中国民众则会提出发展现代工业的要求。其次,他提出,在工业化浪潮下,中国想独立于世,走农业发展之路已难实现,"今日之事,非徒我不可以独立而已也。"因为"中国在工业先进国之下,已成为经济的隶属关系"。③在这里,恽代英比较清楚地阐释了农业的提升离不开现代工业的发展与反哺,这是工业时代发展农业的应然逻辑和必然选择,中国作为工业落后的国家当然难以置之度外,否则违逆客观生产规律,必将遭受先进工业国更加深重的侵略和欺压。

早期马克思主义者杨明斋对章士钊所提出的西方现代工业文明的东渐侵蚀和破坏了中国农业文明的观点表示异议的基础上指出,"单就农业生产来讲,工业输入中国并没破坏了他。现在的农业,只有比工业输入前发达,如选种试种交通农具等,并没受他的坏影响"④。这一论断也支持了虽然中国是在被动和无奈乃至受到列强侵略与欺侮的情势下接触到西方现代工业文明的,但不可否认的是,西方现代工业的发展客观上对中国农业的现代化还是具有一定的反哺之效。所以,中国要赢得发展主动权的出路,在于争取

---

①③④ 戴英:《中国可以不工业化乎》,《申报》,1923 年 10 月 30 日。

④ 杨明斋:《评中西文化观》,黄山书社,2008 年,第 185 页。

民族独立的基础上,不断地发展现代工业,以求自立自强,而不是闭关锁国,反求诸农。

第三节 "农业与工业不可偏废者也"

在20世纪20年代的东西文化论战期间,关于以何立国的论战中,除了前面两节所引介的以农立国与以工立国两种主要倡导外,还有一种比较折中和辩证的主张,就是主张中国要想真正立足于世,不仅要继承充分重视发展农业的优良传统,而且更要顺应时代发展潮流,高度重视发展现代工业,即要实现农业与工业的同步发展和现代化,不可偏废其一。否则,对于中国未来经济社会的真正发展是很不利的。虽然持有这种主张的人在20世纪20年代的中国并不多见,仅以陈宰均、润章、杨铨(即杨杏佛)等人为代表。但是作为一个颇具辩证思维和高超智慧的主张,是很值得我们加以认真地引介、提炼和进一步总结发展的。

一、"农产未振,工必不能充分发达"

时人陈宰均作为畜牧学家、农业教育家强调指出,农业的发展可以为工业的发展提供原料,也为人们的衣食住行等提供基本的物质保障。所以,农业是一国经济的重要基础,我们要充分重视发展农业,"工业原料大半仰给于农,农产未振,工必不能充分发达。皮之不存,毛将焉附"[1]。在陈宰均看来,中国要想发展现代工业,非但不能抛却农业于不顾,而且要充分利用工

---

[1] 陈宰均:《工化与农化》,《甲寅周刊》,1926年第29期。

业发展带来的新工艺、新技术来提升农业发展水平,从而为工业持续的现代化提供更高质量的原材料供应。

润章[①]也有类似的看法,他首先对章士钊提倡要重视农业发展的意见表示同情和理解,进而提出了农业之所以重要的原因以及农业技术的提升和改良的重要性与必要性,"国民生计,是改革的根本问题;而农业的改良,是中国国民生计的根本问题。中国是个纯粹的农业大国。如果国人稍稍的修理河道,培养森林,讲求灌溉,就可以减少许多的水旱天灾。稍稍的注意选种,预防,驱除等法,就可以减少许多的病虫害。再加以稍稍的改良农具,选用化学肥料等事,我想全国农业的收获一定可以增加二倍"[②]。在这里,他很清楚地认识到当时中国作为"一个纯粹的农业大国",农业的改良和相关技艺的提升与发展对于中国来说是关系到本国"国民生计的根本问题"。换言之,在润章看来,农业发展在中国国计民生中处于基础性的地位。

二、"工业的发达,正可以辅助农业的进步"

杨铨就提出:"今世之立国,农业与工业不可偏废者也,而在中国为尤甚。"[③]他得出这一论断的基本理据是:

首先,在他看来,一个国家尤其是像中国这样的现代工业发展水平比较低的国家,如果只重视发展农业是比较危险的,因为这对于提升国家的竞争

---

①即李书华(1889—1979),字润章,河北昌黎人,知名物理学家、教育家。1913年留学法国,1918年获图卢兹大学理学硕士学位,1922年获法国巴黎大学理科博士学位。曾任国立北京大学物理系教授、系主任;中法大学代理校长、国立北平大学副校长兼任代理校长、国民政府教育部长;曾参与创建北平研究院并主持过院务。
②润章:《何谓"伪工业国之文明"》,《现代评论》,1925年第6期。
③杨铨:《中国能长为农国乎》,《申报》,1923年10月28日。

力是不够的，"徒农则以原料供人，而其一己之衣食住以及农具与消耗品皆将仰人之鼻息。将欲安贫乎？则中上社会之嗜好方日增，金钱之流出者年以千百万计。将欲守古乎？则农产之收成本已不丰，益之以水旱之天灾，苟无农业机械之改良，与水陆交通之建设，自给且不足，何能角逐于世界之市场。此就理论言，农之不能独存也如此"①。所以，为了不在生产原料供给和衣食住行等生活用品的供应方面受制于人，为了更好地满足人们对更高质量消费品日益增长的需求，为了提升农业发展技术、抵御风险的能力、市场竞争力，中国必须在充分重视现代工业发展的基础上，为全面提升农业的发展水平提供滋养和支持。

其次，在西方现代工业大潮已经深入侵袭中国的前提下，再掩耳盗铃地逃避现代工业发展的潮流则是愚钝的做法，也是无法实现的一厢情愿，"吾虽不欲兴工，而欧美之制造家已挟其资本建厂于吾腹心之地……吾不欲兴，而人将代我兴之，大势所趋，人心不古，虽有大力，孰能挽此狂澜哉"②。所以对中国而言，唯一的正途就是在积极融入世界工业化大潮的基础上，结合本国国情和比较优势，探索发展与壮大本国的工业化之路。中国要卧薪尝胆，有所作为，从而为提升中国工农业现代化水平，以及为将来全面提升竞存力奠立基础。

时人陈宰均也认为，中国农业的发展必须仰赖现代工业工艺的提升与反哺，否则很难实现，这是因为在他看来：

其一，农业现代化的一个重要体现就是农业生产率的提升，而当时中国的农业生产率处于较低的发展水平，亟待提升，"吾国农业，自当彻底改革。就农民个人为单位，以增进其产力，业农之人虽减，农产之量犹昔，或且以此而更增多。此实势所必至，非人力所可强抑，农化云者，即作如是解。否则

---

①② 杨铨：《中国能长为农国乎》，《申报》，1923年10月28日。

吾国业已农矣,更何必叨叨论农化"①。陈宰均以农业生产率来作为衡量农业改革与现代化的重要指标,可以说是一个很有见地和远见的倡导。

其二,在认识到中国的传统农业亟须提升生产率的基础上,他进而指出这种提升的动力和各项支持必然得益于现代工业的发展,"农民数减,失业人夥救济之方,惟有工化。……然则欲减少农民之人数,以期农化之实现,舍多立工厂,多雇佣工外,实无他术。且夫吾国业既农化矣,地无遗利,农产骤增,将以输出海外,尽易制品乎。欲图利用剩余之农产,提高人民之生活,则又非工化不为功"②。所以在陈宰均看来,无论是从消化和吸收农业现代化之后农村的剩余劳动力,还是从维护国家贸易利益来看,都需要将农业发展的成果更好地转化为满足人们日益增长的美好生活需要的能力,转化为提升国家综合创新与发展实力的能力,以上都须建立在发展现代工业的基础上。所以从一定意义上来看,工业对农业的反哺之效既是工业发展之后的必然趋势,也是农业发展转型升级的内在需求,因此我们才可以说农工业之间是相辅相成、彼此增益的关系。

时人润章也充分认识到中国农业的提升必须建立在现代工业的发展和反哺的基础上,"农业有依赖工业的地方,比方农场所用的农具,农产制造厂所用的汽机电机,是机械工厂所供给的;化学肥料,驱除病虫害所用的药品等,是化学工厂所供给的。所以在一定的界限以内,工业的发达,正可以辅助农业的进步"③。在此,他比较有针对性地指出了农业所需的生产器具、化肥药品等都需要相关工业企业的供给,这些观点的阐发对时人更加直观地认知工业对农业的反哺之效是大有裨益的。

---

①② 陈宰均:《工化与农化》,《甲寅周刊》,1926年第29期。

③ 润章:《何谓"伪工业国之文明"》,《现代评论》,1925年第6期。

三、"工与农实并行而不悖,相得而益彰"

正是基于上述对农业与工业之间关系的辩证认知,当时人们才能够比较睿智地提出正确处理农业改良、发展和工业升级、进步之间关系的基本原则。

杨铨认为:"今世之立国,农业与工业不可偏废者也,而在中国为尤甚。"①详细言之,即:

其一,民以食为天,农业是一国经济之基础,因为它为民众提供了基本的衣食住行等生活原料、生产物资的供给。因此,如果一国不重视农业生产,则很容易酿成粮食危机,在战时尤甚,"夫工不能偏废,农亦何莫不然。徒工则食物原料必仰给于人,无事则时有经济之恐慌,有事则不免封锁之危险。以我地大物博,人口众多,岂能自荒膏腴,就食他国,托性命于国际贸易商人之手哉?"②所以,对于像中国这样的人口大国来说,发展好农业生产尤为重要。

其二,中国农业不断现代化,产量的不断提高可以为现代工业的发展提供源源不断的、物美价廉的原料,从而在中国关税制度不够健全的情势下,为提升中国工业制成品的竞争力提供一定支持,"且以吾国关税制度之不良,工厂之出品,虽廉工贱料,尚有不能抵制外货之势,苟以舶来物为原料,其失败也必矣,此理论上工之不能独存也。因工业之兴而农业转盛,此又势所必至也。故工与农实并行而不悖,相得而益彰"③。总之,在杨铨看来,农业的发展和工业的现代化是相辅相成之关系。

陈宰均也就工业与农业发展关系之原则,精当地概括道,两者之间是"相辅相依"之关系。所以,在一国之经济发展中二者必须得"分配适宜,轻

---

① ② ③ 杨铨:《中国能长为农国乎》,《申报》,1923年10月28日。

重平衡",如此才能使二者良性互动、彼此增益,为促进一国经济之健康持续发展提供支持与保障,"要之一国经济,全部之组织,如机器然,轮也,轴也,螺钉也,必相依相辅,运用乃灵。若农若工,不啻生产机中之一轮一轴耳,必分配适宜,轻重平衡,而后其经济组织始健全。设若徒囿于局部之发展,未察及全体之均势,则非头轻脚重,亦必尾大不掉。故吾内审国情,外观世界大势,敢决言吾国非工化无以农化,非农化无以工化;吾国宜农化,亦宜工化"①。陈宰均的这一描述和概括可以说是十分地生动和精确,对我们更好地理解工业与农业二者之间的关系颇有助益。

时人润章也在对工农关系做出辩证分析和恰适判断的基础上,鲜明地提出自己的处理工业与农业发展关系的原则,"我虽然极端的主张振兴农业,我同时却极希望工业的发达。我虽然绝对承认农业的重要,我却不承认工业是要不得的"②。他的这一态度和观点虽言简意赅,但鲜明有力。

质而言之,虽然在20世纪20年代的东西文化论战期间,能够提出并极力倡导以农立国与以工立国并举的主张的人不多见,这也是导致上述对这类观点的爬梳和总结内容比较单薄的原因。但是这丝毫不影响后人对这类充满辩证智慧和长远眼光的主张的肯定和赞许。

小结:中国现代化要平衡现代工业与农业的关系

作为20世纪20年代东西文化论战的重要组成部分,关于以何立国的论战主要涉及中国现代化中的经济发展战略问题,即中国未来开展现代化是以农为本还是以工为本,抑或两者并举、协调推进?纵观这场论战,各种主

① 陈宰均:《工化与农化》,《甲寅周刊》,1926年第29期。
② 润章:《何谓"伪工业国之文明"》,《现代评论》,1925年第6期。

张经过激烈交锋、碰撞都得以示人。其中的利弊得失都值得后人加以提炼和总结,因为这可以为我们进一步探索中国的现代化发展之路提供再思考和持续追问的历史资源:

其一,主张中国应以农立国的时人们的观点中内嵌着种种不足之处:如他们没有充分认识到现代工业化是人类历史发展到一定阶段的必然产物,人类要想进步就必须顺应这一时代潮流,不是能够一厢情愿式地选择视而不见或主观上能够选择逃遁的!虽然现代工业化带来了种种弊害,但这主要是西方现代工业化模式自身存在很大问题,这些都可以通过尝试探寻并建立更加科学、有效的社会制度和治理方式来逐步加以舒缓和解决,而不能像以农立国的主张者那样,幻想通过走回头路,以"返工归农"这种近似乌托邦式的方式来规避。但不容否认的是,他们也提出了一些很有价值的观点,而不像有的观点近乎对其进行全然否定,"以农立国论绝对不是偶然出现的,它是自东西文化冲突以来封建卫道士极力反对现代工业文明的承继"[1]。如要充分重视农业发展的基础性地位,尤其是对作为具有悠久农业发展史和众多人口的中国来说,粮食安全尤为重要;农业文明,在一定意义上具有安定民心、敦化民风、勤俭质朴等优点;同时他们对西方现代工业化模式带来的种种弊害,如社会阶级分化、贫富悬殊、生产过剩、环境污染、生态破坏、对外侵略扩张、奢靡纵欲等问题进行了有力的抨击和针砭。对于他们不合时宜的论点我们要引以为戒,对于他们思想中的智慧火花,我们要结合当今时代特征而加以继承和发展。

其二,主张以工立国的时人主要是从时代发展大势、进化史观、文明进步、政治民主、思想文化繁荣、民族发展等视域来论及中国要积极发展现代工业,提升自身竞存力的重要性和必要性。总体而言,他们的提倡和阐释符

---

[1] 季荣臣:《论二十年代"以工立国"与"以农立国"之争》,《广西民族学院学报》(哲学社会科学版),1993年第2期。

合时代发展大势,也道出了中国必须重视发展现代工业的应然性。但是囿于历史的局限,他们还未能对中国怎样能够充分地利用民族的禀赋,在很好地吸收借鉴西方现代化工业发展经验的基础上对更好地开展中国的工业化做出较为全面系统的阐释。除了早期马克思主义者初步看到了中国必须通过积极抗争赢得民族的独立和建立新的国家之后,才能够为争取发展民族工业争创基础以外,很多主张以工立国的时人也没能充分认识到这一点。此外,他们也没能深刻认识到巩固和发展现代化的农业对于保障中国的粮食供应乃至国家安全具有十分重大的意义;也没能对以农立国主张者提出的现代工业化所带来的负效应,如生产过剩、社会阶级分化对立、失业、人的异化、寄生依附性的国际经济格局等诘问做出有力的回应,他们大多数还是以西方资本主义工业化模式作为"范本"来展开他们的工业化主张的论析逻辑。难能可贵的是,这其中早期马克思主义者,如杨明斋初步认识到应该通过变革生产关系,采取社会主义的生产形式,才能够为克服资本主义工业生产异化的问题提供出路,"社会主义者要均民用,诚然是的。社会主义者因为生产不足民用,极力主张发达生产——工艺学术——并没有想到逃工归农。他们要做到的是均劳力,发展生产和均民用的享受权;做梦也没想到弃工;更没有隐然逃工归农之意。国际主义就是社会主义者提倡的。他们倡打倒资本帝国主义的侵略掠夺淫奢欺压弱国奴隶弱族,他们要解放弱国弱族,使其自由的发展生产经济财政教育;并不想去工就农。他们只是主张自由通商,排斥列强霸占市场,强迫关税协定和强盗性质的条约;可是并不想闭关自守长为农国"①。我们从杨明斋的这段对以农立国主张的批驳中可以窥探出早期马克思主义者尝试从建立社会主义制度出发来克服资本主义工业化弊病以及探寻社会主义工业化发展之路的思想萌芽。

---

① 杨明斋:《评中西文化观》,黄山书社,2008年,第183页。

　　其三，主张中国只有工农业并举发展，协调推进才有出路的观点是很有价值和见地的，同时也内嵌着种种不足，"农工并重论，其实是渐进的工化论，似乎比较切合近代中国实际。但农工并重论作为阶段论和方式论则不妨，作为目标论、模式论是错误的"①。如他们可能奢望以当时中国落后的小农生产来支撑和反哺中国工业的发展，没有考虑到中国农业只有现代化之后，才能够更好地为现代工业提供充足优质的原材料供给，进而为促进中国现代工业的升级发展创造条件。但笔者认为，虽然由于历史局限，他们不可能比较前瞻性地勾勒中国走工农业协调发展的具体纲领，但不容否认的是，他们这种充满中道理性以及辩证系统的思维还是值得后人称道的，这可以为我们更好地同步协调推进工农业的现代化，增强二者的优势互补和彼此增益之能力提供思路启示。

　　其四，需要着重加以申说的是，当时论战各方面的不同主张虽然各有偏重，也有各自内嵌的不足，但我们如果细致爬梳和提炼相关论争材料，还是可以发现论争各方是存有一些基本共识的，即无论工业还是农业都是中国未来更好发展，实现现代化不可或缺的因素，即使是以农立国的主张者们，也没有全然否定工业发展的重要性和必须性，如我们可以从章士钊、董时进等人对农国与工国的定义中得以窥探一二，如章士钊认为："天下固未有全然废农之工国，亦未有全然废工之农国也。岂唯不废，工国重农者有之，美利坚是也，农国重工者，义亦宜有。有农无工，自古已无是义，宁有生于今日大通之世，而反昧于通工易事之理者乎？"②所以，判断一国为工业国还是农业国之主要标准之一是要看工、农业在其国民经济发展中的比重及发达程度，"所谓农国者，质言之，即农业发达之国家也。其工业如何，未足以影响

---

　　① 何爱国：《中国现代化思想史论（1912—1949）》，世界图书出版广东有限公司，2014年，第120~121页。
　　② 孤桐：《农国辨》，《新闻报》，1923年11月3日。

农国之所以为农国者。一国之农盛,其工不盛为农国,工盛亦为农国,反之,若其国之农衰,则工盛,不为农国,工衰,亦不得为农国。工国之所以为工国,其理亦同。即以其工业之盛,不以其农业之衰……国家可以农工并兴,亦可以农工俱衰"①。同时他在回应董时进的疑问时,也提及,"夫农国不应妨工,工国不应妨农,其义钊凤主之。即吾国士农工商四业齐举一点证之已足。虽然此中固有不能畔越之界焉,所谓农国不应妨工者必其工为农国之工,然后可若易为工国之工,则有妨矣。工国不应妨农,其必为工国之农,不得为农国之农,于理亦同如是解释"②。

董时进也持有类似的观点,"农国者与工国对待之名称也。农国工国之分不在乎农工业之独存或独废,而在于其所占位置之比较。通常所谓工业国者,大抵其国之工业较盛于农业。其工业在国家之经济社会财政上之位置,亦较农业为重要。农业国反是。以农为主业而工居次位"③。详细言之,"农业国并非没有工业的国家,是农业发达的国家。凡是原料食物至少能自足或有余可以输出的,叫农业国,不足须输入的便不是农业国。是农业国并非一定不是工业国,非农业国并不一定是工业国。农业国之所以为农业国,是因为他的农业发达,不是因为他的工业不发达。同一理由,工业国之所以为工业国,是因为他的工业发达,不是因为他的农业不发达。……国家亦可以同时振兴农业与工业,而同时为农工业国。从其农业之兴盛观之,曰农业国,从其工业之发达观之,曰工业国。故两者可以并行不背"④。他甚至呼吁式的向世人提出:"我相信头脑稍为清楚的人,必不至于讥骂我是复古,或指斥我是执一偏之见。"⑤有的观点更为明晰和直接地指出:"农产国与工业国之判,非以彼为绝对之农产国与工业国。乃以其农工两业,注意之点为孰重

---

① ② 董时进:《农国》,《甲寅(北京)》,1927 年第 42 期。

③ 董时进:《释农国》,《甲寅(北京)》,1925 年第 14 期。

④ ⑤ 董时进:《理想的东亚大农国》,《东方杂志》,1927 年第 11 期。

孰轻之谓也。盖我所谓农产国与工业国，亦非纯粹之农国与工国，乃农产而兼矿产，工产而兼商业。"①所以，以农立国的主张者只是在工农业发展关系中，更加注重提醒世人要发展农业，以农业、农村、农民为本，并没有完全盲目地主张否定工业。

而主张以工立国的时人们，也没有把工农业之间的关系截然分开、两极对立，"农业国和工业国，这两个名称，并不能说是绝对的，只能说是比较的。农业国为原料和食物的供给者，同时为原料和食物的需求者；工业国为制造品的供给者，同时为原料和食物的需求者，二者相互而生的利害关系，极为密切"②。进而言之，"向来农国和工国的分野，多根据于其国家的经济社会。某国的工艺品较充足于农艺品，在经济社会上的位置亦比较重要者，就叫做工业国；反之，以农业为主位，工业为次位，就叫做农业国"③。即使是力陈以工立国有种种好处与现实必然性的孙倬章也看到了西方现代工业化模式会给农村发展带来种种负效应，而主张中国未来要引以为戒，要采取相关预防救济措施，"中国今后之改革，一面须顺应进化之原则，一面须预防将来之流弊；对于经济的改革，宜采循序渐进的社会观的生产，以消除资本主义，俾达到社会主义。……此外还有一种流弊，即偏重工业之结果，常不免牺牲农村，以供献于都市"④。他虽然主张以工立国，发展现代都市，但同时也为如何更好地兼顾工农关系、城乡关系提出了自己的建议性对策，"都市遂为社会利益集中之点，人民的多数咸趋赴于都市，以致多数人民，成为都市生活；因此遂发生对于卫生及道德种种不良之流弊。欲救此等流弊，宜主张县及乡有极大的自治权，使农民有相当的政权，使各县各乡，与都市为同样的发展。尤其重要者，国家对于农村的交通教育卫生保险等，须加以法律的法

---

① 叶荧震、林有水：《我国抵御工业国侵略之计划》，《经济汇报》，1926年第2期。
②③ 陈兼与：《中国宜如何进到工业国》，《致力》，1929年第3、4期。
④ 孙倬章：《农业与中国》，《东方杂志》，1923年第17期。

护,及经济的援助。若能如此,庶乎农工二业,两无所伤,咸得其平矣"①。所以,以工立国的主张者只是更加强调工业发达与否事关中国未来之前途命运,与此同时,他们也认识到中国农业的落后,还需要继续提升。中国农业的发展和升级必须建立在现代工业发展的基础上。我们从主张中国应该工农业并举、协调推进的各种主张中,更是可以看出一些基本的共识,而不是一种各趋一极,彼此无法互动、交流的关系。这些都启发时至今日的中国,在开展现代化的过程中,要科学理性的兼济平衡现代工业发展与农业进步(包括农民、农村发展权益的保障等)的关系。中国在全面走向现代化的历程中,只有协调处理好现代工业与农业发展的关系,中国的现代化才可能是持续的、健康的。

总之,20世纪20年代以何立国之争作为东西文化论战的延伸和深化,"是一次关于中国经济道路的论战,更是一次在社会发展方向上选择中国社会未来走向的论战"②。论战各方经过思想交锋、碰撞与融合,彼此对工农业发展之关系、中国未来现代化模式的选择等论题都有了更为全面、深刻的认知。尤其是以工立国主张者们在以农立国主张者们的诘问下,对工业化的思考也更加拓展了,这为各方下一阶段的论争聚焦"中国如何工业化"做了一定的铺垫。但毋庸讳言的是,囿于历史境遇的局限,论争的视域和深度有待后人继续拓新。

---

① 孙倬章:《农业与中国》,《东方杂志》,1923年第17期。
② 周积明、郭莹等:《震荡与冲突:中国早期现代化进程中的思潮和社会》,商务印书馆,2003年,第357~358页。

第五章
科学的功效与适用范围之争

在20世纪20年代东西文化论战中,有一个影响深远的关涉中国现代化发展的论争主题,即科玄论战(抑或称为科学与人生观论战)。目前,史学界一般将其作为一个独立论题加以研究,而笔者则尝试将其纳入东西文化论战的研究视野中。鉴于时人把科学作为现代西方文明抑或西方现代化的核心要素之一,所以科玄论战既可以看作是东西文化论战的深化和拓展,"这场论争没有脱离战后反思中西文化的路向……这是国人在反省欧战的基础上对科学问题进行的再认识,它是中西文化问题论争的继续"①。同时,从中国现代化的视域看,这也是时人对西方现代化模式进行系统化反思的重要面向。时人通过反思科学的功效来反思西方现代文明抑或西方现代化模式的成败利钝。基于此,他们进一步思索在中国现代化历程中如何认识和发挥科学的现实功效与作用等问题。笔者主要尝试从科学的功能与适用范围,即"科学是否万能"这一论题着手研究当时的论战成果,进而研究这场论争对中国现代化发展的影响。

---

① 郑师渠:《欧战前后:国人的现代性反省》,北京师范大学出版社,2013年,第28页。

第一节　酝酿与烘托：论战爆发的舆论氛围

20 世纪 20 年代在中国大地上爆发的关于科学的功能与适用范围的论战绝非偶然，而是有着深刻、复杂的国内外原因的。从国际因素来看，主要是一战后欧洲兴起了一股反思科学、理性是否万能的思潮；而反观国内，提倡科学与反省科学万能的思潮也跌宕起伏，凡此种种的国内外反思科学功效是否万能的思潮交相呼应、此起彼伏，为最终酝酿成为一场科学与人生观的论战做了思想铺垫。

一、痛定思痛：国际反思科学主义的思潮

"科学"现在可以说是我们耳熟能详的一个词语。在大多数普通民众的心目中，科学至少蕴含着真理、价值、力量乃至信仰等意味。我们知道科学这一词语自身含有多元复杂的面向，如包括科学技术、科学精神、科学价值，等等。自 18 世纪欧洲启蒙运动兴起以来，西方人在发现人的力量的过程中，逐渐认识和推崇理性、科学等精神的价值。科学的不断进步给近现代人类社会突飞猛进的发展提供了极大的推动力，所以科学逐渐成为一种理性、进步、力量、强盛等价值的符号象征。人们甚至认为科学无所不能，有了科学，人类不仅可以征服自然界，还可以为创造优良的政治、经济、文化以及社会制度提供指导，正如英国科技史家丹皮尔所言，在被称为"科学的世纪"的 19世纪，不仅关于自然界的知识得到爆炸式的增长，而且人们对整个世界的观念也有了根本性、革命性的变化，"我们认识到人类与其周围的世界，一样服从相同的物理定律与过程，不能与世界分开来考虑，而观察、归纳、演绎与实

验的科学方法,不但可应用于纯科学原来的题材,而且在人类思想与行为的各种不同领域里差不多都可应用"①。概而言之,这种科学主义思想的秉持者们相信科学可以解决包括人类精神在内的所有领域的问题。

　　总之,在欧战爆发前的一段时期,科学万能论、科学主义等社会思潮弥漫整个西方思想界。但是当进入20世纪,尤其是自从欧战爆发以后,人们开始反思过度推崇理性、科学的弊害。西方社会兴起了一场非理性主义的思潮,作为一种对科学主义思潮的对冲和反动,其中颇具代表性的是杜里舒的生机论和柏格森的生命哲学。杜里舒能够适时提出"生机论",主要得益于当时生物学的最新发现之一,即每一个细胞均可成长为独立的生命系统。该理论基于"全体性"这一概念,提出了所谓"生机主义的人生观"。这种新的人生观相信每个人的人格都是独立自主的,人的意志也是自由的。所以基于这一认识,他倡导每个人作为独立个体都应该争取自我全面发展的各项权益,同时也应该自觉承担对于社会的基本责任。柏格森生命哲学的主要内容是:世界万物可以分为两大领域,一是空间或物质领域;二是生活或精神领域。空间、物质领域是自然科学的研究对象,人们可以依据理性研究这一领域,从中探求一定的公例,但其特点是固定呆死的。而生活或精神领域则不然,这一领域的特质是自由的、变动的、创造的,"舍直觉无由把握,非理智所能适用。生命的进化源于生机的冲动,即人的精神道德生活之创造流的驱使"②。总之,二者的思想中都含有一种神秘色彩,但是他们反对用纯机械的、力的观点来阐发人的生命与生活,相反,他们倡导用运动变化、整体系统的思维来探究人的生命意义与生活样式,强调关注人的精神世界的创造性以及心灵世界的独特性,这一点值得我们注意,质而言之,正如有的学者所言,"柏格森主义代表对科学主义之反动,代表西洋文化之一种反省或

---

① [英] W.C.丹皮尔:《科学史及其与哲学和宗教的关系》,李珩译,商务印书馆,1975年,第283页。
② 郑师渠:《欧战前后:国人的现代性反省》,北京师范大学出版社,2013年,第23页。

自嘲"①。这一评价是切中肯綮的。

二、激烈交锋:国内反省科学主义的复杂思想格局

中国人对科学的态度和印记可以说是更为复杂多变、值得玩味的。中国历史上既有值得国人骄傲的科学技术发展成就以及由此带来的辉煌历史记忆,又有与西方相较,令民众深感羞愧的、自叹不如的、落伍的科学技术现实窘境。众所周知,古代中国在科学技术的发展方面曾经有过远胜西方,甚至"独领风骚"的成就,"直到15世纪末,在欧洲人发现新航路走出西方前,中国文化一直居于世界领先地位,甚至可以说是独占鳌头"。尤其是在科学技术的发展方面对人类文明进步更是贡献很大,"从公元3世纪至15世纪,中国的科学技术发明保持了西方望尘莫及的水平,拥有世界上最早的并在当时是最先进的科学技术发明70多项。15世纪以前,中国一直是人类文明和科学的巨大中心之一"。②但是之后的历史时期尤其是自近代以来,中国逐渐在科学技术等方面落后于西方。经过近代与西方科学技术先进的国家屡战屡败之后,中国人痛定思痛,开始逐步认识到科学技术的重要性。也正是在耻辱和歆羡交织的复杂民族情感中,中国人对发展科学技术的紧迫性有了深刻的体认。

民国初年,尤其是到了新文化运动时期,科学和民主更是成为趋向新潮的有识之士推崇备至的文明因素,"民国初年,随着西方科学事物在中国的普及,中国海外留学生的大批归国,以及中国人对西方科学文明认识的不断深化,'科学万能'思潮开始在中国大地弥漫流行。科学对于中国走向现代

---

① 胡秋原:《西方文化危机与二十世纪思潮》,学术出版社,1981年,第340页。
② 王介南:《中外文化交流史》,人民出版社,2011年,第10页。

化的重要性也越来越得到国人的认同"①。从1915年《东方杂志》上的一篇文章中不难感受到当时宣扬"科学万能"思潮之一隅,与西方19世纪以来高扬科学主义精神相类,在当时的一些国人看来,科学的重要功效不仅局限在自然科学领域,"殊不知政事有政事之科学,道德有道德之科学。古代道德政治之书,科学包含之而有余;现在及未来之学问,科学阐明之而无不可……人类之发展,莫不循科学发展之轨道"②。如果一门学问的创建乃至一个社会的运行不遵循科学原理,其发展必将是缓慢的、中途停滞的、甚或是退步的。这主要是因为,"科学之所言,皆人类生存上所必需之事理。故尊崇之者强,信之不真者弱。反对之者亡"③。这其中蕴含着科学可以统括自然和人类社会各个领域的观点,换言之,包括自然界与人类社会各个领域在内都必须"科学化"。它们只有能够经得起科学的检验与审视,才是真正有前途的、有价值的。要不然"非科学的事物"只能应验"顺之者昌,逆之者亡"的教训。我们甚至可以说,对于科学的崇仰和宣扬在某种程度上已经成为新文化运动时期"思想正确"的一种象征和标识。如果谁敢公然批判科学,那么其极有可能成为推崇西化的思想家们集体讨伐的对象,正如胡适所言:"这三十年来,有一个名词在国内几乎做到了无上尊严的地位……那个名词就是'科学'。"④在胡适看来,自从戊戌维新运动发生以来,在中国,大凡标榜或自命为思想解放的人没有敢公开诋毁"科学"的。从胡适的言说中,我们可以一定程度上窥探出"科学"在当时中国思想舆论场域中"无上尊严"的地位。

但是一战之后,惨绝人寰的战争恶果一时惊醒了东西方的思想界。也正是这一人类历史上空前的战争促使东西方思想界开始反思标榜以科学与民主为核心精神的现代西方文明。尤其是西方思想界反思科学是否万能的

---

① 焦润明:《中国现代文化论争》,社会科学文献出版社,2012年,第402~403页。
②③ 造五:《科学之价值》,《东方杂志》,1915年第7期。
④ 张君劢、胡适、梁启超、陈独秀等:《科学与人生观》,中国致公出版社,2009年,第6~7页。

思潮通过种种途径传播到中国,更加激化中国思想家们围绕着科学是否万能展开激烈的争辩。如早在1916年,时任《东方杂志》主编的杜亚泉就"科学过度发展在西洋招致的灾祸"进行了阐述,"自欧战发生以来,西洋诸国,日以其科学所发明之利器,戕害其同类,悲惨剧烈之状态,不但为吾国历史之所无,亦且为世界从来所未有"。①所以,他倡导国人不仅要改变对西洋文明盲从的态度,而且要深刻认识到西洋文明并不是完美无缺的。它虽然在科学技术发展方面胜于中国,但是精神、道德等建设方面要远逊于中国,我们要用中国文化(精神文明)的优长来救济西洋文化(物质文明)之流弊。这既是中国文化未来的出路,也是中国文化对人类文明进步所应该承担的使命和理应做出的贡献。更有甚者,就连早年重视引进西方科学、民主到中国的启蒙思想家严复,也在1918年作诗论及对科学发展所产生之弊害的担忧,"太息春秋无义战,群雄何苦自相残。欧洲三百年科学,尽作驱禽食肉看"②。这可以看出当时中国一些思想家对于科学价值的复杂评价和态度转变。

更令时人震撼的是,号称"以今日之我与昨日之我战"的大思想家梁启超在其名著《欧游心影录》中抒发了他对科学之功效是否万能的看法,这可以看作是催促科玄论战爆发的一个重磅思想炸弹。梁启超用他常带感情的笔触写到,一个人,若是有一个安身立命的所在,即使遇到种种艰难险阻,也不难扛过去,但是"近来欧洲人,却把这件没有了。最大的原因,就是过信'科学万能'"③。而由于相信科学万能,欧洲的宗教、哲学等精神信仰领域都受到了极大的挑战和严重的动摇,这就使得人们由自主性的、隶属自由意志领域的人生观切换成为一种以物质力量为衡量标准的、机械的人生观,一切

---

① 伧父:《静的文明与动的文明》,《东方杂志》,1916年第10期。
② 严复:《何嗣五赴欧观战归,出其纪念册子索题,为口号无绝句》,载王栻编:《严复集》(第2册)(诗文下),中华书局,1986年,第403页。
③ 梁启超:《欧游心影录》,商务印书馆,2014年,第15页。

是非善恶的评价标准好像都显得苍白无力。西方出现了宗教信仰的危机、道德责任的阙如、人生意义的迷惘等社会乱象和时代困顿。当科学受到高扬和推崇以后，第一个受到致命冲击的领域就是宗教和哲学。因为依照科学家的新信仰和新信条观之，人类的心灵、精神等领域，都只是物质运动的一种体现而已，精神和物质的对立，根本不存在。宇宙万物运行机制和原则的发现只能得益于科学实验方法的不断进步和应用，而不能奢求用哲学的方法冥想出来。

总之，那些崇仰科学的人，高举"科学万能"的大旗，建立了"一种纯物质的纯机械的人生观，把一切内部生活外部生活，都归到物质运动的'必然法则'之下"。①在梁启超看来，这种法则其实是"一种变相的命运前定说"。只不过以前的命定论是依据生辰八字或是上帝创世论，而新式的命定论则强调人的命运是完全由科学法则支配、控制的。所凭借的论据虽然不同，结论是一样的。但是依梁启超之见，这种过度崇仰科学力量的现象并没有只给欧洲带来发展的福音，反而，同时产生了迷乱、困顿、战争等副产品。坚信科学万能的时人，满怀期望地认为，只要大力发展科学，黄金世界便指日可待，结果却事与愿违，"一百年物质的进步，比从前三千年所得还加几倍，我们人类不惟没有得着幸福，倒反带来许多灾难。……欧洲人做了一场科学万能的大梦，到如今却叫起科学破产来"②。梁启超在这里道出了推崇"科学万能"思想给欧洲的发展所带来的种种弊害。但我们需要明晰的是，他并没有完全否定科学对人类社会发展会产生积极的推动作用，只是他不承认"科学万能"罢了，"我绝不承认科学破产，不过也不承认科学万能"③。

当然，与其针锋相对的代表性观点也是有的，比如胡适就对梁启超之于

---

① 梁启超：《欧游心影录》，商务印书馆，2014年，第17页。
② 同上，第17~18页。
③ 同上，第18页。

科学价值的评判提出了质疑。在胡适看来,自从梁启超发表《欧游心影录》一书后,科学在中国的至高尊严就受到了严峻挑战。一些没有出过国门的老先生高兴地附和梁启超道:欧洲的科学破产了。依胡适之见,虽然不能明确指出梁启超关于科学的言论与当时同善社、悟善社的流行有直接关系,但不可否认的是,梁启超的言论确实为当时国内反科学势力的膨胀助长了威风。这主要是因为梁启超在中国思想界的声望很大,所以他提出的观点很容易在中国产生重大影响。此外,胡适还指出,梁启超的"科学破产论"观点提出的依据不确切。如梁启超在他的文章中辛辣地揭示、批判那种"纯物质的纯机械的人生观"给欧洲社会发展带来的种种危害。但他是在批评科学家的人生观的罪状。这给人一种偷换概念之感,在胡适看来,犯这种错误的原因是梁启超"摭拾了一些玄学家诬蔑科学人生观的话头,却便加上了'科学破产'的恶名"[1]。之于此,胡适表明了他对梁启超观点的反对,从而也彰显了他对科学价值的坚定信仰和辩护。

总之,1923年2月,也正是处于这种国内外对科学功能与效用的深刻反思和争辩的思想舆论氛围下,一场影响深远的关于科学与玄学的论战在中国大地爆发了。论战的参与者大致可以分为三派[2]:一派被称为"玄学派",主要代表人物有张君劢、林宰平、张东荪等人;一派被称为"中间派",主要代表人物有梁启超、范寿康等人;一派被称为"科学派",主要代表人物有丁文江、胡适、章演存、王星拱、唐钺、吴稚晖等人。

---

[1] 张君劢、胡适、梁启超、陈独秀等:《科学与人生观》,中国致公出版社,2009年,第8页。

[2] 目前学界对科玄论战代表人物的归类和划分,意见不是统一的;一般情况下,是将论战参与者分为"科学派"和"玄学派"两类,还有的观点是将参与者分为三类,主要是将梁启超、范寿康等归为"中间派",笔者经过细致爬梳和分析,本书采纳的是将论战参与者分为"玄学派""中间派""科学派"的归类法。

第二节 科学是万能的吗？

一、聚焦适用范围之争：科学能否统括一切？

20世纪20年代，在中国爆发的科玄论战涉及的主题很广，如人生观与玄学的关系、科学的性质、科学的分类法等。张君劢在1923年为《人生观之论战》一书写的序言中总结性地说道："此二十万言之争论……可以一言蔽之，曰自由意志问题是矣！"①换言之，就是科学能否解决人生观的问题（人生观在玄学派看来就是属于自由意志领域），如果能够解决，那么则可以印证科学派的"科学是万能的"观点是确切的，如若不能，则证明科学解决不了自由意志领域的问题。因此科学的功效也就是有限的，"科学万能论"也就破产了。本节就是聚焦这一论题，提炼和概括科玄两派代表人物对于科学的功效和适用范围，即"科学是否万能"的论争内容。之于此，我们也可以发现当时分属不同思想流派的时人对于西方现代文明抑或西方现代化模式是否完美、万能的看法。同时，我们也可以从中提炼出处理现代化发展过程中难以回避的诸如科技与人文关系的重要原则与启示。

（一）玄学派：科学不能解决人生观问题，所以不是万能的

玄学派的代表人物主要从科学不能解决自由意志领域的问题，诸如人生观问题的视域，来驳斥科学派所持的"科学万能"的观点：

---

① 张君劢：《"人生观之论战"序》，载吕希晨、于铁柱编：《中国现代资产阶级哲学资料选辑》（第一辑），吉林大学哲学系，1980年，第339页。

1.张君劢:"人生观问题之解决,决非科学所能为力"

张君劢作为玄学派的代表人物,他在《人生观》《再论人生观与科学并答丁在君》等篇章中阐述了他对科学的看法:

其一,他在论战的过程中十分明晰和坦率地表达了他对当时中国弥漫的鼓吹科学万能之社会风气的质疑和不满,这在他和丁文江的论战话语中可以看到:对于科学能够支配人生这一问题,从19世纪末,欧美就有人持怀疑态度。在张君劢看来,大约从20世纪初以来,中国学界也开始提倡和鼓吹科学万能论,"教科书之所传授者,科学也。耳目之所接触——电灯,电话,自来水——科学也。乃至遇有学术之名,以ics或logy结尾者,无不以科学名之"①。一旦谈及科学,世人好像面临着"雷霆万钧之力",只会唯唯诺诺地表示赞同,不敢提出异议。更有甚者,国人著书立说时,将从定义、沿革、分类、分章节的编排体例也称之为科学。正是在这种类似科学主义的思潮弥漫中国思想界、学术界之际,张君劢提出科学能力有限论。在张君劢看来,自己的针砭时弊之言是公允的、真切的。丁文江把他的箴言定性为"异端邪说"的论调在张君劢看来,与中世纪罗马教会审判、控告伽利略无异。而作为一个"号为求证之科学家"的丁文江"开口便骂"的行为,在张君劢看来,则恰恰深刻表明是丁文江"自己中了迷信科学之毒"②。以上内容清晰地表明了张君劢发表科学不能解决人生观等属于自由意志领域的问题的重要缘由和目标,就是批驳当时中国社会弥漫的科学万能论。

其二,张君劢提出了他对科学的基本看法,在他看来,科学是有一定原则原理的,而这一原则原理,都是有证据作为依凭的。他把科学按照内在属性的不同,分为精神科学与物质科学两大类别。其中物理、化学等属于物质科学;而政治学、心理学、哲学、生计学等为精神科学的范畴,在这些学科中

---

① ② 张君劢、胡适、梁启超、陈独秀等:《科学与人生观》,中国致公出版社,2009年,第19页。

物质科学的客观性最为圆满,精神科学的客观性次之。在张君劢看来,真正的科学至少包括以下三个方面的特质:

第一,凡是科学公理,都是可以被任何人证明的。如英国发明之物理学与德国发明之相对论,同时适用于全世界。所以,全世界只有一种数学、物理学、化学,这些物质科学是不分国界的。它们内在的证明方式和结果不受地域、民族、国别等人文因素的影响,这才是真正的科学。

第二,科学主要受逻辑方法的支配,讲求演绎和归纳的研究方法。在张君劢看来,科学的研究方法主要有两个:一是演绎;二是归纳,归纳的方法是"先聚若干种事例而求其公例也"。如果是"以自明之公理为基础"[1],之后一切原则都由公理推演得出的,就是演绎的方法。科学家著书立说的基本方式体现了这种分析和演绎方法的应用之道,如他们先从一概念分析着手,继而演绎分析出若干自概念,而后成一部系统的著作。所以在张君劢看来,科学的关键在于分析。

第三,科学受到因果律的支配。在张君劢看来:"物质现象之第一公例,曰有因必有果"[2],物质科学领域都受到因果律的支配。如潮汐现象的发生与月球之间的关系、农业生产中的丰歉与水旱之间的关系等都是存在着因果联系的。而且自然界种种变化是具有内在统一性的,"植物之中,有类可言也。动物之中,有类可言也。乃至死物界中,亦有类可言也"[3]。既然都是有类别可言,而其现象的变化,也是前后一贯的,因此科学中乃有公例可求。所以,自然界现象之特征,则在其互同,这也是将其归因于科学领域的重要缘由。

其三,他认为人生观属于自由意志的领域,而科学则不能够统括精神心理和自由意志领域。所以,他最后将科学与人生观的不同做了对比并总结

---

[1][2] 张君劢、胡适、梁启超、陈独秀等:《科学与人生观》,中国致公出版社,2009年,第3页。
[3] 同上,第4页。

道:一,科学是客观的,人生观是主观的;二,科学受论理的方法支配,而人生观则起于直觉;三,科学可以以分析方法下手,而人生观则为综合的;四,科学为因果律所支配,而人生观则为自由意志的;五,科学起于对象之相同现象,而人生观起于人格之单一性。

后来张君劢在《人生观之论战·序》中又对科学与人生观性质之不同进行了进一步的阐发:

首先,科学是有客观的公例在其中的,人生观则受人的主观因素影响很大,而且经常变换,个中原因更是难以名状,"人生观与科学对举者,谓科学有一定之公例者也,人生观则可以人类意志左右其间,而日在创造之中者也。若夫心理学与社会学,虽其原名亦以 ology 结尾,然不得以科学称之"①。在张君劢看来,心理学与社会学是属于人生观领域的。

其次,科学是有极强的"闭锁性"因果公例的,即可以在一定的实验中重复验证由因导果,也可以执果寻因,而人生之变化迅疾且不可复制、重复逆反,所以不能将人生观归为科学的范畴,"科学之大原则,曰有因必有果,既已以求因果为归束,故视此世界为一切具在,而于此一切具在中求其因果之相生。换词言之,以各物为闭锁的统系(Closed System)是也"②。总之,张君劢认为,"人生之总动力,为生之冲动,就心理言之,则为顷刻万变之自觉性,就时间言之,则为不断之绵延。"因此,无论科技多么发达,人也无法"直将心理之进行,时间之进行,有以防堵而阻塞之!"③所以,绵延不断、顷刻万变的人生是不能像科学实验那样可以人为阻隔、切割、复制、逆反实验的,这也是人生观研究与科学研究相比较的特殊性所在。

---

① 张君劢:《"人生观之论战"序》,载吕希晨、于铁柱编:《中国现代资产阶级哲学资料选辑》(第一辑),吉林大学哲学系,1980年,第337页。
②③ 同上,第338页。

正是因为科学与人生观之本质特征大不相同,所以张君劢坚信,"科学无论如何发达,而人生观问题之解决,决非科学所能为力"①。这在张君劢看来,也就力证科学不是万能的,因为它不能解决人生观问题。

2.张东荪:"科学方法不是科学所穿的衣服可以随便剥下来给别的任何人穿的"

时人张东荪反驳科学万能论的理路是:首先对丁文江提出的"凡用科学方法的都是科学"这一观点表示质疑。其认为"分类以求秩序"不足以概括科学的性质。因为"只是一个所谓科学方法(即分类与归纳等)高悬于上,决不能统一各科学"。其次,在张东荪看来,科学之为科学是在于其目的的一致性,而不在于方法的相同,即"科学乃是对于杂乱无章的经验以求其中的'不变的关系'",科学注重的主要是方式而不是内容,即"关系的定式"。②所以,对于丁文江把爱因斯坦的相对论、梁启超的历史研究方法、胡适的《红楼梦考证》都称为科学的做法,张东荪认为这是犯了笼统的毛病。

详细言之,在张东荪看来,丁文江对于科学的界定(即凡使用科学方法的都是科学)有将科学泛化的倾向,"科学方法若即是形式论理,则不但玄学用之,宗教用之,乃至小说戏曲亦都用之。于是普天之下莫非科学"③。用这种方法来证明科学万能,并且能够统括人生观是不恰当的,也是对科学自身功能的损害。因为在张东荪看来,科学方法与科学是密不可分、如影随形的,"科学方法不是科学所穿的衣服可以随便剥下来给别的任何人穿的"④。

此外,张东荪还对时人把科学误解为"机括""呆板"的态度表示不苟同,他认为科学是最富于活气的。只是他认为科学虽功效强大,但终归是有限

---

① 张君劢、胡适、梁启超、陈独秀等:《科学与人生观》,中国致公出版社,2009年,第4页。
② 同上,第76~77页。
③ 同上,第137页。
④ 同上,第138页。

度的,不是万能的,"科学好像一把快刀,一切东西碰着了必迎刃而解,即最神秘的生命、精神、感情、意志无一不受其宰割"①。但有一种东西除外,即人们的伟大智慧。如当我们看到一辆汽车,他的内部构造当然是呆板的、死的,但是"创造汽车者的智慧便不能不说是创造的活的。科学发展之所以无穷无尽即在此"②。在这里张东荪至少表达了两层意思:其一,科学不等于机械主义;其二,科学作为人类认识世界包括自身的强大工具发挥着不可替代的作用,但这种效用更多地体现在工具理性的层面,而只有不断开掘人类的智慧,从而为实现价值理性与工具理性的有机结合和相互增益,才能更好地发挥科学造福人类的效用。

3.林宰平:"科学包办的态度,我就要反对了"

首先,作为哲学家、佛学家、书法家的林宰平(1879—1960)表示他是相信科学的,只是对丁文江过度宣扬科学的功效,提倡"科学万能"的极端主张持有异议,"科学我是相信的……但在君先生这篇文章的讲法和态度,我是不敢附和的"③。这是因为,在林宰平看来,这种矫枉过正的方式要是在举世不谈科学的时代是可取的,但在当时已经没有太大必要了,"海内真科学家固然并不多,但是知道科学是重要的,这几年似乎很不在少数"④。所以,现在宣扬科学,是为了彰显其真正的价值,我们要理性对待和宣扬科学,不要大吹大擂。丁文江把科学价值抬高到万能的境地的做法,无异于"烧酒兑水卖,分量越多,价值越少了"⑤。

其次,林宰平表达了他对丁文江所持的科学万能论以及科学可以统括一切领域观点的质疑和反对,"在君先生想用科学的武器来包办宇宙,上自星辰日月,下至飞禽走兽"⑥。对于持不同看法者,丁文江则采取严词讨伐、

---

① ② 张君劢、胡适、梁启超、陈独秀等:《科学与人生观》,中国致公出版社,2009年,第139页。

③ ④ ⑤ 同上,第100页。

⑥ 同上,第84~85页。

鞭挞的态度,类似于宗教教主的独断。同时,丁文江以为科学方法是唯一求真的工具,所以把科学当作武器,来统一一切,包括人的心理。这些在林宰平看来,值得质疑,"明知道最难统一的是各个人心理作用,于是看定心理上的内容,都是科学的材料",并企图"用科学改良人心,究竟有没有完全的效力呢?"①如果真的如此,人的主观世界存在吗? 可以看出,林宰平在此表达出他对科学能够解决人生观之统一问题是持怀疑和否定的态度的。

再次,林宰平还对丁文江把科学等同于科学方法的观点提出了批驳,科学方法终究不是科学自身。比如,以资料搜集、理论假设、实验证明这一研究方法为例,它可以应用到很多领域的研究,"然科学若仅指这种空空洞洞的方法,那么凡做人能够诚实有条理的,都可称他是个科学家么?"②此外,假如科学方法即是科学本身,那么"几何学的方法应用于绘画音乐,能否即将绘画音乐叫做几何学;数学应用到无线电上,能否说无线电就是数学;物理学应用到医学上,能否说医学就是物理学?"③凡此种种例证看似像笑话一般,但可以看出不同的科学方法应用到其他科学上,都有着不同的效用,更别侈谈将其应用到人生观领域,更是牵强。林宰平还举了一些例子来证明采用科学方法研究问题,而此问题域并非属于科学范畴,如基督教也宣称应用科学方法研究暗示;英国心灵学会自命用科学方法研究神异现象;日本也有宣称用科学方法研究"妖怪学"的,凡此种种,如果依照丁文江的主张,这些都可以称为科学,岂不荒谬绝伦? 总之,在林宰平看来,"凡主张科学方法与科学不分者,其结果必至天地间无一不是科学"④。在林宰平看来,如果这样滥套式的使用科学一词,无限泛化科学方法应用的边界,只能是糟蹋科学,而不是提倡、褒扬科学。质而言之,科学和科学方法的使用都有一定界

---

① 张君劢、胡适、梁启超、陈独秀等:《科学与人生观》,中国致公出版社,2009年,第85页。

②③ 同上,第86页。

④ 同上,第86~87页。

域,不能泛化至一切领域,尤其是人生观领域,科学不是万能的。

(二)中间派:人生观中的一部分可以用科学解决,一部分则无法用科学解决

中间派的主要观点比较清晰,即人生观中的一部分必须用科学才能解决,然而不能否认的是,人生观的内容中也有科学始终无法解决的,这就只能用玄学思维来认识和理解。

1.梁启超:"人生问题,有大部分是可以而且必要用科学方法来解决的。确有一小部分或者还是最重要的部分是超科学的"

梁启超在论述自己的看法前,曾郑重表示自己"不是加在那一造去'参战';也不是想斡旋两造做'调人'"①。这里梁启超给人的感觉是,他要持一种客观公允之态度,以旁观者的身份对论战进行评析,但笔者经过研究后,认为梁启超比较倾向科学不是万能的这一论断:

首先,梁启超对张君劢、丁文江二人没有在论战时给科学与人生观一个清晰的定义表示遗憾。究竟张君劢、丁文江两人所指称的人生观、科学是否同属一件东西,不仅观战人不甚清楚,就连各持一边的论战参与者们也模棱两可。为了能够让大家消除这种迷雾,他对人生观和科学做了界说:"一,人类从心界物界两方面调和结合而成的生活,叫做人生。我们悬一种理想来完成这种生活,叫做人生观。二,根据经验的事实分析综合求出一个近真的公例以推论同类事物,这种学问叫做科学。"②正是基于这种对科学与人生观内涵的界定,所以梁启超提出:"人生问题,有大部分是可以而且必要用科学方法来解决的。确有一小部分或者还是最重要的部分是超科学的。"③

其次,在梁启超看来,虽然人类的生活肯定离不开理智(科学的重要因

---

① 张君劢、胡适、梁启超、陈独秀等:《科学与人生观》,中国致公出版社,2009年,第72页。
②③ 同上,第73页。

素），但是并不能因此得出理智可以统括人类生活的一切。因为人类生活中还有一个极为重要的部分，或者可以说是生活的原动力，就是情感，其中至少有两件的确很神秘、难以清晰言说的——爱和美，则是科学难以彻底解释和规整的，"'科学帝国'的版图和威权无论扩大到什么程度，这位'爱先生'和那位'美先生'依然永远保持他们那种'上不臣天子，下不友诸侯'的身份"①。总之，科学家有时从线、光、韵、调等成比例地调和搭配，以求对"美"的内涵和本质进行分析研究，但研究的成果经常给人一种不着边际之感。那么对于"爱"，则是更加玄而又玄的，很难研究透彻，更别提所谓"科学的恋爱"这种令人啼笑皆非的概念了。所以，如果想用科学方法支配爱与美，就会把人生弄成死的、机械的。

总之，梁启超坚定地认为："人生关涉理智方面的事项，绝对要用科学方法来解决。关于情感方面的事项，绝对的超科学。"②人生即是情与理的统一，如果想要拥有满意的人生，两者都是不可或缺的。但也正因为如此，我们不能轻言科学是万能的，在梁启超看来，这既是对科学功效的神化，也是对人生的误解。所以，他曾指出不承认科学破产，只是不承认科学万能罢了，这可以看出梁启超对科学之功效持中道理性的态度。

2. 范寿康："人生观与科学二者，大部分有关系，而科学却不能解决人生问题的全部"

首先，范寿康是一位教育家、哲学家。在他看来，人生观虽然是主观的，但可以寻求共通的规范。人生观是有关人生的现实及理想两方面的见解，虽然人生观涉及人的价值评判，具有主观性，但又"未始不能求一种共通应守的规范"③。同时，他还提出对科学派反对意志自由之观点的质疑，"如果能够断定意志毫不自由，生命全无意义，那么，人生不是变做一种机

①② 张君劢、胡适、梁启超、陈独秀等：《科学与人生观》，中国致公出版社，2009年，第75页。

③ 同上，第186~187页。

械,试问人类社会里面还有什么道德可言,什么责任可讲呢?"①这表明,他对科学难以完全统括人生观是有清晰态度的。概而观之,范寿康的观点属于折中性质的。

其次,范寿康认为科学不能解决所有人生观问题,和他对科学概念的理解和界定密切相关。他把科学分为广义和狭义两种,广义上看,凡由科学方法制造出来的学问都是科学,包括说明科学与规范科学。狭义上看,科学是指说明科学。对于说明科学和规范科学的定义,范寿康认为,世界上有两种法则:一是必然法则,一是当然法则。其中,必然法则(自然法则)是不变的、不可避免的,我们无法左右它。当然法则的运行则是非必然、随人而异的,如社会中优良道德与制度规范。范寿康认为"凡是研究必然法则的叫做说明科学,如动物学、植物学、物理学、化学、心理学等;研究当然法则的叫做规范科学,如论理学、美学、伦理学等"②。与广义科学相对应的是宗教和艺术。以上是范寿康对科学的看法。基于这种对科学的分类和界定,范寿康对丁文江、王星拱等人推崇用狭义科学来统括人生观问题持批判态度,如果像丁文江、王星拱一样以为狭义科学能够解决所有人生问题,那么等于承认人的意志全受因果律(狭义)的支配。依此之见,人类简直如机械一般,也就没有自由和道德的存在。"这种议论是科学家对人生观所持有的偏见。"③因此,他不赞成这种定性人生观和科学之关系的论断。

最后,基于上述对科学的定性和界说,范寿康阐述了他对科学和人生观的关系的看法。在他看来,人生观和科学大部分是有关系的,但科学决不能解决人生观的所有问题。因为人生观分为现实和理想两方面,即一部分是受必然法则的支配,一部分是受当然法则的影响,所以他认为:"人生观——

---

① 张君劢、胡适、梁启超、陈独秀等:《科学与人生观》,中国致公出版社,2009年,第188页。
② 同上,第188~189页。
③ 同上,第192页。

一部分是先天的,一部分是后天的。先天的形式是由主观的直觉而得,决不是科学所能干涉的。后天的内容应有科学的方法探讨而定,决不是主观所应妄定"①。换句话说人生观的形式是超科学的,但人生观的内容是科学的。从这一层面来看,"人生观与科学二者,大部分是有关系,同时科学不能解决人生问题的全部"②。也正基于这种对科学与人生观关系之看法,范寿康清晰地阐明了他不相信科学万能。

总之,以梁启超和范寿康等为代表的"中间派"对于科学万能论,即科学能解决全部人生观问题(包括自由意志)持质疑态度。他们只相信科学能够解决部分人生观问题,这在一定程度上印证了陈独秀对二人在科学与人生观论战中立场的定位和评价,"梁启超取了骑墙态度",而范寿康"也是一个骑墙论者"。③

(三)科学派:科学可以解决全部人生观问题,科学是万能的

与玄学派的核心观点相左,科学派的代表们不仅认为科学可以解决人生观问题,而且要树立正确的人生观必须有科学作为指导,才能实现。

1.丁文江:"科学的万能,不在他的材料,在他的方法"

作为科玄论战中科学派的主要代表人物之一,丁文江坚定地认为科学是万能的,这主要体现在科学方法的万能,包括人类的心理、人生观等都可以被科学所统括,他的论证理路是:

其一,他认为科学的核心要义体现为科学方法,科学的万能也是通过科学方法的普遍适用性得以彰显的。在他看来,科学方法"不外将世界上的事实分起类来,求他们的秩序。等到分类秩序弄明白了,我们再想出一句最简

---

① 张君劢、胡适、梁启超、陈独秀等:《科学与人生观》,中国致公出版社,2009年,第191页。
② 同上,第190~191页。
③ 同上,第4页。

单明白的话来,概括这许多事实,这叫做科学的公例"①。复杂事物的类别与秩序当然不容易被探求,也不容易找寻到精简概括的公例。然而这并不能说明科学方法对其不适用,这种事实有可能不是真的事实。而对于科学万能主要是指科学方法的万能,丁文江阐释道:"科学的材料是所有人类心理的内容,凡是真的概念的推论,科学都可以研究,都要求研究。科学的万能,科学的普遍,科学的贯通,不在他的材料,在他的方法。"②

其二,张君劢等玄学派代表人物把科学分为精神科学与物质科学。而人生观、人的心理、精神等属于自由意志领域,主要受直觉支配,不受科学统括,丁文江对这种观点表示反对。他认为直觉或自觉等精神、心理领域也是适合用科学方法进行研究的,"心理上的内容都是科学的材料。物质本不过是心理上的觉官感触,由知觉而成概念,由概念而生推论。科学所研究的不外乎这种概念同推论"③。我们不可轻言纯粹心理现象不受科学方法支配。在这里,丁文江通过说明科学和官觉、直觉,乃至想象不是必然冲突的来说明人的心理等也是和科学相通的,可以成为科学研究的材料并受科学约束,并不是神秘的、不可知的。

总之,在丁文江看来,凡是常人心理的内容,其性质都是相同的,他把每个常人的思想看成是一类机器。虽然机器的效能会有所差别,但性质是一样的,由于常人觉官的感触相同,所以对物质的"思构"也一样。因此从这个意义上来说,人的思想、心理等都是受科学方法支配的,"科学的材料原都是心理的现象,若是你所说的现象是真的,决逃不出科学的范围"。换言之,"凡是心理的内容,真的概念推论,无一不是科学的材料"。④正因为科学的

---

① 张君劢、胡适、梁启超、陈独秀等:《科学与人生观》,中国致公出版社,2009年,第7页。
② 同上,第14页。
③ 同上,第9页。
④ 同上,第11~12页。

这种无所不包的统括性,所以人生观也当然受到科学的支配。科学是万能的结论在丁文江看来,顺理成章也是成立的。

2.任叔永:"人生观要是不外乎心理推论的作用,当然要受科学的支配"

时人任叔永是一位化学家和教育家,他部分赞同丁文江提出的科学万能论,基于此他提出了"科学的人生观"之概念。在他看来,人生观不仅受到科学的支配,而且随着科学的发展还会更为深刻全面地影响、塑造民众的人生观,"人生观的科学是不可能的事,而科学的人生观却是可能的事……物质界的智识愈进于科学事,而人生观之进于科学的,亦于之比例"[1]。比如,他觉得达尔文生物进化论的传扬对大众人生观的影响就比较深刻,这一理论使得民众更为全面地认识到:人类在自然界的地位、宗教上的创造说和玄学上的前定论是可疑的。这里,任叔永用科学发展史来阐述人生观不仅受到科学的影响,而且还会随着科学的不断进步而得以重新塑造。

任叔永更认为,科学与人生观的关系,不仅体现于此,而且还体现在科学可以直接塑造科学家们的人生观:[2]第一,科学的目的是追求真理,而真理是无穷无尽的,所以研究科学的人,都有一种勇猛前进,尽瘁于真理的启瀹,不知老之将至的人生观,有了这种人生观,才能打破物质界的许多引诱,凡是真正的科学家都是如此;第二,因为科学探索的精神深远而没有界限,所以真正的科学家在长期的科学研究中容易打破偏见私意、阶层界限,形成淡泊名利、志存高远的人生观;第三,科学研究的是事物的内在机理及相互之间的关系,以期从中发现规律。这样的研究,使科学家养成一种凡事都刨根问底的精神,积极探求事物间的因果联系,把因果观念应用到人生观上。所以"事事都要求一个合理的"人生观的形成也是研究

---

[1] 张君劢、胡适、梁启超、陈独秀等:《科学与人生观》,中国致公出版社,2009年,第66页。
[2] 同上,第67页。

科学的结果。

当然,任叔永相信科学是万能的这一论断是有条件的,主要表现在:一,科学研究有自己的界域,凡笼统混沌的思想,或未经分析的事实,都非科学所能支配;二,人生观如果是一个笼统的观念,自然不在科学研究的范围内。但"若分析起来,有一大部分或全部分,都可以用科学方法去变更或解决"[①]。总之,任叔永虽然承认科学的方法是无所不能(不是科学万能)的,但它的应用也是有限度的。这种限度是指"那经过分析而确实清楚的事实"[②]。这是任叔永在支持丁文江观点的同时,体现出的不同之处。

3. 唐钺:"天地间所有现象,都是科学的材料"

唐钺是一名心理学家和翻译家,他是科学派的代表人物之一。唐钺坚信,"天地间所有现象,都是科学的材料"[③]。他为了论说自己对科学具有强大功效的观点的赞同,抛出了科学可以支配美和爱的论断。在他看来,如果美和爱能够被科学支配,世界就会变得更有秩序,人生也会变得更具价值,"美是可以分析的……线、光、韵、调等,当然是支配美感的要素,分析出线光等,至少是分析美的一部分"[④]。而且经过科学的分析,人们更能认识到美的本真和机理,不会减煞人们对美的想象力和欣赏力,如从前牛顿说明虹霓形成的物理机制,"虹霓的美丽不特不减少,而且得这解释以后,反要增加"。唐钺认为,"美和爱经了分析理解以后,也要使人越觉得他们的可贵"。[⑤]

不仅如此,唐钺认为恋爱也可以用科学来解释,他甚至直接提出所谓"科学的恋爱"。在他看来,"科学的恋爱"不仅没什么可笑的,而且是最高

---

① 张君劢、胡适、梁启超、陈独秀等:《科学与人生观》,中国致公出版社,2009年,第68页。
② 同上,第66页。
③ 同上,第170页。
④ 同上,第159页。
⑤ 同上,第158~159页。

级的恋爱形式。因为现代心理学等已经证明人的恋爱会受到自身气质、经验以及外在环境等因素的影响。而"科学的恋爱"就要求一个人学会分析"自己的性情同偏执,庶乎不至因为对方的不重要的特点,陷入情网,致贻后悔"①。总之,在玄学派看来神秘不可言的美和爱,依唐钺之见都是可以而且应当进行科学分析的,并且他还强调美和爱"受理智支配的程度愈大,他的结果愈好。反之,结果就愈坏。世间许多罪恶,是由不受理智支配的爱情发生"②。从以上种种论断,我们可以发现唐钺对科学万能的崇信是坚毅和彻底的。

二、百尺竿头更进一步:早期马克思主义者用唯物史观阐释人生观

在20世纪20年代的科学与人生观论战中,早期马克思主义者如陈独秀、瞿秋白、邓中夏等人也是支持科学可以解释、支配人生观问题的。只不过他们"百尺竿头更进一步"③地尝试用马克思主义唯物史观这一科学理论来阐释作为人类社会思想领域的人生观要受到客观物质发展规律(尤其是经济发展水平)的决定和限制。换言之,人生观问题是可以从人类社会发展规律中得到阐释的。如邓中夏所揭示,唯物史观派也根据科学、应用科学、提倡科学,而与科学派相比,他们的不同之处在于"相信物质变动则人类思想都要跟着变动",这是他们比科学派"尤为有识尤为彻底的所在"。④这也是我们将其分开呈现的原因。

---

① 张君劢、胡适、梁启超、陈独秀等:《科学与人生观》,中国致公出版社,2009年,第160页。
② 同上,第161页。
③ 同上,第1页。
④ 邓中夏:《中国现在的思想界》,《中国青年》,1923年第6期。

（一）陈独秀：“不同的人生观，都是他们所遭客观的环境造成的，决不是天外飞来主观的意志造成的。这本是社会科学可以说明的”

首先，在陈独秀看来，以丁文江、胡适、任叔永等为代表的科学派对以张君劢等为代表的玄学派的反驳力度和成效都是不够的，甚至是“五十步笑百步”。如胡适只列举了科学的人生观是什么，任叔永还提出了人生观的科学是不可能的。他们大都没有直面玄学派提出的科学到底能不能支配人生观的问题，这就给玄学派展开进一步的猛烈攻击提供了口实和空间，正如陈独秀所言，胡适只说明了“科学的人生观自身之美满，未说明科学对于一切人生观之威权，不能证明科学万能”[①]。因为他忽略了社会一般的说明。所以，科学派的论战表现在陈独秀看来，不但不曾得着胜利，而且几乎是卸甲丢盔的大败战。这是因为“有一种可以攻破敌人大本营的武器，他们素来不相信，因此不肯用”[②]。这一重磅武器就是唯物史观。

其次，陈独秀把科学分为自然科学和社会科学两类。其中自然科学是狭义的科学，社会科学是广义的科学。社会科学就是用自然科学的方法来研究一切社会人事。它包括社会学、历史学、经济学等。而科学和人生观之争主要涉及社会科学与人生观之关系，“数学、物理学、化学等科学，和人生观有什么关系，这问题本不用着讨论”[③]。社会科学研究的是人类社会的各种现象和问题，这其中当然包括人生观问题。在陈独秀看来，马克思主义唯物史观恰恰是正确认识人类社会（包括人生观等）发展规律的一把有效的钥匙和一种有力的武器。

最后，人生观之多样性虽然与自然规律的反映形式不同，但其本身的变

---

① 张君劢、胡适、梁启超、陈独秀等：《科学与人生观》，中国致公出版社，2009年，第20页。
② 同上，第1页。
③ 同上，第1~2页。

换还是有因果关系可寻的,即客观存在着影响机理和内部规律,"不同的人生观,都是他们所遭客观的环境造成的,决不是天外飞来主观的意志造成的。这本是社会科学可以说明的"①。而这一客观的因果关系、现实规律可以通过社会科学来加以研究,其中唯物史观是贯穿这一科学研究的重要哲学方法论和理论指南。所以,根本不存在诸如张君劢等玄学派代表所言的人生观属于自由意志领域,神秘莫测,科学无法干涉,只能通过玄学来认识。所谓先天的形式、良心、直觉、自由意志等"都是生活状况不同的各时代各民族之社会的暗示所铸而成"②。无论多么复杂多变的人生观最终都可以找寻到其得以形成的客观物质原因和内在机理,只是这种社会科学研究的方式和自然科学不同而已。

正因为如此,陈独秀规劝胡适等科学派代表,要想真正战胜玄学派的"科学不能解决人生观"问题的论断,必须百尺竿头更进一步,相信"唯物的历史观"即"只有客观的物质原因可以变动社会,解释历史,支配人生观"。③这一科学的"唯物的历史观"在陈独秀看来至少包含以下内涵:一,唯物史观所谓客观的物质原因,是指人类社会领域的经济因素,尤其是生产方法;二,唯物史观所谓客观的物质原因,不包括精神因素在内。当然,唯物史观的信仰者并不是不重视思想、文化、宗教、道德等精神现象的存在与价值,只是认为他们是经济基础上的思想上层建筑,并非经济基础本身。同时,唯物史观论者并不否认个人的努力及天才的重要性和必要性。但是它们效力的发挥是有历史限度的,即根本上受到生产发展水平的限制。唯物史观论者也承认思想、知识、教育等都是推动社会进步的重要因素,"然不能说他们可以变

---

① 张君劢、胡适、梁启超、陈独秀等:《科学与人生观》,中国致公出版社,2009年,第2页。
② 同上,第4~5页。
③ 同上,第5页。

动社会解释历史支配人生观,和经济立在同等地位"①。总之,在陈独秀看来,只要坚持这种"物质一元论",玄学派的论断就可以被击败,科学万能的旗帜就可以牢固地竖立起来。

(二)瞿秋白:"科学的因果律不但足以解释人生观,而且足以变更人生观"

早期马克思主义者瞿秋白发现当时的科学与人生观论战的中心问题是人的意志领域是否受客观因果律支配的问题,"所论的问题,在于承认社会现象有因果律与否,承认意志自由与否,别的都是枝叶"②。所以,他正是通过揭示人类社会(包括自由意志、人生观)是受客观因果律(科学)的制约,来论证人生观是受科学(社会历史科学)支配的。

首先,在瞿秋白看来,虽然人类社会领域是由人的主动参与而不断运行与发展的,体现了人的主观能动性。但其自身发展是受到客观因果律制约的,不是随心所欲的,只是这一领域的规律与自然界的规律表现形式不一而已,"自然界里只有无意识的盲目的各种力量流动而相互影响;此中共同因果律的表现,亦仅只因为这些力量的互动"③。人类社会历史领域的因果律却有不一样的表现,因为人类社会的参与者是有意识、有目的的。然而我们也不能否认人类"历史的进程之共同因果律"④。因为,详细言之,"一切动机(意志)都不是自由的而是有所联系的;一切历史现象都是必然的"⑤,那些所谓历史的偶然现象,只不过是因为人类还未能完全洞悉其中的因果关系,但是"决不能因为不知因果便说没有因果"⑥。而且瞿秋白认为,真正的自由(意志自由)正是建立在对社会历史领域因果律的科学认识基础上的,"自由不在于想像里能离自然律而独立,却在于能探悉这些公律"⑦,因为只有洞悉

---

① 张君劢、胡适、梁启超、陈独秀等:《科学与人生观》,中国致公出版社,2009年,第22页。
②③④⑤⑥⑦ 瞿秋白:《自由世界与必然世界》,《新青年季刊》,1923年第2期。

这些公律之后，人们才能利用这些公律，依此合理规划自己的行动，进而达到某种目的。真正的意志自由，是确知事实而能处置自如之自由。相反，人们如果否认因果律，不根据客观事实而行动，就不会有自由。质而言之，意志自由的实现是有限度的，即建立在对自然律以及社会历史规律的正确认知和运用的基础上，自由是历史发展之必然产物，"空言意志自由，甚至于否认因果律以立意志自由，那简直是自相矛盾"①。

其次，瞿秋白认为，人生观的具体内容以及实现程度主要取决于经济基础之上的社会总体发展水平，也要依凭人们对人类社会历史发展规律的认识水平和顺应程度，"真正的社会理想只有根据科学公律所求得的'将来之现实'"②，才有实现之可能。社会现象虽然有人的主观因素参与，但"人的意志行为都受因果律的支配，人若能探悉这些因果律，则其意志行动更切于实际而能得多量的自由"③。他在此基础上勾勒了人类社会历史发展规律影响人生观之形成和塑造的内在机理，"每种社会理想无不根据于当代的社会心理（时代的人生观）。然而社会心理随着经济动象而变，于是在这流变之中可以先发现一二伟大的个性，代表新的社会心理之开始（个性的人生观）。每一期人与自然界的斗争，由于自然的适应而生技术上的变革；于此斗争的过程里，得综合技术的成绩而成系统的智识（科学）。然而技术的变革，必定影响于经济关系；经济关系由渐渐确定新的政治制度，变更人与人之间的斗争形势。于是政治制度较稳定的时期，大家引用当时已承认的智识，便有大致相同的对于人生及宇宙的概念，养成当代的社会心理。如此辗转流变，至于新技术，新科学，新斗争之时，便能生新人生观。这是人生观所以有时代的不同之原因"④。当新的社会心理形成之初，政治制度发生剧变之时，平时隐而未发的阶级矛盾集中爆发，具有伟大个性的人物能率先形成反映社会

①②③④ 瞿秋白：《自由世界与必然世界》，《新青年季刊》，1923年第2期。

新变化的人生观,这是人生观有个性(阶级)不同的原因。在这里,瞿秋白深刻地描摹出生产力(科学技术)的发展必将引起生产关系(经济关系)的变革,而生产关系变革会促进政治制度、社会心理(人生观)等上层建筑的变化这一历史唯物主义原理,虽然比较浅略稚嫩,但还是比较清晰地用唯物史观表明人生观是受因果律影响的,也是受科学(社会科学)支配的!

质而言之,在瞿秋白看来:"科学的因果律不但足以解释人生观,而且足以变更人生观。"具而言之,"每一时代的人生观为当代的科学智识所组成;新时代人生观之创始者便得凭藉新科学智识,推广其个性的人生观使成时代的人生观。可是新科学智识得之于经济基础里的技术进步即阶级斗争里的社会经验。所以个性的先觉仅仅应此斗争的需要而生,是社会的或阶级的历史工具而已"。[①]这就是科学影响人生观内在的客观机理。瞿秋白也正是尝试用马克思主义唯物史观来论说人生观作为不同时期人们对自身生活状态、价值等观点和看法(作为社会意识领域)最终是受科学(人类社会发展规律)的制约,并不是不可知的、神秘莫测的。

三、聚焦现实功效之争:科学对社会有没有负效应?

在20世纪20年代的科学与人生观论战中,参与者对于科学是否万能的争论不仅聚焦科学的适用范围的大小,即科学是否可以统括包括人生观在内的一切领域。而且他们还尝试聚焦对科学的现实功效发挥的评价,正如丁文江后来在总结科玄论战关涉的核心议题时所言,"科学方法是否有益于人生观,欧洲的破产是否是科学的责任,是这一次讨论里面的最重要的问

---

① 瞿秋白:《自由世界与必然世界》,《新青年季刊》,1923年第2期。

题"①。即科学对人类社会的发展,尤其是对现代文明的成长是否只有正效应,而没有任何副作用。

(一)张君劢:"科学之为用,专注于向外……朝作夕辍,人生如机械然,精神上之慰安所在,则不可得而知也"

在玄学派代表人物张君劢看来,科学的过度发展会导致物质主义、机械主义不良社会风气的蔓延。如果再加之精神文明的建设受到销蚀、弱化的话,这往往会导致物质文明与精神文明两者的关系愈发畸形这一负效应,"科学之为用,专注于向外,其结果则试验室与工厂遍国中也。朝作夕辍,人生如机械然,精神上之慰安所在,则不可得而知也"②。因为中国科学不发达,工业更落后于西方,所以当国内有人开厂置业、建立各式公司之时,则国人大都投以崇拜的目光。张君劢则对这种现象提出质疑,一个国家过于偏重工商业,"是否为正当之人生观,是否为正当之文化,在欧洲人观之,已成大疑问矣。欧战终后,有结算二三百年之总帐者,对于物质文明,不胜务外逐物之感。厌恶之论,已屡见不一见矣"③。所以在张君劢看来,为了更好地规避由科学过度发展可能产生的负效应,我们应当谨记不能宣扬科学万能论,至少科学不能也不应该干涉人生观这一精神或自由意志领域的问题。否则,人们就会自食由于倡扬科学主义所带来的诸如物欲横流、利欲熏心、倾轧排挤等不良社会心理所造成的苦果。推崇科学万能,忽视精神文明建设,往往会铸就机械的人生观,这会使得人心焦灼、缺乏性灵和精神慰藉。总之,凡此种种的恶果无论对个人还是对社会都是贻害无穷的。

(二)丁文江:"欧洲文化纵然是破产,科学绝对不负这种责任"

对张君劢的观点,科学派的代表人物丁文江则表示反对,首先,他认为

---

① 张君劢、胡适、梁启超、陈独秀等:《科学与人生观》,中国致公出版社,2009年,第150页。
②③ 同上,第5页。

科学不但无所谓向外,而且是教育同修养最好的工具,这是因为人们在学科学的过程中,不但可以培养破除成见、探求真理的能力,而且还可以锻造爱真理的诚心。他承认,工业发达是科学昌明的结果之一,然而试验室同工厂绝对是两件事,因为实验室是科学研究、探求真理的地方,而工厂则是追求生产利润、力求发财的机关,即使"人类能利用自然界生财的是科学家;建筑工厂,招募工人,实行发财的,何尝是科学家?"①所以,把务外逐物、盲目趋利等不良社会心理的铸就之责推到科学身上,混淆科学研究与工业生产之区别的做法,在丁文江看来,实在是不明就里之举,也是对科学的抹黑和诬蔑。其次,至于把所谓欧洲文化破产的责任也归到科学身上,丁文江更是严词驳斥,"欧洲文化纵然是破产(目前并无此事),科学绝对不负这种责任,因为破产的大原因是国际战争。对于战争最应该负责的人是政治家同教育家,这两种人多数仍然是不科学的"②。正是因为欧洲的政治家和教育家缺乏科学精神,受到玄学思想的宰制和蛊惑。所以,即使安基尔用科学方法研究战争与经济的关系,并警告说:只要爆发大规模的战争,无论战胜国还是战败国,其经济都会面临破产。但当时欧洲的政治家没有听信他基于科学研究的警告。一战后,正如安基尔所料,欧洲国家因为战争的破坏几近破产,"然而一班应负责任的玄学家、教育家、政治家却丝毫不肯悔过,反要把物质文明的罪名加到纯洁高尚的科学身上"③。这是丁文江十分反对的论断。总之,在丁文江看来,科学不但不是导致一战发生的因素,而且由于科学是万能的,它对规避战争的发生以及促进人类社会的进步是有重大作用的。

---

① 张君劢、胡适、梁启超、陈独秀等:《科学与人生观》,中国致公出版社,2009年,第14页。
② 同上,第15页。
③ 同上,第16页。

（三）胡适："把欧洲文化破产的罪名归到科学身上，信仰科学的人能不大声疾呼出来替科学辩护吗？"

对于把一战的爆发以及西方物质文明过度发展所带来的流弊归因到科学身上，胡适也是持反对意见的。在他看来，欧洲人对科学的信仰已经根深蒂固，不怕"玄学鬼"的攻击和诋毁。一些反动的哲学家，平时饱餍了科学的益处，偶尔出来批判科学，这种现象在欧洲并没有大的危险，就像富贵人家吃厌了鱼肉，想尝尝咸菜豆腐的风味一样。科学的崇高地位，绝不是几个"玄学鬼"能够动摇的。但中国出现类似的情形，影响就不同了，因为"中国此时还不曾享着科学的赐福，更谈不到科学带来的'灾难'"[①]。如果不经考究，就盲目支持此类观点，对于到处充斥着迷信、非科学的思想舆论氛围的中国，未来走向现代化是很不利的。胡适郑重地提醒国人：中国到处可见乩坛道院、仙方鬼照相的乱象。中国的交通、实业等都还很落后，所以我们是不配排斥科学的。至于中国人的人生观也是充斥着伪科学，如只有做官发财、靠天吃饭、求神问卜等。在这种情势下，我们对科学的提倡还很不够，科学的教育普及也很不足，科学力量的发展还不足以扫除那弥漫全国的封建迷信之风。不料这个时候竟有人出来鼓吹欧洲科学破产，他们竟然把欧洲文化破产的罪名加到科学身上，进而菲薄科学，提出科学无法支配人生观，"信仰科学的人看了这种现状，能不发愁吗？能不大声疾呼出来替科学辩护吗？"[②]胡适在此表达了他对那种把一战前文化出现的问题归结到科学身上的现象是十分不满的。依胡适之见，科学并不是导致战争发生的祸源，相反，它对人类社会的进步发挥着不可或缺的正效应。

---

① ② 张君劢、胡适、梁启超、陈独秀等：《科学与人生观》，中国致公出版社，2009年，第8页。

（四）吴稚晖："欧战之损失，是余中国人之罪也夫，于物质文明何与？"

被胡适认为是"对于那科学家的人生观明显坚决的信仰"①的吴稚晖，曾经提出"'漆黑一团'的宇宙观和'人欲横流'的人生观"②。他也是科学派的重要代表人物之一。在他看来，科玄之争的主旨是，张君劢论及科学的发展促进了物质文明的进步，而物质文明的膨胀引起了空前的战争。所以，物质文明是祸世殃民，要不得的。张君劢宣称："他的人生观是用不着物质文明的。就是免不了，也大家住着高粱秆子的土房，拉拉洋车，让多数青年懂些宋明理学，也就够了。"③丁文江对此观点十分不满，要矫正张君劢对科学与人生观之关系的论断，于是科玄论战由此爆发。吴稚晖也对张君劢科学是成就了物质文明，物质文明是促起了空前大战，要用宋明理学这一精神文明才能规避大战发生的论断持否定态度，"精神物质使双方并进，互相促成，西方物质进步，故精神亦随了进步"④。战争的爆发不能归咎到物质文明的发展上，相反，正是因为世界各国的物质文明发展程度不够均衡，水平也不够高，所以才会出现你争我夺式的战争，"至世界有不进步之民族，惹起物质文明进步人之野心，乃是真理。欧战之损失，是余中国人之罪也夫，于物质文明何与？"⑤因此在吴稚晖看来，只有各国都真正实现了科学发展与技术进步，物质文明以及人们的素养和受教育水平得到普遍提升之后，世界各国之间的战争才能够因为物质基础得到满足而得以减少或避免，"唯物质文明进步到不可思议，设备强迫全世界人的大学轻而易举，世界方能至于无战争"⑥。因此，把战争的爆发归因于科学进步所带来的物质文明的发展上是

---

① 张君劢、胡适、梁启超、陈独秀等：《科学与人生观》，中国致公出版社，2009年，第11页。
②④ 稚晖：《一个新信仰的宇宙观及人生观》，《太平洋（上海）》，1923年第1期。
③ 张君劢、胡适、梁启超、陈独秀等：《科学与人生观》，中国致公出版社，2009年，第181页。
⑤ 同上，第181~182页。
⑥ 同上，第182页。

不公允的。总之,在吴稚晖看来,科学的发展对人类社会来说不但没有负效应,而且起着重大的推动作用。

(五)林宰平:"科学文明的结果,就是这回世界的大战,及现在欧洲财政破产的情形。这种主张,我们也不敢赞成"

对于是由科学导致了一战的发生这一论断,甚至连玄学派的代表人物林宰平也持有异议,"有许多人说:科学是完全物质的,机械的,冷酷残忍的;科学文明的结果,就是这回世界的大战,及现在欧洲财政破产的情形。这种主张,我们也不敢赞成"。他认为此种"对于科学深文周内的苛论,恰恰和在君先生作践精神文明的态度是一对"。[1]正所谓物极必反,这可能正是由主张科学万能者的不宽容态度所招致出来的极端观点。他进而提出科学自身"原没有甚么好坏的问题。利用他来求知识,乃至应用其方法于任何方面,科学自己也并没居功。反过来利用他帮助资本家,利用他来打仗,吃人膏血,孤人妻子,科学自身也不任过"[2]。当然这和林氏"科学我是相信的。在君先生的热心,和他很好的用意,我自谓不是全不了解的"[3]态度是相吻合的。总之,林宰平对这种揭示科学负效应的做法是不苟同的。

(六)陈独秀:"把欧洲文化破产的责任归到科学与物质文明,固然是十分糊涂"

早期马克思主义者陈独秀对这一问题的论析呈现了新的视野。在他看来,"把欧洲文化破产的责任归到科学与物质文明,固然是十分糊涂"[4],而丁文江把一战爆发的责任归到教育家、政治家身上,也没有切中问题的要害。依陈独秀之见,各国资本家、政治家是利用科学这把利剑做了许多恶事。但这不是科学自身的问题。我们不能因此否认科学对人类社会发展的重大价

---

[1] 张君劢、胡适、梁启超、陈独秀等:《科学与人生观》,中国致公出版社,2009年,第99页。

[2][3] 同上,第100页。

[4] 同上,第5页。

值与意义,因为"我们的物质生活上需要科学,自不待言;就是精神生活离开科学也很危险"①。在陈独秀看来,一战是英德两大工业资本发展到不得不互相争夺世界商场之战争,它的发生是资本主义国家内在矛盾发展到一定阶段的必然产物,不是玄学家、教育家、政治家能够主观造就的,"如果离了物质的即经济的原因,排科学的玄学家、教育家、政治家能够造成这样空前的大战争,那么,我们不得不承认张君劢所谓自由意志的人生观真有力量了"②。这里我们可以发现陈独秀是尝试用马克思主义政治经济学的视角来分析欧战爆发的客观原因,即由工业资本主导的国家发展到一定程度,产生了诸如争夺商品销售市场等利益冲突,最终爆发了战争,而不是由科学发展导致的。总之,陈独秀还是秉持科学能够支配人生观,科学尤其是唯物史观作为科学理论对人类社会的发展起着重大推动作用。科学本身并没有诱发战争的负效应。如果能够积极变革资本主义制度,最终在唯物史观这一科学理论的指导下建立社会主义社会,陈独秀坚信科学的正效应能够得到更充分的发挥和彰显。

(七)郭沫若:"酿成大战的原因,科学自身并不能负何等罪责"

时人郭沫若持有和陈独秀类似的看法,他也认为一战的爆发不能归咎于科学。他用马克思主义观点分析到,一战的爆发实乃资本主义制度下科学的功效异化的结果。一战给欧洲带来了创巨痛深的灾祸,"然而酿成大战的原因,科学自身并不能负何等罪责"③。科学一般都是可以发挥造福人类发展的功效,只是在资本主义制度下出现了功能异化,"伟大的科学家,他们向着真理猛进的精神是英雄的行为,而他们超然物外的态度也不输于圣者之高洁。以科学而施诸实用,正是利用厚生的唯一要道,正足以增进人类幸

---

① 陈独秀:《新文化运动是什么?》,《新青年》,1920年第5期。
② 张君劢、胡适、梁启超、陈独秀等:《科学与人生观》,中国致公出版社,2009年,第5页。
③ 郭沫若:《论中德文化书——致宗白华兄》,《创造周报》,1923年第5期。

福于无穷,唯在资本主义制度之下而利用科学,则分配不均而争夺以起,表面上好象科学自身是在为虎作伥"①。其实质是资本主义制度自身的局限性所致。所以他进而认为,"欧战之勃发乃是极端的资本主义当然的结果"②。作为青年所钦佩的导师,马克思与列宁早已对此问题进行过深刻揭示。但是欧洲不乏近视眼的批评家,在看到一战所导致的惨烈恶果后,迅疾宣告科学文明已经破产。而中国自佛教思想输入以来,几千年来众多世人沉溺佛家文化,遁世无营;避佛者也是故步自封,闭目塞听,"平素毫不知科学精神之为何物,每举与唯利是图的资本主义混而为一,如一闻欧洲人因噎废食的肤言,则不禁欣然而色喜,我辈对此似宜有所深戒而详加考察"③。基于此,郭沫若认为,科学是充实人生观的一个重要方面,不能忽视,但同时他也不认同科学万能,"科学虽不是充实人生的一个全圆,但它是这个全圆的一扇重要的弧面"④。

总之,像张君劢等人力图通过说明科学是导致一战爆发的一个重要缘由,来力证科学的功效不是全然有益的,对人类社会的发展来说,至少在欧洲得到了印证,科学不是万能的。所以,中国也没有必要大肆宣扬科学万能论,用科学来统括人生观在内的一切领域,要不然也会步欧洲惨遭战争破坏之后尘。而以胡适为代表的科学派,则极力指陈这一观点的荒谬性,基于此,他力图说明科学的功效始终是利国利民的,科学愈发展愈能够提升民众的素质以及各项福祉。科学始终对人类的生产生活发挥着无可替代的正效应,这也恰好再度印证了科学的万能。而以陈独秀、郭沫若等为代表的早期马克思主义者,则部分同意科学派对科学功效的正面评价,只是他们认为科学正面功效的发挥在资本主义制度下容易异化。所以,为了确保科学能够始终对人类社会发展起到促进作用,我们必须变革资本主义社会制度,建立

---

① ② ③ ④ 郭沫若:《论中德文化书——致宗白华兄》,《创造周报》,1923年第5期。

新的社会制度,才能使科学真正发挥其万能的功效。

小结:中国现代化要理性对待科学的功效

科学在推进人类社会现代化发展的历程中起着至关重要的作用。众所周知,它已经成为现代文明的核心要素之一。西方社会经过文艺复兴、启蒙运动之后,更加深刻地发现和体认科学的力量与价值。当然这和发现人的主体性、理性的价值历程是相伴而生的。现代西方文明也在科学不断进步的推动下得以飞速发展,这就使原先科技发展水平、文明程度落后于中国的西方,逐渐成为科学发展的高地,其由科学进步产生的现代文明成果也令世人称道。所以,当世界历史渐次开启之时,尤其是到了近代,一种观念逐渐在中国大地蔓延生长,即科学、进步、发展成了西方现代文明的代名词;而非科学、落后、退化等成为中国的一种指称,正如梁漱溟所言,"西方的学术思想,处处看去,都表现一种特别的色采,与我们截然两样,就是所谓的'科学的精神'"[①]。而东方的思想文化中则更多的充满着一种玄学的色彩,所以他总结道:"'科学'为区别东西化的重要条件是不错的了。"[②]科学进步是推动人类社会现代化的中心力量,科学万能成为现代西方世界很多思想家的一大信条。所以,20世纪20年代的科玄论战表面上看是关于科学是否万能的争论,但究其实质,则是中国思想家们对现代西方文明(科学作为其发展的核心要义之一)是否完美无缺的争论,换言之,就是中国未来要开展现代化,发展现代文明,是以西方现代文明为样板,乃至为中心;还是不能盲目崇信西方一切都是好的,科学也不是万能的,要理性看待现代西方文明,包括理性、辩证对待科学

---

① 梁漱溟:《东西文化及其哲学》,上海人民出版社,2014年,第42页。
② 同上,第43页。

的功效,结合实际,不断探索适合自身的现代化模式。这场以科学为主题的论争虽然已过去近百年,但其中的论题对于时至今日的我们更好地探求现代化发展之路,有很多值得借鉴的启示和智慧:

(一)科学进步是中国发展现代文明的核心支撑力量,已经成为当时论战参与者们的基本共识

虽然时人围绕科学是否万能这一主题展开了激烈的争锋,而且看似分歧很大,但我们不难发现的是,无论是玄学派、中间派、科学派(包括早期马克思主义者)都承认科学是支撑现代文明发展不可或缺的力量,只不过像玄学派、中间派不相信科学的功效是万能的罢了。如梁启超还对只有西方才能培植科学、发展科学,而东方尤其是中国不能也不适合科学的发展之观点提出了批评:"其实科学精神之有无,只能用来横断新旧文化,不能用来纵断东西文化。若说欧美人是天生成科学的国民,中国人是天生成非科学的国民,我们可绝对的不承认。"①换言之,科学精神作为现代文明发展不可或缺的支撑力量,是东西方都需要的,除非一国想自绝于现代文明之外。所以,中国要想改变落后的境况,就必须重视发展科学,充分发挥科学进步对现代化发展的正效应。

(二)玄学派看到了宣扬科学万能的弊害,这是他们思想的可取之处,但是他们的思想中也存在着种种不足

一是他们没有深刻地认识到中国科学发展十分落后的现状。他们的一些主张容易被别有用心的政治文化势力断章取义式的加以利用,从而不利于中国更好地发展现代文明。20世纪20年代的中国确实处于各种思潮杂糅交融的时期,其中既有来源于西方的各种现代文明思潮,同时在中国各种散播、蛊惑封建迷信的组织、思潮等也沉渣泛起。科学精神也没有真正根植于

---

① 梁启超:《科学精神与东西文化》,《时事新报副刊〈学灯〉》,1922年第8期。

广大中国民众,尤其是底层民众的思想深处,科学方法也尚未成为大多数中国人的思维习惯。所以,正如胡适对梁启超的不承认"科学万能"的论断可能被一些别有用心的人加以夸大、利用表示了担忧。在胡适看来,自从梁启超欧游归来并发表《欧游心影录》以后,科学原来在中国的那种"至高无上"地位就受到了相当程度的摇撼,连一些从未出过国门的保守人士都欢呼雀跃地明言"欧洲科学破产了! 梁任公这样说的。"虽然不能因此把责任全都推给梁启超,但由于梁启超在当时中国思想舆论界执牛耳的地位和巨大影响力,"我们不能不说梁先生的话在国内确曾替反科学的势力助长不少的威风"①。这对于科学在中国扎根生长是很不利的。所以这也是科学派对玄学派进行激烈反驳的重要根由。

二是他们没有发展出系统的舒缓科学过度发展带来的弊害的现代思想。玄学派虽然比较敏锐地觉察到宣扬科学万能给社会的健康发展会带来种种弊害,但是他们很少有提出系统的现代因应之策。像张君劢等则尝试用宋明理学这一所谓精神文明来舒缓科学主义的弊害,这很容易成为科学派攻击的对象,因为这给民众一种守旧、复古之感,很难启迪民心。真正的出路,并不排斥吸收中国传统文化中的优质成分,但是应该结合现代文明的发展成果,提出具有现代意义的应对之策,如可以从加强科学精神与人文精神教育入手等。

三是他们由于对科学概念等理解不够准确,所以时常把科学等同于机械主义,抑或没有清晰界定科学与机械主义的区别。这就很容易使民众产生误解,以为批判机械主义就要反对科学。这可能在某种程度上是受到西方反思科学主义思潮的影响。因为西方的思想家如倭铿、柏格森等就是从批判机械主义、物质主义等思潮的面向来反思提倡"科学万能"之弊害的。

---

① 张君劢、胡适、梁启超、陈独秀等:《科学与人生观》,中国致公出版社,2009 年,第 8 页。

如中国近现代知名教育学家瞿菊农（瞿世英）当时就对文艺复兴以后的现代西方文明尤其是其中的科学精神有一定的误解和微词，"现代的悲哀、人生的烦闷、文化的停滞都是由西方文艺复兴的两种精神所酿成。……主观方面是个人之发现，客观方面是宇宙之发现。换言之，便是个人主义与机械主义。假如我们听了历史家的话承认现代文明是文艺复兴的产物，那么现代的文明便是个人主义和机械主义的文明"。"个人主义与机械主义是近数百年来文艺复兴以后一般人对于生活的态度，这两种态度便形成了近数百年来的历史。无论在政治方面、经济方面、伦理方面，乃至于教育方面，都表现出这种人生观的根据来。我们不愿意咒诅文艺复兴。但是他所酿成的痛苦与烦闷却亦不容不承认"。[1]没有清晰地区分科学的成功与机械主义的弊害的边界则成为玄学派思想家们论争理据中的一大缺憾。

（三）科学派对科学功效的大力宣扬，利于科学在封建落后的中国传播和生根

但是科学派宣扬"科学万能"，可以统括一切领域，这又是言过其实的论断。他们力图用科学方法去研究一切问题，这种求真求实的科学精神是无可厚非的，但是否认自由意志领域的存在，确实很容易造成机械的人生观的产生，甚或出现了所谓"科学的恋爱"等令人难以接受的倡导。当然，以丁文江为代表的科学派，强调科学万能，对社会发展不会产生负效应的观点也是有偏颇之处的。科学（包括科学方法、科学技术等）作为一种工具理性，如果要对人类社会发展发挥正效应，还必须重视价值理性，即健康人文精神的协调，同时也需要有合理社会制度的保障（早期马克思主义者强调，只有在新的社会主义制度下，科学才不会成为战争和杀人的工具的观点是值得我们深思的）。

---

① 张君劢、胡适、梁启超、陈独秀等：《科学与人生观》，中国致公出版社，2009年，第140页。

　　此外,我们需要明晰的是,科学派主张者虽然在力证科学万能的目标上是一致的,但是我们如果细致探究和分析他们的具体主张,不难发现其内部成员之间关于科学本身到底是什么,或者其内涵和外延又是怎样描述和界定的并不统一,甚至颇有分歧,譬如:科学万能可能体现在秉持科学精神的重要性方面,或者体现在科学方法普遍适用上,抑或体现在科技成果普惠于众的成效彰显方面等。而且早期马克思主义者如陈独秀、瞿秋白、邓中夏等对科学的认识和界定就不仅仅局限在像很多科学派代表人物所主张的自然科学领域。他们已经把马克思主义的唯物史观作为科学的世界观和方法论。所以在他们看来,马克思主义理论本身就是一种科学,也正是这种科学理论的强大解释力才足以证明科学可以支配和解决人生观问题。诚然,他们对马克思主义理论本身以及科学的内涵、功效等的认知还存有很多稚嫩之处。

　　总之,对于科学万能的论断,笔者是持谨慎意见的。从某种程度上来说,笔者对科学功效的定性和以梁启超、范寿康为代表的所谓"骑墙派"的态度和观点有一定的通约之处。笔者相信科学进步在人类社会现代化历程中的重大作用,但我们要坚持将发扬健康求善的人文精神和倡导求真的科学精神有机结合起来,二者不可偏废。换言之,我们只有理性、辩证地认识和利用科学,中国未来才能构建真正的现代文明,实现现代化。

第六章
中国现代化的历史使命与必然选择

20世纪20年代的东西文化论战虽是一场关于东西文化的概念与性质、命途等主题的论争，论战参与者并未明确提出现代化的概念，但从中国现代化的视域来看，这场论战关涉东西文化的概念与性质、东西文化的命途、工农业发展的关系、科学的功能与适用范围等论题，这些都给中国现代化建设留下了宝贵的思想遗产和智慧启迪。中国现代化的历史使命是对中华文明的复兴与超越。这也是实现中华民族伟大复兴的题中之义。

第一节　使命：中华文明的复兴与超越

中国现代化的崇高使命是实现中华民族的伟大复兴，换言之，是实现对中华文明的复兴与超越。这一崇高使命中双重任务的提出和践履深刻反映了现代化的本质要求和双重属性，同时，也是中国的现代化类型与发展任务的内在要求。要实现这一崇高使命，我们必须结合中国现代化的现实需求，有效开掘、提炼和发展中华文明中的优质成分，从而为中国现代化提供深厚的精神滋养。质而言之，对中国现代化来说，其使命至少内含以下意蕴。

一、必须把握现代化的本质要求和双重属性

目前,"现代化"是中国人耳熟能详的一个名词。因为这个热词时常出现在报刊和网络上,比较深切地烙印在中国人的内心,也是因为把中国建设成为一个社会主义现代化强国是亿万中华儿女的梦想和企盼。但是"现代化"不仅对广大民众来说是扑朔迷离、难以明晰的名词,而且对于从事现代化理论研究的专家来说,也是见仁见智、很难统一的概念。因为无论从历史的维度对现代化的起源作追溯,还是从内涵与外延的视域对现代化进行框定都是一件聚讼不已的事。虽然人们在从事现代化建设历程中,会遇到各种问题和矛盾,但现代化作为一种客观历史进程,从本质上反映了人们对更高质量生活的追求。对于现代化的具体内涵,目前学界有不同的认知和界定,根据罗荣渠先生的提炼和总结,大致有以下几种:一,现代化是指在资本主义兴起并居于主导和统摄地位的历史情势下,后发国家通过科技创新与生产革命,奋力追赶世界发达国家的历史过程;二,现代化实质上就是工业化,是后发国家不断奋力实现工业化的历程;三,现代化是对自科技革命以降人类社会剧烈变革与转型历程的统括;四,现代化主要是一种关涉人的心理态度、价值观和生活方式转变与更化的过程。①这些各异的界定不甚全面,彼此之间也相互渗透、相辅相成。这说明现代化的内涵十分复杂丰富。虽然关于现代化概念的界说多元纷呈,不能统一,但学界对现代化的本质要求及性质的认知和概括还是有一定共识的。

质而言之,学界一般认为,现代化的本质要求是不断满足人们对更高质量生活的追求。这是任何开展现代化的国家或地区都必须充分重视和予以

---

① 罗荣渠:《现代化新论——中国的现代化之路》,华东师范大学出版社,2013年,第7~13页。

实践的发展理念。如果悖逆这一本质要求,现代化的进程就会不断受到广大民众的抵制和拒斥,而最终难免走向歧途乃至失败的厄运。同时,需要指出的是,现代化本身具有双重属性,即时代性与民族性:

其一,从时代性观之,现代化是个历史性范畴,它是人类文明发展到一定阶段的体现,它并不是与人类历史发展相伴始终的。目前,不同学者对现代化起源的时间及现代化持续时段的下限都没有统一的观点。这是因为现代化一词来源"现代",而"现代"又是一个比较笼统而宽泛的词汇。西方学界对"现代"一词也没有统一的界定,如美国著名的现代化理论家布莱克曾提出,"'现代'作为表述当代社会性质的概念可以追溯到6世纪晚期的拉丁语。……现在更通常的看法认为近代史'大约开始于1500年'"①。现代化理论的研究者大都认为,现代化是人类历史发展的一段特定时期。如目前,中国学界比较认同罗荣渠对现代化起源的历史追溯和界说,"现代"是指一段特定的历史时期,这个新时代的曙光,最早可上溯到16世纪,资本主义生产方式在其时占主导地位,到20世纪又出现了社会主义这一新的生产方式。以现代工业生产为标识的"整个历史时代只是人类社会发展的一个阶段,这个阶段要经历多长时间,谁也无法预言,但肯定不是无限期的"②。现代化起源于欧洲,并渐次扩展到世界其他地区,因此欧洲如英、法、德等国家现代化起步早,俄国和日本则紧随其后,发展程度高,它们被称为早发现代化国家。而东亚、拉美的其他国家总体上属于后发现代化国家,这些国家的现代化起步晚,发展程度较低,现代化发展任务较重。在早发现代化国家所构建的国际政治经济发展秩序与格局下,后发现代化国家要想实现更快的发展,很大程度上要积极努力学习先发现代化国家的现代化经验。这是由现代化的时

---

① [美]C.E.布莱克:《现代化的动力———一个比较史的研究》,景跃进、张静译,浙江人民出版社,1989年,第5页。

② 罗荣渠:《现代化新论———中国的现代化之路》,华东师范大学出版社,2013年,第76页。

代性决定的。

其二,从民族性观之,现代化萌发于西欧,不可避免地会打上西欧民族国家的一些发展印记,这在某种程度上也彰显了现代化的某些特质,如现代工业化、政治民主化、文化世俗化等。但由于各个民族国家的自然禀赋、文化习俗、社会结构等存在区隔与差异,即使同为早期现代化国家,如英、法、德之间在经济、政治、文化等发展方面也呈现各异的特色。当现代化的时代趋势和历史潮流向全球其他地区与国家渐次扩展之际,现代化也展现出了不同的民族形式和特点,"现代化作为'世界历史'进程中的必经阶段,它的源发地是西欧与北美,经过不断扩展逐步影响到世界其他地区。但现代化这一历史潮流和时代趋势并不泯灭地区性和民族性,它影响和统摄的范围越大,现代化呈现出的特色就越精彩纷呈"①。所以,现代化使世界各地区各民族在某些方面逐渐趋同之时,也和当地的文化传统等产生某种程度的衔接、融合,进而出现了不同模式和样态。这有力地证明了现代化这一浩浩荡荡的历史潮流,一方面具有鲜明的时代性,另一方面在与不同民族文化传统结合的历程中也呈现了显著的民族性。如有研究者指出,一般意义上来讲,"现代化虽与西化是等值的,但现代化并非一个简单地向欧美国家的认同过程,其间必然蕴含着每个国家在各自的历史文化视野中对现代化的不同价值取向和模式选择"②。即使都是作为后发现代化国家,各自的历史传统、文化习俗、甚至现代化的起点不一等因素都会深刻影响和塑造其现代化模式的民族性与特殊性。如艾森斯塔德曾明言,由于现代社会是从不同类型的、传统的前现代社会发展而来的,"这些社会在现代化过程中不同的起点,极

---

① 杨宏雨:《中国特色社会主义现代化的多维审视》,学林出版社,2006年,第14页。
② 许纪霖、陈达凯主编:《中国现代化史》(第一卷),上海三联书店,1996年,第2页。

大地影响着这些社会发展的具体面貌及其所遇问题"①。这有力地说明了处在现代化历程中的各个国家或地区在努力追求现代化普遍文明成果之时,会呈现不同的现代化模式和样态。换言之,处在现代化历程中的社会呈现各具特色的民族性或地区性,从某种层面来说,是合理也是必然的。所有的现代化国家或地区不可能处处彰显千篇一律、完全相类的现代化特质。

　　总之,从人类现代化发展史中,我们可以看到现代化的本质要求是不断满足人们对更高质量生活的追求。现代化作为人类社会发展到一定阶段的体现,是兼具时代性与民族性双重属性的。任何国家,即无论是早期现代化国家还是后发现代化国家,在推进现代化发展的历程中,呈现出越来越多的相似性;但与此同时,大凡现代化建设取得较大成就的国家,他们的现代化建设成果中也更注重彰显民族性。这符合马克思主义唯物辩证法中矛盾的普遍性与特殊性原理。中国当然也概莫能外。在金耀基看来,中国现代化兼具普遍与特殊性,其中,特殊性是由中国文化传统所影响、形塑的。换言之,尽管很多国家或地区都处在现代化历程中,"但从传统到现代的巨大社会变迁中,有千状百态的转化过程。"②基于此,中国现代化要获致真正的成功,进而为实现中华民族的伟大复兴创造条件,也必须重视现代化双重属性的兼济和平衡,有效处理好现代化发展中的时代性与民族性:既要充分重视中华文明优质成分的挖掘和继承,进而复兴中华文明,在现代化的时代大潮下坚持中华民族的主体性;同时也要兼容并包、勇于吸收和借鉴人类社会一切利于自身发展的文明成果,从而在时代性方面不断实现对中华文明的有效超越。

---

　　① [以]S.N.艾森斯塔德:《现代化:抗拒与变迁》,张旅平等译,中国人民大学出版社,1988年,第2页。
　　② 金耀基:《中国文化传统与发展》,《传统文化与现代化》,1993年第3期。

二、必须理性对待中华文明的遗产

近代中国是在被动、屈辱中逐步走向新生和现代化的。中国的现代化属于后发外源型,这就内在决定了中国的现代化是一种追赶发达国家脚步的历史进程。与此同时,中国作为有着五千多年发展历史的文明型国家,自身拥有丰厚的历史文化资源和经济社会发展基础。近代中国的国势和国际地位趋于式微,但中华文明曾有长期领先于世的辉煌成就。所以,中国在这一历史方位和情势下着手现代化,必然要面临一个重大课题,即如何看待和处理中华文明的历史遗产。20世纪20年代的东西文化论战也深刻论及这一课题。这值得我们进一步深入思考。

首先,从现代化与传统的关系来看,二者不是非此即彼、完全对立的关系,而是一种相间相融、对立统一的辩证关系,正如徐复观的概括,"现代化与传统,应该是彼此互相定位而不是相互抗拒的关系"[1]。换言之,二者之间体现了新旧事物之间肯定与否定的辩证统一,"新事物因加入到传统中而得发挥其功效,传统吸收新事物而得以维持其生存"[2]。早期现代化国家之所以能成功地推进现代化并取得领先于世的发展成就,也是建立在其对自身传统文化有效继承和发展的基础上的。所以,它们也被后来的研究者称为早发内生型的现代化国家,其中一个主要原因就是其现代化的推进与发展是建立在对自身民族传统、自然禀赋、社会文化等渐进式地、批判式地革新与承继基础上的。中国这一后发外源型的现代化国家,是在被动与受侵略

---

① 徐复观:《我们在现代化中缺少点什么——职业道德》,载李维武编:《中国人文精神之阐扬——徐复观新儒学论著辑要》,中国广播电视出版社,1996年,第47~48页。
② 徐复观:《论传统》,载李维武编:《中国人文精神之阐扬——徐复观新儒学论著辑要》,中国广播电视出版社,1996年,第17页。

的历史情势下开展现代化的,中华文明的一些传统在现代化历程中受到了种种的破坏与挑战。近现代的中国思想舆论界流行只有抛却中华传统文明,全面拥抱和学习现代西方文明,中国的现代化才会有出路和前景的论调。如在20世纪20年代的东西文化论战期间,以胡适、常燕生为代表的西化论主张者就积极鼓吹现代西方文明是最先进的文明形式,中国要实现真正的现代化,只有奋力学习现代西方文明,而不是复归和崇扬中华文明的传统。否则,中国现代化就没有希望和出路。但这种论调在当时就受到东方文化派以及持文化调和论的时人的批驳。这深刻启示我们,中国要实现现代化,必须正视和认真处理好现代化与传统的关系,如贺麟曾明言,"现代决不可与古代脱节。任何一个现代的新思想,如果与过去的文化没有关系,便有如无源之水、无本之木,绝不能源远流长、根深蒂固"①。文化有其自身的连续性和历史根柢。所以,从某种意义上说,中国现代化的推进和逐步实现是中华文明的复兴,而不能断然割裂和背离中华民族的历史传统。虽然我们要顺应时代新要求,对吸收和借鉴现代西方文明的优质成分保持一种开放、包容的心态,但中国现代化的发展历程一再警醒国人,学习和汲取国外一切先进的、优质的文明成果,最终"都必须使之能和中国、中华民族、中华文明的根柢相容、相融,而不是相悖、相害"②。只有如此,中国的现代化才能在坚持中华民族主体性的基础上取得历史性的成就,否则往往会误入歧途乃至造成深重的灾难。

其次,从中华文明自身的属性来看,中国现代化的实现不仅应该充分合理地承继中华文明中的优质成分,即实现对中华文明的复兴;而且鉴于中华文明自身也存在着种种不适应现代社会发展需要的过时的成分或糟粕,中国现代化的实现还要建立在对中华文明有效超越的基础上。

---

① 贺麟:《文化与人生》,商务印书馆,1988年,第4页。
② 姜义华:《中华文明的根柢:民族复兴的核心价值》,上海人民出版社,2012年,第3页。

一方面,从对中华文明复兴的层面来看,中华民族创造了很多经久不衰、历久弥新的优良文化传统。正如在毛泽东看来,中华民族有绵延五千多年的历史,在这一浩瀚悠久的历史长河中,中华民族创造了众多具有自身特质的"珍贵品"。对于这些宝贵的文明成果,我们后人绝对不能武断地拒斥、毁弃和抛却,而是要充分加以开掘、提炼、承继与发扬,"从孔夫子到孙中山,我们应当给以总结,承继这一份珍贵的遗产"[1]。因为这些优质的精神遗产不仅不会阻碍中国现代化的实现,相反,如果我们结合时代要求,对其进行有效地、充分地开掘、提炼、继承与弘扬,这些文明遗产定会助益中国的现代化发展。正如姜义华经过深入研究后发现并提出,中华文明中存续的"民为邦本与选贤任能的政治伦理,以义制利和以道制欲的经济伦理,以中为体以和为用的社会伦理,以及中国德性普施、天下文明的世界伦理,使中华文明得以长存并多次领先于世界其他文明"[2]。当然,中华文明中内含的优质成分远远不止这些,如中华文明传统中还蕴含了很多对新时代治国理政大有裨益的优质因子,新时代中国共产党人也更加重视开发和利用中华优秀传统文化加强党建和治国理政等重大工作。这集中体现在以习近平同志为核心的党中央高度重视用中华优秀传统文化加强党的自身建设,"如习近平多次引用'固其根本,浚其泉源'、'为政之要,莫先于用人'、'返璞归真、固本培元'、'为政以德,廉洁从政'等中华文化中蕴含的智慧来指导、滋养党的自身建设"[3]。同时,新时代中国共产党人也十分重视用中华优秀传统文化中倡导勇于担当、为民服务、积极作为的因子来纾解"为官不为"问题。[4]这一方

① 《毛泽东选集》(第二卷),人民出版社,1991年,第534页。

② 姜义华:《中华文明的根柢:民族复兴的核心价值》,上海人民出版社,2012年,第7页。

③ 武良刚:《习近平利用中国传统文化加强党自身建设的思想》,《上海党史与党建》,2017年第3期。

④ 武良刚、朱宗友:《近年来国内"为官不为"问题研究综述》,《云南行政学院学报》,2018年第4期。

面凸显了当代中国共产党人的文化自信风范,同时也确实进一步印证了中华传统文明中所内蕴的精深智慧和时代价值。凡此种种的中华文明中的精义要素都值得我们在开展中国现代化的历程中加以开掘和发展,从而为当今中国的现代化建设提供丰厚的精神滋养和智慧借鉴。

另一方面,从对中华文明的有效超越方面观之,我们也要清醒地认识到中华文明中不可避免地含有很多不合时宜的糟粕。这些过时的、落后的成分也是导致近代中国在现代化发展方面举步维艰、落后于世的一种"负资产""文化包袱"。如"一是传统文化中不适应现代化发展的消极因素,如宗法观念、绝对平均主义、因循守旧、不思进取;二是我国在计划经济时代形成的管理制度、组织样态和思想观念,如等、靠、要"[1]。再比如,党的十八大以来,在以习近平同志为核心的党中央的领导下,党的建设成效卓著,政治生态日趋良好。这为广大党员干部干事创业提供了大好时机,也为新时代中国特色社会主义现代化建设创造了优良氛围,但一些领导干部在其位不谋其政,出现了"为官不为"问题。经过细致深入地研究后,笔者发现对于"为官不为"这一影响新时代中国特色社会主义现代化建设的重要问题形成的原因以及治理的措施都是多方面的,但是其中传统文化的因素不容忽视,比如,"我国传统文化中讲究明哲保身、温文持成、中庸之道,如'世路多歧未许游,得休休处且休休''水至清则无鱼,人至察则无徒''木秀于林,风必摧之;堆出于岸,流必湍之;行高于人,众必非之'等等都对新时期'为官不为'问题的形成一定程度上起到推波助澜的作用"[2]。新时代中国特色社会主义现代化要更加深入、更有质量地推进,就必须正视和处理中华文明传统中的这些消极因素,只有如此,中国的现代化才能"轻装上阵",大有作为。

---

[1] 卫忠海主编:《中国现代化的理论与实践》,四川大学出版社,2008年,第71页。
[2] 武良刚、朱宗友:《近年来国内"为官不为"问题研究综述》,《云南行政学院学报》,2018年第4期。

质而言之,中国现代化的使命与目标是实现中华民族伟大复兴,这要求我们能够客观求实、理性辩证地对待和处理现代化与中华文明传统的关系。我们要在承继和传扬中华文明优秀成果的基础上剔除中华文明中的消极因素,进而为新时代中国特色社会主义现代化的有效推进提供精神滋养与智慧助力。一句话,中国现代化建设的使命,从某种意义上来说,是对中华文明的复兴与超越。

第二节　大胆吸收和借鉴人类社会的一切文明成果

现代化起源于欧洲,且总体来看,目前欧美发达国家的现代化水平仍比中国要高。现代化是人类社会发展到一定阶段的产物,所以它给人类社会带来种种发展机遇和红利的同时,也带来了种种挑战。这就要求人类在共同参与现代化发展,并分享彼此有益经验与成果的同时,也应该秉持开放包容、合作共赢的态度并相互学习,携起手来共同应对危机与挑战。中国的现代化要获致更大的成功,不仅要正确对待和处理中华民族自身的文明遗产,同时也应该"大胆地吸收和借鉴人类社会创造的一切文明成果"[1],包括外国的各个历史时期的文明成果,尤其是要正确对待现代资本主义文明。只有如此,新时代中国特色社会主义现代化事业才能在充分汲取人类社会的智慧、少走弯路的基础上取得更大发展成就。

---

[1]《邓小平文选》(第三卷),人民出版社,1993年,第373页。

一、文明间的交流互鉴是现代化萌发和推进的动力

纵观人类社会发展史,文明是在交流碰撞、互鉴融合中得以不断进步,日趋精彩纷呈的。尚处于古代的人类社会,就有不同文明之间相互交流与融合的精彩故事。人类不同区域的文明也正是在相互借鉴学习以及自身的独特实践创造中不断得以提升。各区域的文明在不同的历史时期相继上演着领先与落后、超越与被超越的篇章。如东方文明在前现代时期曾长期领先西方文明,作为西方文明重要源头的古希腊文明也不是西方人独立创造的,而是不同区域的文明相互交流与学习的产物。对于东方文明与古希腊文明的关系,黑格尔曾在其《历史哲学》一书中概括到,"东方世界是希腊世界的基础"[1]。后人的研究中有更详细的揭示,四大文明古国是人类文明的发祥地,人类文明是在东方最早孕育和产生的,"当古希腊人刚刚剪断它的氏族社会的脐带时,东方文明早已成熟了。这个文化历史条件为希腊文明的形成提供了丰富的营养。古希腊人的文学、科学、艺术、宗教和社会组织等最早大都从东方学来的"[2]。所以曾有研究者概括到,"东西对峙的美索不达米亚和埃及,好似两座灯塔,照耀着草昧未辟的西方世界"[3]。这些都可以说明作为西方现代文明的源头——古希腊文明能够成功孕育和发荣滋长,东方文明对其的智慧滋养功不可没。

当现代化的历史逐渐萌发和开启时,人类文明相互交流借鉴的价值和意义更得到有力彰显。可以说,正是文明间的交流互鉴催促了现代化的萌发,推动了现代化的发展,"正是历史上此起彼伏的民族间的学习与创新,超

---

① [德]黑格尔:《历史哲学》,王造时译,上海书店出版社,1999年,第223页。
② 曹锡仁等:《社会现代化与观念的演进》,贵州人民出版社,1988年,第55页。
③ 陈恒:《古希腊——失落的文明》,华东师范大学出版社,2001年,第3页。

越与被超越,大大加快了世界历史前进的步伐,促进了世界的科学进步和文化发展,使得整个世界历史呈现出一幅波澜壮阔的生动画卷"①。虽然现代化的起源是欧洲,现代化的核心是现代西方文明,但是促使现代化萌发和推展的文明源泉中也包含世界其他区域的文明因子,尤其是以中国为代表的东方文明中的优质成分。

如西方现代化能够萌发和推展的一个重要动力是14—16世纪的文艺复兴运动的兴起。这一文化事件重在发现人的力量和理性的价值,这为西方反抗中世纪宗教势力的统治权威,解放人的思想,从而推动自由、民主等文化氛围的形成做出了突出贡献。总之,文艺复兴运动的兴起和发展为推动西方现代化的兴起作了重要的思想文化准备。但是西方之所以能够发生这一影响深远的思想文化运动,与吸收借鉴包括中国在内的东方世界的文明智慧是分不开的,换言之,文艺复兴的兴起和东西文化之间的交流互鉴密切相关,所以从一定意义上来说,"没有对古典文化的继承,没有东方文化的影响就没有文艺复兴,没有文艺复兴至少西方步入近代文明还要探索更长的时间"②。同样,在西方现代化历程中起着至关重要作用的17—18世纪的启蒙运动也深受东西文明交流互鉴的影响,尤其是中国优秀传统文化对欧洲启蒙思想家智慧思想的形成和发展起了重要的启发和促进作用,如法国著名的汉学家艾田蒲曾明言:"东方和远东对开启18世纪精神有重大贡献,中国恐怕是影响最深远最广大的国家。"③比如说:"18世纪上叶,欧洲哲学家主要是参照中国来思索上帝与灵魂、物质与精神等观念;18世纪中叶,孟德斯鸠、伏尔泰和德·阿尔让斯援引中国来批评西方的宗教狂热与政治体制。"④

---

① 刘阁春、黄学峰、卢璟:《文化的交流与文明的进步》,山西人民出版社,2005年,第2页。
② 同上,第257页。
③ [法]艾田蒲:《中国之欧洲》(下),许钧、钱林森译,河南人民出版社,1992年,第370页。
④ 同上,第325页。

关于东方文明尤其是中华文明对促进西方现代文明的酝酿和诞生的重大功效,更经典和凝练的表达要数马克思的概括。他精辟地指出了中国的三大发明——火药、指南针、印刷术对欧洲现代化进程的影响,"火药把骑士阶层炸得粉碎,指南针打开了世界市场并建立了殖民地,而印刷术则变成新教的工具,总的来说变成科学复兴的手段,变成对精神发展创造必要前提的最强大的杠杆"①。据此,在一定程度上可以看出,在现代化潮流于西方萌发和推展的重要关节点和历史时期,东西文明交流互鉴的影子都是存在的。西方现代文明也正是在秉持开放、包容的态度,充分吸收借鉴东方文明中有益成分的基础上,方才能够在现代化时代取得领先于世界其他区域的重大成效。这也深刻地启示正处在现代化发展关键时期的中国,要更顺畅、更高质量地推进现代化进程,必须勇于并善于汲取人类社会一切利于自身现代化的文明成果。

二、正确对待和处理与资本主义的关系

在20世纪20年代东西文化论战期间,论战参与者对如何看待和处理中国现代化与现代西方文明(资本主义文明)的关系有着不同的论调。各种代表性的观点及其内在的利钝得失前文已有所阐述,在此不再赘言。但是这一论题对新时代中国特色社会主义现代化建设也不失省思与启迪意义。众所周知,现代化在西欧萌发和向全球扩展的过程与资本主义生产方式的兴起与扩展过程有内在联系性和一致性。但二者又有区别,不可等量齐观。现代化与资本主义这种既相互联系又彼此区别的复杂关系给后发现代化国家学习借鉴先发现代化国家的发展经验、模式与道路时带来了不小的困扰

---

① 《马克思恩格斯全集》(第47卷),人民出版社,1979年,第427页。

和误解。中国作为后发外源型的现代化国家,在相当长的一段历史时期受到这一问题的困扰。作为中国现代化领导核心的中国共产党,在不同历史阶段对资本主义的看法、政策有不同程度的差异与调整,这也在相当程度上致使中国现代化建设出现一定的波折。这深刻启示我们,在中国特色社会主义现代化过程中,我们要充分汲取历史经验和教训,理性地认识和处理现代化与资本主义的关系。只有如此,中国这艘巨轮才能行稳致远、披荆斩棘,不断取得现代化建设新成就。

(一)现代化与资本主义的关系要求中国必须大力借鉴资本主义文明成果

首先,从现代化的起源及发展的核心要义看,资本主义与现代化之间具有密切联系。虽然目前国内外专家对现代化起源的时间界定不一,如美国著名的现代化理论专家布莱克认为,"现代化的开端可以追溯到12世纪的文艺复兴,更直接的根源则可以追溯到17世纪的科学革命"[①]。罗荣渠先生则提出现代"是指一个特定的历史时代。这个新时代的曙光,最早可上溯到16世纪"[②]。而人们研究现代化往往将18世纪英国工业革命作为重要肇端。英、法作为早发现代化国家在本国现代化得到一定程度的发展后,逐步顺势将现代化潮流扩展到整个欧洲和北美,与此同时,这一现代化浪潮在非西方世界也产生了强大的冲击波。到20世纪中叶以后,几乎大部分世界其他欠发达地区也开始被卷入现代化大势中。基于这一理路,我们可以看到现代化的起源与资本主义生产方式的萌发与扩展具有内在一致性。正如有学者指出的,现代化与资本主义两者之间具有不可分割的内在联系,"从利害关系看,西欧现代化的萌发与拓展正得益于新兴资产阶级的诞生与壮大;而资产

---

① [美]西里尔·E.布莱克编:《比较现代化》,上海译文出版社,1996年,第11页。
② 罗荣渠:《现代化新论——中国的现代化之路》,华东师范大学出版社,2013年,第76页。

阶级的成长、壮大又与现代化的启动与推进息息相关,资本主义制度的建立与完善也得益于现代化的不断发展,资产阶级也正是通过现代化的建设成就力证资本主义制度的合法性、合理性、优越性;从两者产生的过程看,现代化与资本主义几乎同步孕育、形成、发展;从内容上看,两者也有众多契合性、一致性。因为在资本主义的孕育、成长进程中不仅伴有剥削、压迫和掠夺等负效应,而且也伴随着现代化内容的产生,如工业化的推进,社会的发展和文明的传播等"①。与资本主义生产方式发展相伴随的还有其思想文化领域中关于自由、民主、博爱等理念的宣扬,虽然这些作为人类共享价值和理念在西方资本主义社会中的实现程度有待提升,但其他所有参与现代化进程的国家和地区也需更加真实有效地落实这些现代精神要义。这些都在一定程度上说明资本主义与现代化之间无论从产生时间、发展历程、核心追求等方面都具有相当的契合性和一致性。最为重要的是,资本主义现代化由于起步早、各方面发展相对比较成熟,这就客观要求中国在现代化历程中,要充分重视吸收和借鉴西方发达国家所取得的现代文明成果,以期为中国特色社会主义现代化建设提供助力。

其次,现代化与资本主义并不是一回事,不可等量齐观。我们在充分认识到现代化与资本主义之间内在的高度契合性的同时,也要清醒地认识到现代化不等于资本主义。我们不能把资本主义当成现代化的代名词、同义语。因为,一方面,现代化虽然起源西欧,得益于资本主义生产方式的孕育和发展,但是当现代化趋势逐渐向欧洲以外的地区扩散时,现代化与不同国家、民族的社会文化、历史传统结合后,形成了各具特色的现代化模式。如从现代化产生的动力来看,有早发内生型与后发外源型之别;如现代化与不同区域的特色结合后,形成了诸如东亚现代化模式、拉美现代化模式,等等。

---

① 杜艳华、董慧:《中国特色社会主义现代化模式研究》,学林出版社,2008年,第25页。

这说明在现代化这一时代大潮的影响下,有着不同现代化起点、历史文化传统的民族国家在追求一些共同的、共享的价值观念的基础上,也或多或少地彰显着民族特色,这在某种意义上就构成了和而不同、各美其美、美美与共的现代化图景。

另一方面,虽然资本主义现代化目前是一种强势的现代文明代表,使得很多后发现代化类型的国家产生了歆羡之情,也是众多欠发达国家和地区争相学习乃至模仿的对象,但是从资本主义现代化的发展情势看,其本身并不是完美无缺的,也存在很多难以解决的危机和亟待突破的困境。这些困局在20世纪20年代东西文化论战期间,东方文化保守者以及早期马克思主义者等也提到过,如生态环境的破坏、贫富悬殊以及阶级冲突、失业人口增多、资源浪费,等等。凡此种种都警醒我们在学习和借鉴资本主义现代化模式优越之处的同时,一定不能把资本主义等同于现代化,不能照搬资本主义现代化道路与模式,否则只能付出惨痛的代价。我们在大胆借鉴与吸收任何益于中国特色社会主义现代化的国外经验和智慧的同时,要坚定秉持和倡扬中国特色社会主义核心价值和发展理念,逐步探索适合中国国情的现代化之路。正如在新民主主义革命时期,毛泽东谈到吸收和借鉴外国优秀文化所应秉持的原则那样,中国应该大量吸收外国的进步文化来作为自己文化食粮的原料,不仅包括资本主义国家的现代文化,也包括其近代的文化,如自资本主义国家启蒙时代以来凡属我们今天用得着的东西,都应该吸收。但是一切外国的东西都不是完美无缺的,都有其精华与糟粕的成分,所以我们不能不分青红皂白,囫囵吞枣式地全盘照搬照抄,而是要充分结合中国的国情,运用马克思主义唯物辩证法,力争对其进行有效的分析和提炼,"排泄其糟粕,吸收其精华……决不能生吞活剥地毫无批判地吸收"①。这是

① 《毛泽东选集》(第二卷),人民出版社,1991年,第707页。

我们在大胆学习和吸收资本主义现代文明成果时,应该秉持的基本原则。

(二)对中国共产党人领导中国现代化建设的经验与教训的总结

马克思、恩格斯科学剖析了资本主义生产方式存在着不可调和的危机与矛盾,基于此,他们坚信资本主义必然被更先进、更符合社会化大生产要求的社会主义代替。诚然,他们并未否定资本主义在历史上曾经起到非常进步的作用,而且他们也深刻指出了社会主义取代资本主义的艰难性与曲折性,具体体现为我们熟悉的"两个必然"与"两个绝不会"的辩证统一关系。但是由于社会主义革命并没有如马克思、恩格斯所设想的那样,首先在英法等发达资本主义国家爆发,而是发生在资本主义发展水平比较落后的俄国,这更加凸显了社会主义革命与发展的曲折性。如何处理好资本主义与社会主义的关系成为摆在第一个社会主义国家——苏联面前的重大课题。以列宁为代表的布尔什维克党人经过艰辛探索和实践,逐步认识到在苏联落后的生产力基础上直接过渡到共产主义社会的艰巨性,所以,列宁难能可贵地提出要正确地认识共产主义与资本主义的关系,"共产主义是从资本主义中产生出来的,它是历史地从资本主义中发展出来的,它是资本主义所产生的那种社会力量发生作用的结果"[1]。因此,苏联必须大胆吸收和借鉴资本主义的先进文明成果,以更好地建设社会主义,"必须取得资本主义遗留下来的全部文化,并且用它来建设社会主义"[2]。否则,富有成效的社会主义建设只能是空想,更别提共产主义远大理想的实现了,因为我们难以想象"除了建立在庞大的资本主义文化所获得的一切经验教训的基础上的社会主义,还有别的什么社会主义"[3]。

---

[1]《列宁全集》(第31卷),人民出版社,1985年,第81页。
[2] 同上,第48页。
[3]《列宁全集》(第34卷),人民出版社,1985年,第252页。

列宁正是在对资本主义与社会主义关系的科学认识的基础上，智慧地提出在苏联实施新经济政策。但由于列宁不久后去世，新经济政策逐渐被斯大林时期高度集中的政治经济模式所取代，苏联在现代化历程中也就没能延续这种正确认识和利用资本主义文明成果的政策。后来苏联政治经济发展面临的体制机制僵化、发展动力不足、比例配置严重失衡等困境，这种正确认识和对待资本主义与社会主义关系政策的转圜与断裂也是重要诱因之一。换言之，从某种程度上来说，没能客观、理性地处理好社会主义与资本主义的辩证关系，这一缺憾促使苏联逐渐丧失与资本主义良性互动、有效竞争并取得比较优势的历史契机。苏联最终解体，成为"历史的终结"的代名词也与此不无关系。

中国共产党人对于中国在实现现代化过程中如何处理与资本主义关系问题的认识在不同时期是有变化与波折的，这主要受到历史时局及其自身的成熟度与政治政策的变化等因素的影响。

在中国共产党创建初期，由于党自身的马克思主义理论素养还不高，所以当时的共产党人基本上认为资本主义是罪恶的，充满着剥削、压榨、贪欲等丑陋现象。虽然党的二大后，陈独秀、瞿秋白等也难能可贵地提出了资本主义在中国发展的必要性与必然性，但这些倡导在当时并没有引起党内的广泛关注，更没有付诸实施。随着革命形势跌宕起伏的变化，尤其是"左"倾盲动主义以及"左"倾冒险主义政策的推行，当时在党内起着主导作用的李立三、王明等人提出了激进的反对资产阶级的政策。这种盲动、冒进的对待资本主义的政策最终使中国革命受到严重挫折。

从遵义会议伊始至新中国成立前夕，以毛泽东为代表的中国共产党人开始更加理性地认识到资本主义的历史作用。如1935年12月27日，毛泽东在党的活动分子会议上指出："在资产阶级民主革命的时代……并不没收民

族资产阶级的工商业,而且还鼓励这些工商业的发展。"①后来,毛泽东又相
继结合革命形势的发展,理性务实地提出了,中国这一生产力落后的国家要
实现现代化,必须重视资本主义的历史作用。在他看来,当时的中国主要是
帝国主义以及封建主义因素太多、太盛,而不是多了一个本国的资本主义。
因此在他看来,中国的资本主义是太少了。没有中国共产党领导的新式民
主革命的伟大胜利,没有资本主义一定程度的发展,要想在殖民地半殖民地
半封建的废墟上建立起社会主义社会来,那只是完全的空想。所以,共产党
人"不但不怕资本主义,反而在一定的条件下提倡它的发展"②。也正是在对
资本主义的正确认识的基础上,中国共产党不仅实现了第二次国共合作,取
得了抗日战争的胜利,同时也团结了一切可以团结的民主力量,取得了解放
战争的胜利,建立了新中国。

　　新中国成立初期到1978年中国实行改革开放这一历史时期,中国共产
党人对于资本主义的态度总体上是比较矛盾的,既要利用,又有限制。从新
中国成立至1953年,在中国百废待兴的情势下,中国共产党人比较重视发挥
和调动资本主义工商业生产的积极性。随着三大改造的完成,虽然毛泽东
也提出过"可以消灭了资本主义,又搞资本主义"③。但总体而言,此后中共
对资本主义的态度是以限制乃至消灭为主。尤其是到了"文革"时期,随着
"斗私批修"政治运动的兴起,"让资本主义绝种""资本主义是地狱"等极端
的口号充斥着那个政治运动狂飙的激进年代。中国的现代化建设也受到严
重创伤和破坏。

　　党的十一届三中全会以后,以邓小平为主要代表的中国共产党人从中国
社会主义建设所处的历史阶段和现实方位出发,客观求实地从生产力标准方

---

　　①《毛泽东选集》(第一卷),人民出版社,1991年,第159页。
　　②《毛泽东选集》(第三卷),人民出版社,1991年,第1060页。
　　③《毛泽东文集》(第七卷),人民出版社,1999年,第170页。

面来认识和处理中国社会主义现代化发展与资本主义的关系。基于此,邓小平提出了很多深具时代智慧的经典论断,如他认为,与资本主义发达国家相较,中国社会主义现代化水平还十分低下,"社会主义的中国在经济、技术、文化等方面现在还不如发达的资本主义国家,这是事实"①。因此,诸如中国这样生产力落后的社会主义国家,"在小范围内容许资本主义存在,更有利于发展社会主义"②。基于这一客观情势,邓小平深刻指出,中国作为社会主义国家,要彰显制度的优越性,"就必须大胆吸收和借鉴人类社会创造的一切文明成果,吸收和借鉴当今世界各国包括资本主义发达国家的一切反映现代社会化生产规律的先进经营方式、管理方法"③。正是在以邓小平为代表的中国共产党人对资本主义和社会主义现代化关系的科学认识的指引下,逐渐开启了中国特色社会主义现代化建设的新征程。中国在实行改革开放的历程中大力吸收、借鉴人类社会的一切文明成果,尤其是发达资本主义国家的先进文明成果。再加之,中国共产党人充分重视调动和发挥亿万中华儿女的聪明智慧,实现了融合发展、综合创新、跨越发展,因此中国特色社会主义现代化建设事业才取得了一个又一个来之不易的胜利。

党的十八大以来,经过几代中国共产党人的接力奋斗,中国特色社会主义进入新时代。中国特色社会主义现代化建设事业取得了举世瞩目的历史性成就,中国的国际地位和世界影响力也与日俱增。中国的现代化建设取得的阶段性胜利,也为广大发展中国家探索适合本国国情的现代化之路贡献了中国智慧、提供了中国方案。这些来之不易的发展成就是值得我们倍加珍惜和充分肯定的。但与此同时,我们也要深刻认识到中国目前还是世界上最大的发展中国家,正处在快速转型的历史阶段,我们还有很多棘手的

---

① 《邓小平文选》(第二卷),人民出版社,1994年,第166页。
② 《邓小平文选》(第三卷),人民出版社,1993年,第103页。
③ 同上,第373页。

问题和矛盾亟待解决。所以,我们仍应该保持谦虚谨慎、戒骄戒躁的态度,沉着应对、稳步前行,我们应该在自信地坚持中国特色社会主义现代化之路的基础上,继续大力地"借鉴吸收人类一切优秀文明成果"①。尤其是合理吸收和借鉴西方发达资本主义国家的一切优秀文明成果,这样才能为我们在新时代更好地推进中国特色社会主义现代化提供更加宽视域、多方位的经验借鉴和智慧支持。

质而言之,在中国现代化发展历程中,我们要正确认识和处理好社会主义现代化与资本主义的关系,继续大胆、合理地吸收借鉴资本主义国家的先进文明成果,以期为更好地开展中国特色社会主义现代化建设提供参鉴。这是中国现代化发展史以及现实的发展任务给予我们的深刻启迪。

第三节 以科学、民主为核心,"五位一体"、和谐发展

在20世纪20年代的东西文化论战期间,时人通常把科学、民主、现代工业在某种程度上当作现代西方文明的代名词。而作为东方文明的代表——中国文明则往往缺乏这些现代文明因子。他们围绕这些现代西方文明的核心范畴展开的种种论战通常指向现代西方文明与中国现代化的关系问题。换言之,中国要实现现代化应该如何看待科学、民主、现代工业?这些作为现代文明的核心精神要义,只是西方现代化的"专利品",还是人类的共同文明财富?如果是人类应该共享的文明价值,那么中国如何更好地借鉴、开发、激活、利用这些文明价值,以期为更好地开展现代化提供助力?凡此种种的问题都值得我们加以深刻省思。从现代化萌发与扩展的历史来看,我

---

① 习近平:《在庆祝改革开放40周年大会上的讲话》,《人民日报》,2018年12月19日。

们可以发现促使现代化潮流形成并不断发展的动力因素众多,但如果我们要追根溯源,探究其中的核心精神要义的话,科学和民主则是不可或缺的。正是得益于科学与民主精神的不断倡扬和践行,西方的现代化得以突飞猛进地发展。诚然,任何事情都是过犹不及,科学与民主也概莫能外。我们在推进中国现代化的历程中,要大力学习和倡扬科学与民主,但是一方面我们要在坚持社会主义发展方向的基础上,倡导科学技术与科学精神的有机统一,防止陷入唯科学主义的窠臼;同时,我们要在大力发扬民主的核心精神的基础上,探寻中国特色社会主义民主发展之路。总之,中国特色社会主义现代化应该坚持的总体原则是"五位一体",协调推进,和谐发展。

一、坚持以科学和民主为核心,为中国现代化注入不竭动力

从现代化萌发和扩展的历史进程来看,科学与民主,其重要体现是理性的伸张以及人的主体性和价值的发现与推崇,这些因素在推动人类社会逐步从宗教蒙昧时代走向现代文明时代起着重要的作用。科学与民主并不是西方独有、独享的,因为它本身就是人类可以共享的文明价值,它的逐步实现也是现代化不断实现的重要体现,所以有学者指出,"在一定意义上,科学与民主的实现是名副其实的现代化,而不是所谓'西化'"①。中国作为后发现代化类型的国家,自从在屈辱和被动的历史情势下开启现代化进程以来,国人经过艰辛探索,逐步认识到科学、民主的重要价值与效能,并将这种精神的倡扬作为中国实现现代化的必要智慧资源和助推力量。新时代中国特色社会主义现代化已开启新征程,我们要继续大力弘扬和践行科学与民主精神,以期为取得更大的现代化发展成效争创有利条件。

---

① 何俊编:《师英录》,上海辞书出版社,2014年,第58页。

（一）科学与民主是助推现代化萌发与扩展的核心精神要义

从现代化的起源与扩展的视域来看,科学与民主精神的倡扬与实践在现代化历史潮流的孕育和萌发历程中起了重要的助推作用。虽然目前学界对于现代化的起源时间尚有争议,但学界基本同意现代化的发源地是西欧。对于为何现代化会率先在西欧萌发,而没有在曾经在各方面发展领先于世的东方世界尤其是中国萌发,学界也持有仁者见仁、智者见智的看法。但是有的学者经过研究发现:古希腊时期科学技术领域的伟大猜想与实践以及古希腊的城邦民主制度、古罗马的民主共和政治制度等对西方现代化的起源起着重要的催发和孕育的功效。[①]虽然西欧在中世纪时期的发展远落后于东方的中国,但是经过文艺复兴运动的洗礼,人的理性、人的主体性、科学的价值得到重视和高扬。最为重要的是,在此期间,古希腊的科学技术成果以及城邦民主政治的精神,经过历史的沉淀与承继,再经古罗马的传播,逐步影响到西欧,最终成为孕育与发展西欧现代化的精神力量和智慧滋养,"古希腊文明的火种首先被罗马人欣然接受,其后通过拜占庭文明、阿拉伯文明的中介而传入西欧,并经过文艺复兴的深入挖掘而发扬光大,从而影响了包括现代化在内的西欧历史进程"[②]。正如恩格斯曾论及的,"没有希腊文化和罗马帝国所奠定的基础,也就没有现代的欧洲"[③]。基于此,我们可以认识到科学与民主精神的传播、高扬和践行对于现代化起源的重大影响。

如果我们概略性地回顾现代化在全球的扩展历史,就可以发现:无论是早期现代化国家的发展,还是世界其他国家或地区相继卷入现代化潮流的历程,其实质也是科学技术的不断发展和民主精神不断得到重视和实践的

---

① 杨巨平:《西方现代化的古典渊源刍议》,载王晓德编:《世界近现代史研究》(第3辑),中国社会科学出版社,2006年,第65页。

② 同上,第68页。

③《马克思恩格斯文集》(第九卷),人民出版社,2009年,第188页。

过程。从科学技术的发展和威力彰显来看，无论是大航海时代，航海技术、地理科学等知识的提升，还是工业革命时代，英、法、美、德等国家相继完成现代化的历程，都彰显了对科学技术发展的重视和拓新。与此同时，从对民主的重视程度来看，几乎所有已经不同程度地开展或完成工业化历程的国家，其在现代化发展水平不断提升的同时，我们也看到他们对民主精神的弘扬与民主制度建设的重视。虽然由于历史传统、文化习俗等因素的影响，民主的制度设置和实现形式各有不同，但是人民主权、平等自由、权力制衡等民主的基本精神大都得到不同程度的重视和倡扬。凡此种种的事实深刻启示我们，要真正实现更高质量的现代化，就必须充分重视科学技术的发展，以及民主精神与制度的实践。

（二）科学与民主是助推中国现代化发展的重要力量

从中国现代化的发展历程看，科学与民主也是推动中国现代化不断发展的核心精神要义。正如第一章所引介和铺陈的，纵观中国近代以降的现代化发展史，我们可以看到，中国的现代化发展某种程度上是在不断学习科学与践行民主精神的历程中得以提升的。从洋务运动时期，国人主要学习西方先进的军事器械、生产工艺等（科学技术的体现），中国的现代化历程得以艰难起步；到戊戌维新变法时期，国人开始深入学习西方的社会科学理论，包括斯宾塞的社会有机体理论等，维新人士还积极宣介西方的君主立宪制度，中国的现代化不断深入政治层面；到辛亥革命时期，革命党人积极宣介西方的民主共和制度，中国现代化在政治民主化建设方面深入探索；一直到新文化运动时期，以陈独秀、李大钊、胡适为代表的知识分子在中国大力宣扬科学与民主，希冀洗涤民众思想深处残存的封建迷信、奴性依附、蒙昧粗鄙等污浊，进而启蒙国人更彻底地学习西方科学与民主的精神，为实现中国的现代化争创条件。如陈独秀 1915 年 9 月就曾在《青年》杂志上慷慨激昂地写了一篇《敬告青年》的檄文,在这篇文章中,他陈言中国要实现现代化,就必须奋力学习西方现代文明,尤其是作为现代文明之核心精神的科学与民主,"科学和人权""若舟车之有两轮""国人而欲脱蒙昧时代,当以科学与人权并重"。①诚然,经过先进思想家们的启蒙,国人逐渐体认到科学与民主是现代文明的核心精神要义。

中国要实现现代化,就必须重视科学技术的力量以及民主精神与制度的倡扬。正如有的学者总结道,"在中国的现代化讨论过程中,几乎所有思想家都在原则上同意把'赛先生'和'德先生'当作现代性家族的主要成员"②。无论我们回望民国历史还是新中国成立以来的当代史,当出现科学被忽视、民主精神的发扬、民主制度的建设不力之时,如"大跃进"时期我们对客观生产规律认识的错位以及"文化大革命"时期,我们对发扬大民主精神的痴迷、而忽视民主法治制度的建设与健全,等等,这些最终都给社会主义现代化的健康发展带来很大损害。与此形成鲜明对比的是,当我们比较重视科学与发扬民主之际,中国的现代化进程就推行地更为顺畅,现代化建设的成效也更大,如自改革开放以来,我们更加重视科学技术的功效,提出了"科学技术是第一生产力""科教兴国""科学发展观"等重要理念,并积极贯彻落实;与此同时,我们更加重视人民民主的程序化、制度化、法治化建设,探索构建和贯彻落实全过程人民民主,广大人民群众的各方面积极性得以更为充分地发挥。中国特色社会主义现代化建设也不断取得一个又一个胜利。因此,从中国现代化建设成效与科学、民主建设和发展的效度之间动态的历史关系来看,新时代,我们要取得中国特色社会主义现代化更大发展成就,必须继续高度重视科学力量的发挥及民主精神与制度的贯彻落实。

---

① 陈独秀:《敬告青年》,《青年杂志》,1915年第1期。
② 童世骏:《批判与实践:论哈贝马斯的批判理论》,广西师范大学出版社,2015年,第149页。

（三）充分发挥科学与民主的正效应，助推中国现代化

科学与民主效能的合理开掘和发挥对现代化发展所起到的重大推动作用，我们已有比较清楚的体认，但是科学自身的效度以及民主的具体、恰适的实现形式则是任何一个处在现代化历程中的国家应该切实加以认真思考的。

首先，从科学效度的发挥方面来看。20世纪20年代的东西文化论战中，关于科学的功能和适用范围之争深刻启示我们，科学是十分重要的，这其中包括科学技术的现实效能、科学方法的广泛适用性、科学精神的难能可贵等。但是科学并不是万能的，如至少科学在发挥其现实功效时，也要我们切实从伦理道德等视域，来审慎思考其可能产生的社会负效应。同时，我们还应该深切认识到，当我们开展教育时，既要充分重视科学知识、科学精神的传播和发扬，同时也要高度重视人文精神的培养和提升，我们不能在宣扬科学重要性的同时，陷入科学主义的窠臼。正如有研究者深刻指出，"科学主义的限度不仅在于它在非科学领域的实际运用有可能是非法和无效的，而且在于那种应该无限扩张的原始动机是可疑的。一些伟大的科学家们都深深地意识到科学的有限性，反对科学的无限扩张"[1]。否则，科学主义的宣扬可能和伪科学的泛滥一样都会给现代社会的健康发展带来弊害，因为两者各趋一极、都有过犹不及的弊病。因此中国在开展现代化的历程中，要充分重视科学技术进步，重视吸收和学习现代西方文明的先进成果，但要谨防误入科学主义的歧途。

其次，从民主的具体、恰适的实现形式方面观之。一方面，我们要充分认识到民主的核心要义包括人民主权、自由平等、程序正义、权力制衡等基本内容。任何一个宣称自己是民主制政体的社会都难以否定民主包含这些

---

[1] 吴国盛：《科学与人文》，《中国社会科学》，2001年第4期。

普世的意涵。与此同时,我们也可以看到,虽然民主的基本意涵趋同,但作为民主精神践履和实现的具体制度与程序设置,在不同的国家或地区有差异性。这主要和各个地区建立和发展民主制度的历史起点、民族传统、文化习俗等不同特质相关。所以这启示我们,任何处在现代化发展历程中的国家或地区,应该顺应民主的时代大势和历史潮流,充分尊重、发挥民众的主体性,广泛真实地顺应民意、发扬民主,否则终将因为违逆历史潮流和人性要求而被历史淘汰。但是每个国家或地区都应该也必然要结合本国或地区的实际,积极探索有效的民主实践机制。换言之,任何一个国家或地区,如果不想悖逆民主的历史潮流并最终被时代和人民抛弃的话,它既不能千方百计地玩弄搪塞民众的把戏,搞一些形式主义的假民主和背地里的真独裁;同时也不能千篇一律、亦步亦趋地模仿其他国家或地区的民主实现机制,否则不仅不能歆享民主制度所带来的红利,反而刻鹄不成尚类鹜,画虎不成反类犬,最终沦为他国民主试验的牺牲品。因此,我们要在中国特色社会主义现代化建设的新时代,积极探索能够切实践行民主真谛的有效体制机制,以为我们取得更大的现代化建设成效集聚民心、汇聚民力。

二、中国现代化要坚持"五位一体",和谐发展

任何国家或地区的现代化都是在遵循现代化普遍规律和追寻现代化核心要义并结合本地区的实际,反映各自特色的基础上得以实现的。中国现代化的实现历程当然也概莫能外。20世纪20年代的东西文化论战给予我们的重要启示之一,就是我们要在坚持中华民族主体性的基础上,大力学习和借鉴现代西方优秀文明成果,同时我们要努力实现对中华文明以及现代西方文明的"双重超越",逐步探索实现中国特色社会主义现代化的有效路径。一方面,这一现代化模式有力地承继和传扬了中华文明的优质成分,又合理

借鉴和吸收了世界其他地区尤其是现代西方的有益文明成果。另一方面，这一现代化模式又找到了有效克服西方现代化模式弊病的钥匙，即坚持社会主义现代化的发展方向，力争为实现每个人自由而全面的发展争创各项现实条件。中国特色社会主义现代化就是中国在社会主义初级阶段现代化的模式和样态，这一现代化模式要求实现经济、政治、文化、社会、生态的协调推进，和谐发展。所以，中国特色社会主义现代化的总体推进原则是"五位一体"，和谐发展。

(一)对西方资本主义现代化经验和教训的深刻鉴戒

自现代化在西欧萌发并逐渐向世界其他地区扩展以来，现代化进程已经有几百年的历史了。由于作为先发现代化国家如英、法、德、美、日等国都是采取的资本主义现代化模式，所以人们在一定意义上也把现代化与资本主义现代化等同视之。由于以欧美为代表的早发现代化国家的现代化发展水平高，所以这些国家通常被一些后发现代化国家当作学习模仿的对象。西方发达国家尤其是美国也乐此不疲地向发展中国家大力输出自己的现代化模式。毋庸置疑的是，一些欠发达国家或地区在学习和引进西方发达国家的先进现代化经验时，确实在不同程度上实现了现代化，但也遇到了很多问题和挑战，这是因为现代化本身就是普遍性与特殊性、时代性与民族性的统一体，盲目全盘模仿西方的现代化模式，就会遇到"橘生淮北则为枳"的问题。此外，西方现代化模式本身也不是完美无缺的。我们从西方资本主义现代化发展历程中可以大致看到：当资本主义迅猛推进之际，民众逐渐有了享受经济发展所带来的红利的可能和条件。但由于资本主义所内嵌的基本矛盾，资本主义现代化模式也产生了种种异化现象，如生产异化、阶级分化、贫富悬殊、生态环境恶化，等等。这样，民众就逐渐产生了变革不合理的政治制度、发展新的思想文化、建立公正合理的社会治理体制、美化生态环境的要求。但资本主义国家在几百年的现代化发展历程中并没有能够有效推进和实现经济、政治、文化、社会、生态等方面的和谐发展。相反,在资本逻辑的强势统摄下,资本主义国家很难克服自身现代化模式的弊病。如,对于西方发达国家非常引以为傲的现代自由民主制度,"历史终结论"的提出者福山则表达了自己的忧虑,在他看来,美国的许多政治制度都在日益衰败,如很多政治议程难以有效推进,导致这种功能失调的原因是主体思想僵化,"地位稳固的政治行为体对改革和再平衡起到了阻碍作用,而他们的实力在不断增强"①。

中国的现代化是属于后发外源型的,中国的现代化发展既要充分借鉴和吸收资本主义现代文明成果,同时对于资本主义现代化模式自身的弊害,我们一定要有清醒的认识,要引以为戒。经过长期的探索和学习,中国逐渐找到适合自身的现代化之路——中国特色社会主义现代化之路。20世纪20年代东西文化论战期间,早期马克思主义者就不同程度地看到了资本主义现代化的问题,并希冀通过社会主义现代化发展模式来寻求突破之道。如在陈独秀看来,世界最不公正和令人痛心的是"少数游惰的消费的资产阶级,利用国家、政治、法律等机关,把多数极苦的生产的劳动阶级压在资本势力底下,当做牛马机器还不如"②。虽然在他看来,资本主义现代化给欧美、日本社会带来了发达的工业和教育,但同时也给欧美、日本社会带来了很大的负效应。资本主义现代化使得这些社会充满贪鄙、剥削、欺诈、刻薄等不良习气。所以,他从中国可以尝试规避资本主义现代化弊害的视角提出"在资本制度还未发达的时候,正好用社会主义来发展教育及工业,免得走欧、美、日本的错路"③。杨明斋也曾指出,欧洲现代化历程中所产生的种种流弊是资本主义的内在矛盾所致。所以在他看来,欧洲各国的失业问题的显现

---

① [美]弗朗西斯·福山:《美国政治制度的衰败》,宋阳旻译,《国外理论动态》,2014年第9期。
② 陈独秀:《谈政治》,《新青年》,1920年第1期。
③《陈独秀文章选编》(中),生活·读书·新知三联书店,1984年,第52页。

"是由于生产的资本被资本家集收了去;平民许多除劳力外无资借以生产,于是妨碍平民生产。假使能打破这种妨碍,则失业之民救矣"①。因此,他提出中国应采用社会主义现代化模式,因为社会主义现代化既重视生产力的提升,同时重视和谐生产关系的建设,也主张发展成果由人民大众共享,"社会主义者因为生产不足民用,极力主张发达生产。他们要做到的是均劳力,发展生产和均民用的享受权"②。虽然经过不断变革与调整,西方资本主义现代化在一定程度上舒缓了由于自身基本矛盾所带来的种种阵痛,但资本主义现代化历程中的各种乱象并未得到有效解决,如经济领域的贫富悬殊问题;政治领域的政党高度碎片化,利益分割严重;文化领域的泛娱乐化乃至庸俗化;社会领域的种族歧视、宗教冲突、枪杀贩毒等恶性事件时常发生;生态环境领域的核污染、核泄漏等时有发生,等等。

所以,我们要大力学习和借鉴西方先进的文明成果,但是基于对西方资本主义现代化模式的鉴戒,我们不能走西方现代化的老路,如新时代我们在现代化建设历程中不能走西方国家那种"先污染后治理"的工业化老路。我们一定要在坚持社会主义现代化道路的基础上,协调推进经济、政治、文化、社会、生态,即"五位一体"建设,实现和谐发展。

(二)对社会主义现代化建设模式的丰富与发展

中国特色社会主义现代化坚持"五位一体",和谐发展的原则和战略,不仅是建立在对西方资本主义现代化经验和教训的总结和鉴戒基础上,而且还得益于对传统社会主义现代化模式的改革与完善,这其中主要是对苏联社会主义现代化模式利弊得失的总结。众所周知,随着中国共产党领导人民经过艰苦卓绝的斗争,最终建立社会主义新中国后,中国社会主义的现代

---

① 杨明斋:《评中西文化观》,黄山书社,2008年,第183~184页。
② 同上,第183页。

化前景逐渐变得明朗。但是新中国成立后,对于如何有效开展社会主义现代化建设,以毛泽东同志为代表的中国共产党人还不甚清晰。在综合研判当时国内外复杂情势的基础上,中国选择了全面向苏联学习现代化建设的战略。不可否认的是,这在当时的中国有一定的必然性,基本符合中国的历史逻辑。这种现代化模式也曾经对中国经济的快速恢复以及基本工业格局和体系的建立提供了较大助力。但是毕竟苏联的现代化模式自身内嵌着种种不足和弊端[①],如高度集中的政治体制,缺乏民主,官僚主义盛行,脱离群众,个人崇拜现象严重;经济高度依靠计划,体制封闭僵化;轻工业、重工业、农业之间,城乡之间发展不平衡;高度统一、同质化的思想文化;社会领域管得过死过严,等等。总之,苏联的现代化发展模式越来越不能与时俱进地适应时代发展的要求,不仅没能协调好经济、政治、文化、社会、生态的总体布局,而且各个领域内的问题越积越多,直至积重难返的境地,最终难逃自我解体和被历史淘汰的厄运。

中国从1956年就提出"走自己的路",艰辛探索适合自身发展的社会主义现代化道路和模式。但是由于对社会主义建设规律的认识不足,中国现代化建设模式的探索,随着不断趋"左"的政治运动高涨和狂飙而受到很大的阻碍和扭曲。直至以邓小平同志为代表的中国共产党人通过解放思想、实事求是,以极大的政治勇气和高超的政治智慧,逐步探索出一条适合中国发展的现代化之路——中国特色社会主义现代化道路。改革开放以来,经过几代中国共产党人领导人民持续探索和不断完善,中国特色社会主义现代化逐步形成了经济、政治、文化、社会、生态"五位一体"的建设总布局。而且这五个领域都有各自的价值定位和追求,分别为富强、民主、文明、和谐、美丽。这些都是在改革和剔除传统社会主义现代化模式弊病的基础上逐步

---

① 杜艳华、董慧:《中国特色社会主义现代化模式研究》,学林出版社,2008年,第112~119页。

提出的。如,在经济领域,最大的突破在于建立和完善社会主义市场经济体制;在政治领域,突出的亮点在于更加重视实现民主的制度化、法治化;在文化领域,更加重视在主流意识形态发展的基础上,倡导百花齐放、百家争鸣,践行"为人民服务、为社会主义服务"的文化发展方针;在社会领域,强调构建社会主义和谐社会,重视提升社会治理的科学化水平;在生态领域,更加重视保护生态环境,尊重自然规律,追求人与自然关系的融洽、通达。凡此种种,都是中国共产党人在领导人民开展中国特色社会主义现代化建设的历程中,更为重视"五位一体",和谐发展的集中彰显和必然要求。

(三)坚持全面系统、渐进有序的现代化发展思维

现代化作为人类社会发展到一定历史阶段的产物,与传统社会相较,它本身急遽变革和转型的特征体现在社会的方方面面,正如布莱克所言:"'现代化'的概念包括有关人类发展的一系列解释。"[1]所以,现代化建设本身就是一项牵一发而动全身的系统工程。这就要求任何一个处在现代化历程中的国家或地区,如果想取得富有成效的现代化建设成果,首先必须从战略层面树立全面系统、渐进有序的发展思维。否则,它很难高效应对各种复杂多变的现代化挑战和风险。当前,中国现代化的"五位一体"建设总布局是几代中国人民在中国共产党的领导下经过长期艰辛探索而形成的。这一总体布局的提出和有效推进是未来中国现代化发展能够取得更大成就的重要保障。而要更加有效地协调推进"五位一体"的现代化建设总布局,中国必须遵循现代化建设的内在规律,其中尤其是要树立全面系统、渐进有序的现代化发展思维。

首先,中国在协调推进"五位一体"现代化建设总体布局的历程中,一定要树立和秉持全面系统的发展思维。在全面深化改革时期,我们要重视经

---

① [美]西里尔·E.布莱克编:《比较现代化》,杨豫、陈祖洲译,上海译文出版社,1996年,第5页。

济、政治、文化、社会、生态各个领域的顶层设计和协调发展,不能只顾一点,而不及其余,要坚持"两点论"和"重点论"的统一。这是因为作为"五位一体"总体布局中的任何一个领域的发展都与其他领域的发展形成内在的相互制约、相互联动的态势。假如我们只重视经济的发展,而忽略了政治领域弊病的祛除,不注重社会分配领域的公平正义,不重视生态环境的保护与可持续发展,不加强文化软实力的提升和发展,那么经济的现代化则是不可持续的,它最终会成为无源之水、无本之木。所以,在现代化建设的总布局中可以有侧重点,但是不能片面化,各领域的顶层设计和贯彻落实不能失衡。这种全面系统的现代化发展思维要求任何一个领域内部的战略安排和政策推进也应如此。还以经济现代化为例,我们要重视产业布局的合理性,在推动现代工业发展的同时,也不能忽视农业现代化的提升,同时也要大力发展现代服务业以及其他各种新型现代产业。在20世纪20年代东西文化论战期间,以工立国还是以农立国之争从本质上来看,就是时人从文化的层面省思关涉经济现代化内部的工、农业如何布局和协调发展的课题。

其次,中国在统筹推进"五位一体"现代化总布局的过程中,还要贯彻渐进有序的现代化发展思维。当前,中国正处于现代化建设的关键历史阶段。我们要在树立全面系统的现代化发展思维的同时,还要辩证动态、渐进有序地推进中国的现代化。比如,目前中国正处于全面深化改革时期,我们要科学有效、循序渐进地规划和贯彻改革路线。我们既要有胆识、有魄力地向现代化建设过程中的顽疾和痼疾开刀,让广大民众从全面深化改革的持续有效地推进中获致幸福感、成就感、安全感,同时也要坚持稳中求进的原则和基调,不能操之过急,而是要蹄疾步稳、循序渐进,逐步消解改革带来的阵痛,妥善应对改革中各种显性的、潜藏的风险乃至危机。只有如此,中国的现代化建设才能在全面深化改革时期取得更大成效。此外,我们要在现代化推进的过程中,不断总结经验、提炼智慧,及时有效地调整改革举措,为丰

273

富"五位一体"各领域建设提供新鲜经验。总之,在推进"五位一体"总体布局的现代化建设历程中,我们要深谙和娴熟运用辩证动态、循序渐进的哲学方法论,这是我们理应掌握的改革艺术与智慧。

结 语

众所周知,从最广泛的层面来看,文化论战是一种与人类文化交流始终相伴的,并且体现为不同文化间相互碰撞、交融的文化现象。因此,从这一广泛意义上来说,文化论战是贯穿人类文明发展历程的一种常态化的文化景观。正是在这样一种文化常态景观不断推进的过程中,各种文化才会在不断相互接触、交流、碰撞、融合的态势下逐渐更化、提升。人类文明也在这种交融互鉴中不断成长与进步。20世纪20年代东西文化论战的发生时间距今已一个世纪了。它是自明清之交至近代以来一系列东西文化论战的延续和发展。回眸历史,20世纪20年代中国能够发生这一影响深远的东西文化论战,主要受到了"东方文化救世论""西方文明没落论"、马克思主义三种社会思潮的影响。这三种主要思潮深刻影响着当时论战格局的形成和博弈。

论战是由四个子主题论争组成,分别涉及东西文化的概念与性质、东西文化的命途、以农立国还是以工立国、科学的功效与适用范围。在东西文化的概念与性质之争中,时人论及文化、东西文化的概念,并从物质文明与精神文明、新旧之差、动静之异、"古今之别"四个方面论及东西文化的性质。通过这些关涉文化、东西文化概念与性质的论争,时人能够比较深刻地体认东西文化之间关系的复杂面向。从中国现代化的视角来看,这启示我们:中国现代化应处理好文化的时代性与民族性问题。

在东西文化命途的论争中,时人主要围绕两大论题展开:一是东方文化能否保存、复兴乃至救世,二是西方文化是否还有出路。这充分体现了持不同思想和价值立场的时人对东方文化、西方文化的前途和命运的不同观感和研判。从中国现代化的视域来看,这彰显了不同思想家从文化层面对东西两种现代化模式命途的不同研判和选择。这启迪我们,中国现代化应理性认识和处理中西文明之关系。

在以农立国还是以工立国之争中,时人围绕中国的立国之本是农业、工业抑或两者并举这一论题展开。从中国现代化的视角观之,无论是以工立国派对工业化之路的坚定支持,还是以农立国派对农业化之路的迷恋执着,抑或是"中间派"对中国走工农业并举发展之路的希冀和憧憬,都可视为是时人对中国现代化之路的进一步思考。早期马克思主义者杨明斋等也积极参与论战,为寻求适合中国的现代化之路贡献了智慧。这场论战留给我们的思想智慧是,中国现代化要平衡现代工业与农业的关系。

科学的功效与适用范围之争的发生有更具体的历史背景,它的酝酿与发生主要受到了国内外反思科学主义思潮的深刻影响。在这场论战中科学派、玄学派与"中间派"主要从科学的功效与适用范围两个层面展开论争。这场论战给我们留下的思想遗产是,中国现代化历程中要理性对待科学的功效。

20世纪20年代的东西文化论战给中国现代化建设留下了宝贵的思想遗产。中国现代化的历史使命是对中华文明的复兴与超越。为达致这一崇高目标,中国在现代化历程中必须做出以下选择:大力吸收和借鉴人类的一切文明成果,尤其要在坚持社会主义基础上,实现对资本主义文明的合理借鉴与有效超越;以科学、民主为核心,实现"五位一体"的和谐发展。

总之,这场论战既不是东西文化论战的肇始之端,也不是东西文化论战的"收官之笔",而是东西文化论战史上的一个重要"关节点"。换言之,我们如果把它作为一个"历史支点",无论是向前追溯,还是向后探索,我们都可以从发生在它前后的东西文化论战中或多或少地看到这场论战的影子。所以,它在中国近现代思想史上影响深远、意义重大。诚然,如果从最广泛的意义上来看,20世纪20年代的东西文化论战关涉的主题不止本书研究的这些,再加之,笔者尝试从中国现代化这一宏大复杂的视域来研究这项极易"挂一漏万"的课题,因此该研究难免会存在种种不足。笔者只期望这部拙作能够为更多的人全面多维、系统深入地研究东西文化论战史提供镜鉴。倘若这部拙作真能为东西文化论战史的研究贡献绵薄之力的话,笔者的辛劳就能得到最大的宽慰!

参考文献

一、中文文献

（一）著作

1.《马克思恩格斯选集》（第一—四卷），人民出版社，1995年。

2.《列宁选集》（第一—四卷），人民出版社，1995年。

3.《毛泽东选集》（第一—四卷），人民出版社，1991年。

4.《李大钊文集》（第一—五卷），人民出版社，2013年。

5.《陈独秀文集》（第一—四卷），人民出版社，2013年。

6.曹锡仁等：《社会现代化与观念的演进》，贵州人民出版社，1988年。

7.陈恒：《古希腊——失落的文明》，华东师范大学出版社，2001年。

8.陈旭麓：《中国近代史十五讲》，中华书局，2008年。

9.陈铁健：《瞿秋白传》，红旗出版社，2009年。

10.曹云祥、文明国编：《曹云祥自述》，安徽文艺出版社，2013年。

11.陈卫平：《第一页与胚胎：明清之际的中西文化比较》，广西师范大学出版社,2015年。

12.陈旭麓:《近代中国社会的新陈代谢》,生活·读书·新知三联书店,2017年。

13.陈先达:《文化自信中的传统与当代》,北京师范大学出版社,2017年。

14.丁守和:《中国近代思潮论》,广东人民出版社,2003年。

15.杜艳华:《二十世纪中国思想转变的缩影——毛泽东文化思想的演变及其影响》,吉林大学出版社,2004年。

16.杜艳华、董慧:《中国特色社会主义现代化模式研究》,学林出版社,2008年。

17.杜艳华、贺永泰:《马克思恩格斯现代性思想体系及其影响研究》,上海人民出版社,2017年。

18.冯桂芬:《校邠庐抗议》,上海书店出版社,2002年。

19.高力克:《调适的智慧:杜亚泉思想研究》,浙江人民出版社,1998年。

20.郭廷以:《近代中国史纲》,格致出版社,2009年。

21.贺麟:《文化与人生》,商务印书馆,1988年。

22.湖北大学中国思想文化史研究所主编:《中国文化的现代转型》,湖北教育出版社,1996年。

23.黄克武:《近代中国的思潮与人物》,九州出版社,2012年。

24.胡秋原:《西方文化危机与二十世纪思潮》,学术出版社,1981年。

25.何俊编:《师英录》,上海辞书出版社,2014年。

26.何爱国:《中国现代化思想史论(1912—1949)》,世界图书出版广东有限公司,2014年。

27.江畅、戴茂堂:《西方价值观念与当代中国》,湖北人民出版社,1997年。

28.蒋廷黻:《中国近代史》,武汉出版社,2012年。

29.姜义华:《中华文明的根柢——民族复兴的核心价值》,上海人民出版社,2012年。

30.焦润明:《中国现代文化论争》,社会科学文献出版社,2012年。

31.李双璧:《从经世到启蒙:近代变革思想演变的历史考察》,中国展望出版社,1992年。

32.林宏德:《科技哲学十五讲》,北京大学出版社,2004年。

33.刘阁春、黄学峰、卢璟:《文化的交流与文明的进步》,山西人民出版社,2005年。

34.李泽厚:《中国现代思想史论》,生活·读书·新知三联书店,2008年。

35.罗荣渠:《现代化新论——中国的现代化之路》,华东师范大学出版社,2013年。

36.梁启超:《欧游心影录》,商务印书馆,2014年。

37.梁漱溟:《东西文化及其哲学》,上海人民出版社,2014年。

38.罗志田:《道出于二:过渡时代的新旧之争》,北京师范大学出版社,2014年。

39.楼宇烈:《中国文化的根本精神》,中华书局,2016年。

40.连冬花:《知识与权力视域下的"科玄论战"》,东方出版中心,2017年。

41.马勇:《近代中国文化诸问题》(增订本),东方出版中心,2008年。

42.欧阳哲生、郝斌主编:《五四运动与二十世纪的中国——北京大学纪念五四运动80周年国际学术研讨会论文集》(上、下),社会科学文献出版社,2001年。

43.欧阳哲生:《二十世纪中国文化》,北京大学出版社,2010年。

44.彭明、程歗主编:《近代中国的思想历程》,中国人民大学出版社,1999年。

45.钱钟书主编:《郭嵩焘等使西记六种》,生活·读书·新知三联书店,1998年。

46.瞿秋白:《赤都心史》,广西师范大学出版社,2004年。

47.钱乘旦:《西方那一块土:钱乘旦讲西方文化通论》,北京大学出版社,2015年。

48.钱穆:《中国文化精神》,九州出版社,2017年。

49.沈福伟:《中西文化交流史》,上海人民出版社,1985年。

50.孙荪:《论中国人现象》,河南人民出版社,1992年。

51.萨孟武:《学生时代》,广西师范大学出版社,2007年。

52.田子渝等:《马克思主义在中国初期传播史(1918—1922)》,学习出版社,2012年。

53.唐宝林:《陈独秀全传》,社会科学文献出版社,2013年。

54.谈敏:《法国重农学派学说的中国渊源》,上海人民出版社,2014年。

55.童世骏:《批判与实践:论哈贝马斯的批判理论》,广西师范大学出版社,2015年。

56.吴雁南等:《中国近代社会思潮1840—1949》(第三卷),湖南教育出版社,1998年。

57.汪林茂:《晚清文化史》,人民出版社,2005年。

58.王贵友:《科学技术哲学导论》,人民出版社,2005年。

59.卫忠海主编:《中国现代化的理论与实践》,四川大学出版社,2008年。

60.王介南:《中外文化交流史》,人民出版社,2011年。

61.徐宗泽:《明清间耶稣会士译著提要》,中华书局,1989年。

62.徐复观、李维武编:《中国人文精神之阐扬——徐复观新儒学论著辑要》,中国广播电视出版社,1996年。

63. 许纪霖编：《二十世纪中国思想史论》（下），东方出版社中心，2000年。

64. 许纪霖：《中国知识分子十论》，复旦大学出版社，2003年。

65. 许纪霖、陈达凯主编：《中国现代化史（1800—1949）》（第一卷），学林出版社，2006年。

66. 徐奉臻：《现代化：历史的困窘与困窘的思考》，哈尔滨工业大学出版社，2009年。

67. 尹保云：《什么是现代化》，人民出版社，2001年。

68. 袁刚、孙家祥、任丙强编：《中国到自由之路：罗素在华演讲集》，北京大学出版社，2004年。

69. 袁刚、孙家祥、任丙强编：《民治主义与现代社会：杜威在华讲演集》，北京大学出版社，2004年。

70. 杨宏雨：《中国特色社会主义现代化的多维审视》，学林出版社，2006年。

71. 杨明斋：《评中西文化观》，黄山书社，2008年。

72. 袁伟时：《中国现代思想散论》，上海三联书店，2008年。

73. 中国哲学史研究编辑部：《中国哲学史主要范畴概念简释》，浙江人民出版社，1988年。

74. 郑师渠、史革新：《近代中西文化论争的反思》，高等教育出版社，1991年。

75. 朱耀垠：《科学与人生观论战及其回声》，上海科学技术文献出版社，1999年。

76. 周积明、郭莹等：《震荡与冲突：中国早期现代化进程中的思潮和社会》，商务印书馆，2003年。

77. 张艳国：《破与立的文化激流——五四时期孔子及其学说的历史命

运》,花城出版社,2003年。

78.周林东:《科学哲学》,复旦大学出版社,2004年。

79.郑大华、邹小站主编:《西方思想在近代中国》,社会科学文献出版社,2005年。

80.张岱年、程宜山:《中国文化论争》,中国人民大学出版社,2006年。

81.郑大华:《民国思想史论》,社会科学文献出版社,2006年。

82.郑大华:《民国思想家论》,中华书局,2006年。

83.郑师渠主编:《中国共产党文化思想史研究》,中共中央党校出版社,2007年。

84.邹小站:《西学东渐:迎拒与选择》,四川人民出版社,2008年。

85.张君劢、胡适、梁启超、陈独秀等:《科学与人生观》,中国致公出版社,2009年。

86.张之沧等:《科学技术哲学》,南京师范大学出版社,2009年。

87.朱华:《近代中国科学救国思潮研究》,人民出版社,2010年。

88.朱维铮:《重读近代史》,中西书局,2010年。

89.张平、孟凡东、何爱国:《中国现代化进程的争论与探索》,吉林人民出版社,2012年。

90.郑毓信:《科学哲学十讲》,译林出版社,2013年。

91.郑师渠:《欧战前后:国人的现代性反省》,北京师范大学出版社,2013年。

92.张汝伦:《现代中国思想研究》,上海人民出版社,2014年。

93.朱宗友:《中国文化自信解读》,经济科学出版社,2017年。

94.郑永年:《中国的文明复兴》,东方出版社,2018年。

（二）报刊文章

1.陈秀萍：《重评陈独秀与杜亚泉的东西文化论战》，《中共党史研究》，1996年第3期。

2.陈嘉明：《中国现代性研究的解释框架问题》，《华东师范大学学报》（哲学社会科学版），2006年第3期。

3.陈先初：《现代性视野下的"科玄论战"》《湖南大学学报》（社会科学版），2006年第5期。

4.陈嘉明：《"现代性"研究的回望与反思》，《云南大学学报》（社会科学版），2008年第1期。

5.丁伟志：《重评"文化调和论"》，《历史研究》，1989年第4期。

6.杜艳华、司徒琪蕙：《五四前后的东西文化论战与中国文化的走向》，《探索与争鸣》，2004年第9期。

7.杜艳华：《现代性内涵与现代化问题》，《求索》，2015年第5期。

8.伏炎安：《重评杜亚泉的东西文化调和观》，《吉首大学学报》（社会科学版），2005年第2期。

9.高力克：《重评杜亚泉与陈独秀的东西文化论战》，《近代史研究》，1994年第4期。

10.胡代聪：《明清之际中西文化的交流、冲突和选择》，《外交学院学报》，1989年第1期。

11.何兆武：《中学西学之争下的近代化道路》，《中国教育报》，2006年12月12日。

12.何中华：《论历史与道德的二律背反及其超越》，《文史哲》，2011年第3期。

13.韩爱叶：《中西文化论争与现代政治文化哲学的凸显——兼论毛泽东

〈新民主主义论〉的现代政治文化价值》,《山东社会科学》,2013年第8期。

14.金耀基:《中国文化传统与发展》,《传统文化与现代化》,1993年第3期。

15.季荣臣:《论二十年代"以工立国"与"以农立国"之争》,《广西民族学院学报》(哲学社会科学版),1993年第2期。

16.金耀基:《论中国的"现代化"与"现代性"——中国现代的文明秩序的建构》,《北京大学学报》(哲学社会科学版),1996年第1期。

17.蒋国保:《评冯契先生论"科玄论战"》,《华东师范大学学报》(哲学社会科学版),2016年第3期。

18.刘长林:《科玄论战:重建人生哲学的理论冲突》,《探索与争鸣》,2000年第10期。

19.陆小宁:《迷途中的文化探索——论〈新青年〉与〈东方杂志〉的东西文化论争》,《中州学刊》,2000年第3期。

20.刘放桐:《西学传入与"五四"前后中西文化和哲学的碰撞——西方哲学研究百年反思之一》,《东南学术》,2001年第2期。

21.李秋丽:《现代化视野中的"科玄论战"》,《理论学刊》,2004年第8期。

22.李新宇:《五四:文化论战,为何而战?——以陈独秀与杜亚泉为例》,《齐鲁学刊》,2006年第3期。

23.卢毅:《中国早期马克思主义者与五四前后的东西文化论战》,《党史研究与教学》,2009年第2期。

24.李白鹤、王丹桂:《科玄论战与早期的马克思主义哲学中国化》,《江淮论坛》,2013年第7期。

25.罗志田:《道出于二:过渡时代的新旧与中西》,《读书》,2013年第6期。

26.罗志田:《异化的保守者:梁漱溟与"东方文化派"》,《社会科学战线》,

2016 年第 3 期。

27. 罗志田:《无共识的共论:五四后关于东西与世界的文化辨析》,《清华大学学报》(哲学社会科学版),2017 年第 4 期。

28. 罗志田:《反思现代性:梁漱溟论世界文化的过渡时代》,《探索与争鸣》,2017 年第 7 期。

29. 苗欣宇:《民国年间关于中国经济发展道路的几次论战》,《学术月刊》,1996 年第 8 期。

30. 马立新:《"五四"东西文化论战新探》,《山东师范大学学报》(人文社会科学版),2004 年第 2 期。

31. 齐卫平:《五四前后东西文化论战的再认识》,《江汉论坛》,1993 年第 5 期。

32. 谭双泉:《五四时期的东西文化论战——为纪念五四运动 80 周年而作》,《湖南师范大学社会科学学报》,1999 年第 6 期。

33. 谭其骧:《中国文化的时代差异和地区差异》,《复旦学报》(社会科学版),1986 年第 2 期。

34. 汤一介:《走出"中西古今"之争》,《中国社会科学院院报》,2004 年 1 月 6 日。

35. 王先俊:《五四时期的"东方文化救世论"思潮》,《中国哲学史》,1999 年第 2 期。

36. 吴国盛:《科学与人文》,《中国社会科学》,2001 年第 4 期。

37. 王素莉:《在中西文明的冲突与融合中开辟马克思主义中国化的历史道路》,《中共党史研究》,2003 年第 6 期。

38. 汪永平:《20 世纪初东西文化论战中"西化派"的历史困境》,《西北工业大学学报》(社会科学版),2004 年第 1 期。

39. 王明科:《中国文化现代化与现代性研究中的五大弊病》,《河北学刊》，2005年第2期。

40. 伍光良：《"科玄论战"与马克思主义》，《自然辩证法通讯》，2015年第4期。

41. 杨宏雨：《二十世纪中国共产党人认识资本主义的历程及其启示》，《上海行政学院学报》，2003年第3期。

42. 俞吾金：《马克思对现代性的诊断及其启示》，《中国社会科学》，2005年第1期。

43. 杨宏雨、杜艳华：《论中国现代化道路的转换》，《复旦学报》（社会科学版），2005年第6期。

44. 杨宏雨：《邓小平论资本主义》，《历史教学问题》，2008年第4期。

45. 姚顺良：《五四运动以后两次中西文化论争的当代启示》，《南京社会科学》，2009年第6期。

46. 郑师渠：《论欧战后中国社会文化思潮的变动》，《近代史研究》，1997年第3期。

47. 张允熠、郝良华、郝敬胜：《"三足鼎立"与文化整合——20世纪中国思想界回眸》，《学术界》，2000年第6期。

48. 钟祥财：《对20世纪上半期"以农立国"思想的再审视》，《中国农史》，2004年第1期。

49. 邹广文：《马克思的现代性视野及其当代启示》，《中国人民大学学报》，2004年第5期。

50. 张卫波：《论五四时期东方文化派的文化调和思想——兼论东方文化派的孔子观》，《北方论丛》，2004年第4期。

51. 郑大华、伏炎安：《20世纪90年代以来五四东西文化论战研究述评》，《广州大学学报》（社会科学版），2006年第4期。

52. 庄俊举：《"以农立国"还是"以工立国"——20世纪20—40年代关于

农村建设的争论》,《红旗文稿》,2006年第16期。

53.庄俊举:《"以农立国"还是"以工立国"——对1920—1940年代关于农村建设争论的评析》,《经济社会体制比较》,2007年第2期。

54.周可:《东西文化论战中的现代技术与文化问题》,《江淮论坛》,2010年第7期。

55.张雁、许陈训:《试论后现代主义对"科玄论战"的消解》,《河海大学学报》(哲学社会科学版),2013年第2期。

56.朱昆:《"科玄论战"对唯物史观中国化进程的影响——兼论科玄论战中的中国早期马克思主义者的人生观》,《中共中央党校学报》,2014年第1期。

57.朱庆跃:《五四前后中国早期马克思主义者对西化派挑战的回应》,《深圳大学学报》(人文社会科学版),2016年第4期。

二、译著文献

1.[法]艾田蒲:《中国之欧洲》(下),许钧、钱林森译,河南人民出版社,1992年。

2.[英]阿诺德·汤因比、[英]D.C.萨默维尔编:《历史研究》(上、下卷),郭小凌等译,上海人民出版社,2010年。

3.[美]艾恺:《最后的儒家——梁漱溟与中国现代化的两难》,王宗昱、冀建中译,外语教学与研究出版社,2013年。

4.[美]爱德华·希尔斯:《论传统》,傅铿、吕乐译,上海人民出版社,2014年。

5.[美]C.E.布莱克:《现代化的动力——一个比较史的研究》,景跃进、张静译,浙江人民出版社,1989年。

6.[美]费正清、[美]费维恺:《剑桥中华民国史》(上、下卷),朱庆葆、计秋枫译,中国社会科学出版社,1994年。

7.[美]费侠莉:《丁文江:科学与中国新文化》,丁子霖、蒋毅坚、杨昭译,新星出版社,2006年。

8.[奥地利]弗里德里希·希尔:《欧洲思想史》,赵复三译,广西师范大学出版社,2007年。

9.[美]弗朗西斯·福山:《美国政治制度的衰败》,宋阳旨译,《国外理论动态》,2014年第9期。

10.[美]汉森·W.鲍德温:《第一次世界大战史纲》,陈月娥译,军事科技出版社,1991年。

11.[美]吉尔伯特·罗兹曼:《中国的现代化》,国家社会科学基金"比较现代化"课题组译,江苏人民出版社,2010年。

12.[美]孔飞力:《中国现代国家的起源》,陈兼、陈之宏译,生活·读书·新知三联书店,2013年。

13.[英]罗素:《西方哲学史》(下卷),马元德译,商务印书馆,1976年。

14.[美]林毓生:《中国意识的危机》,穆善培译,贵州人民出版社,1986年。

15.[英]伯特兰·罗素:《中国问题》,秦悦译,经济科学出版社,2013年。

16.[美]马泰·卡林内斯库:《现代性的五副面孔》,顾爱彬、李瑞华译,译林出版社,2019年。

17.[美]乔治·萨拜因、[美]托马斯·索尔森:《政治学说史》(上、下卷),邓正来译,上海人民出版社,2008年。

18.[以]S.N.艾森斯塔德:《现代化:抗拒与变迁》,张旅平等译,中国人民大学出版社,1988年。

19.[德]斯宾格勒:《西方的没落》,张兰平译,陕西师范大学出版社,

2008年。

20.［英］W.C.丹皮尔:《科学史及其与哲学和宗教的关系》,李珩译,商务印书馆,1975年。

21.［美］西里尔·E.布莱克:《比较现代化》,杨豫、陈祖洲译,上海译文出版社,1996年。

22.［美］徐中约:《中国近代史1600—2000:中国的奋斗》,朱庆葆、计秋枫译,世界图书出版公司北京公司,2008年。

后　记

　　时光荏苒，岁月如梭，转眼间，我已经从复旦大学博士毕业三年有余。当年来往于宿舍和图书馆"两点一线"，潜心阅读、整理史料、静心沉思、埋头写作博士论文的场景仍历历在目。这其中充满着好奇、兴奋、怀疑、迷惘、求索、喜悦等复杂情绪。当进入工作单位，成为一名真正的职业人后，我才发现当年想尽快"逃脱"的艰辛充实的读博时光是多么的弥足珍贵、令人神往！经过认真修改，我的博士论文即将付梓出版。我深知，作为自己尽力写作与修改后的书稿，无论从理论建构的严密自洽层面观之，还是从史料挖掘运用的充分有效方面来看，都还存有较大的提升空间。这部拙著将成为我继续提升研究能力的新起点。诚然，如果本书当中的某些观点能够为同人开展东西文化论战等课题研究提供一些参考，哪怕是成为大家"批判的靶子"，我也会感到荣幸之至！

　　感谢我的博导杜艳华教授。能拜读于杜老师门下，是我人生的一大幸事！杜老师对我的帮助和影响绝不限于学术研究方面。她宽宏大度的为人格局、体贴入微的为师情怀、严谨向善的治学风范，凡此种种的人格魅力和学术品格都深深地感染着我。恩师的这些高尚情操和可贵精神必将成为我一生成长的重要砥砺！

感谢我的硕导杨宏雨教授。杨老师是我在复旦大学求知求学的重要引路人。他淡泊名利、潜心学问、思想锐利、见解独到。在我读硕、读博期间，每当遇到学术困惑，只要向杨老师寻求指点，他总会不厌其烦地为我释疑解惑。

感谢家人和亲友，没有你们的包容理解和大力支持，我很难克服生活中的种种困难，消解烦扰，静心研究！

感谢中共海南省委党校对本书出版的大力资助。感谢天津人民出版社的武建臣编辑对书稿出版的辛勤付出和大力帮助！

武良刚

2022 年 9 月 10 日